普通高等教育"十二五"系列规划教材

大学生就业指导与创业教程

主　编　李　花　陈　斌

副主编　李红梅　刘齐征

南开大学出版社

天　津

图书在版编目(CIP)数据

大学生就业指导与创业教程 / 李花,陈斌主编. 一天津 : 南开大学出版社,2014.9

普通高等教育"十二五"系列规划教材

ISBN 978-7-310-04623-2

Ⅰ.①大… Ⅱ.①李… ②陈… Ⅲ.①大学生－职业选择－高等学校－教材 Ⅳ.①G647.38

中国版本图书馆 CIP 数据核字(2014)第 210146 号

南开大学出版社出版发行

出版人:孙克强

地址:天津市南开区卫津路 94 号　　邮政编码:300071

营销部电话:(022)23508339　23500755

营销部传真:(022)23508542　　邮购部电话:(022)23502200

*

天津市蓟县宏图印务有限公司印刷

全国各地新华书店经销

*

2014 年 9 月第 1 版　　2014 年 9 月第 1 次印刷

260×185 毫米　16 开本　15 印张　340 千字

定价:30.00 元

如遇图书印装质量问题,请与本社营销部联系调换,电话:(022)23507125

目 录

就 业 篇

创 业 篇

就 业 篇

第一章　大学生就业概述

大学生就业问题已成为全国上下共同关注的民生问题,它不仅牵涉到百姓的切身利益,更关系到国家的和谐和经济的发展。大学生就业问题不是孤立的教育问题,而是涉及政治、经济、社会等多个领域。随着我国社会主义市场经济体制改革的深入,大学生就业制度改革面临着新形势,"市场导向、政府调控、学校推荐、学生和用人单位双向选择"的就业机制已经基本建立。新的就业制度和就业机制要求大学生不仅要掌握择业技巧、提升就业能力,还要从宏观上熟悉国家的就业政策,了解当前的就业形势,以及社会用人的新理念等。只有把握好这些信息,才能树立正确的择业观,为成功就业做好充分准备。

第一节　就业形势与就业观念

一、当前就业形势及其趋势

大学生就业形势不是一朝一夕形成的,既有现实的因素,也有历史促成因素,分析就业形势需要从多角度入手。关于目前的就业形势,可以用一句话概况:就业困难与就业利好形势同时存在。通过对当前就业形势的客观分析,帮助大学生对未来的职业合理预期,从而做出正确的职业选择。

(一)大学生就业困难形势分析

1.大学生就业已由"卖方市场"转向"买方市场",相对过剩

买卖方市场是一对经济学概念。所谓的"买方市场"是指商品供大于求、价格下降,买方在交易上处于有利地位的市场趋势。在买方市场上,买方有任意选择商品的主动权。卖方市场反之。具体到大学生就业问题,为什么说曾经是卖方市场,而现在转为买方市场了呢?

新中国成立初到20世纪80年代中期,高校招生人数较少,我国高等教育还处于精英教育阶段。如70年代恢复高考时,全国招生人数仅为27万余人。毕业生就业采取"统包统分"模式,即由国家包分配,负责到底,大学生不存在就业问题,大学生毕业生的数量也远不能满足社会的需求,属于供不应求。直到1997年,高校毕业生才突破了100万。

20世纪末,随着我国经济制度改革的深入,高等教育制度改革势在必行。1998年,亚洲金融危机爆发,我国的经济受其影响发展缓慢、乏力。为了扭转这种局面,我国政府决定通过扩大内需拉动经济增长,其中就包括高等教育扩大招生规模,即刺激教育消费。当然,高校扩招的经济动机只是表层动机,深层动机还在于随着人民生活水平的提高,人们对高等教育的需求不断增长。另外,高校扩招也是我国社会发展和提高国民素质的必然选择。

1999 年 6 月,原国家发展计划委员会和教育部联合发出通知,决定 1999 年中国高等教育在原定招生计划基础上再扩招 50 余万人。"高校扩招"成为当年最受百姓欢迎的政策之一。自 1999 年开始扩招,到 2003 年迎来扩招后的第一届本科毕业生,规模达 212 万,随后逐年增加,到 2013 年,大学毕业生人数达到 699 万。高校扩招 10 年,毕业生增长了 2 倍还多,我国高等教育随之迅速进入了大众化教育阶段。具体数据如下:

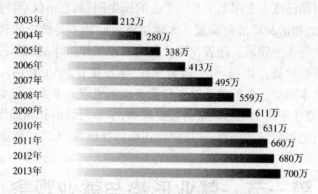

图 1 高校扩招十年,毕业生数量增长示意图

高校扩招使得人们享受到了平等的高等教育机会,满足了公众对高等教育的渴求,提升了我国人力资源开发水平,推动了我国经济社会的持续快速发展及综合国力的提升。但是,也带来了一系列问题,如高校办学资源紧张,教学管理压力增大,教学质量的滑坡,毕业生的就业困境等。其中,比较突出的就是高校毕业生的就业问题。如图 2 所示:

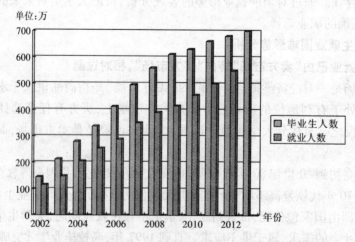

图 2 高校扩招十年,毕业生人数与就业人数对比示意图

2. 结构性失业及高失业率同时存在

结构性失业,即由劳动力市场的结构特征与社会对劳动力需求不吻合导致的失业。经济产业的每次变动都要求劳动力供应也能相应变动,但现有劳动力的知识、技能、观

念、区域分布等方面不能迅速适应新变化,导致劳动力供给与市场需求不匹配,从而引发失业,造成"失业与空岗"现象并存即为结构性失业。

随着我国经济增长方式逐渐由粗放型转向集约型,我国产业结构的调整和升级加快,中国经济进入主要依靠科技进步促进经济增长,通过技术革命寻找新增长点,努力走低碳经济之路的新的发展阶段,转型调整必然导致高结构性失业。

实际上,随着我国产业升级和结构调整,对人才是非常渴求的,但是由于高等教育结构调整的过程性,专业设置和人才培养的滞后性,培养的人才往往不能满足这些变化迅速的社会需求。而一些专业人才供给趋向饱和,每年仍会有大量毕业生涌向就业市场,势必造成这种结构性失业。另外一种"结构性失业"是由于区域性供需失衡造成的,即就业市场上的"孔雀东南飞"现象。人才流向都涌向工作条件好、劳动力价格高的大城市和沿海城市,在这些地方,人才汇聚、竞争激烈,一部分人竞争失败,面临失业。中西部地区城市,广大农村和基层组织虽求贤若渴却无人问津。所以说,目前的大学生供过于求是相对的。

另外,大学生选择第一份职业的高失业率也是值得关注的问题。如图2所示,大学生首次就业失业率一直保持较高水平。首次就业成功的,其工作流动性也很大。有调查发现,大学生找到第一份工作后,有50%的毕业生选择在一年内更换工作;两年内流失率达75%。这其中的原因,一方面是毕业生参加工作后,根据职业目标和实际情况,对自己重新定位而选择的理性跳槽;另一方面,也是主要的原因,是没有实现角色转变、不适应职场环境、心态浮躁导致的非理性跳槽和被动跳槽。

3. 就业岗位层级下移,劳动力价格标准趋低,大学生就业竞争加剧

社会所提供的岗位总体上是呈金字塔型的,处于金字塔上部的、少量的岗位属于"精英岗位",处于金字塔中、下部的大部分岗位属于"大众化岗位"。

大众化教育必然带来大众化就业。大众化就业是指在大众化教育背景下,大学生就业岗位层级下移,更多地面向基层、面向生产第一线,更多的大学生从事普通劳动者的工作。这是我国经济发展和社会进步的客观要求,也是适应高等教育大众化的必然选择。然而,有调查发现,我国应届大学毕业生收入预期高估幅度在40%左右,远远高于美国和欧洲等国的10%。大学生们普遍感到"找不到理想的工作",即大城市中那些工作条件好、生活待遇高、晋升机会多的大公司、大企业、机关单位等,这就反映出高校毕业生们求高薪、求舒适、求名气的普遍心态。然而,现实情况是,恰恰是那些中小城市、基层单位、中小公司求贤若渴,但却招聘不到大学生。这就造成了少数优质就业岗位竞争激烈的现状,这是不利于就业的。

4. 部分用人单位对大学生的使用存在"人才高消费"现象

如果说"就业岗位层级下移"是客观存在的话,那么"人才高消费"现状则是一种扭曲的用人理念。大学是分类型的,大学生也是分层次的,应该说不同类型的院校和不同层次的大学生在社会上的位置也应该是不同的。如果低层次岗位配置了高规格层次的人才,就会出现"人才高消费"现象。换句话说,"人才高消费"是指企事业单位在招聘人才时的一种"大材小用"现象,即聘请高学历、高层次的人才去做一些低技能、低层次的工作。

例如,浙江某大学曾公开招聘3名硕士作保安部管理人员;济南某城市清运管理处招聘掏粪工5名,要求必须是大学本科生;广东一家较有名的高科技企业,也要求公司前台负责接电话的是文科硕士毕业……

这种"博士生多多益善,硕士生凑合干,本科生看一看"的"高消费"人才观,一方面会造成教育浪费,另一方面会带来负面的社会影响,导致"读书无用论",此外还会直接带来就业岗位的"挤占效应",即部分研究生挤占了本科生的岗位,部分本科生挤占了专科生的岗位,专科生的就业处境更为不利。

出现这种现状的原因在于:一方面供大于求的情况下,用人单位"市场选择"的空间大,而大学生岗位竞争却日益激烈,很多大学生是不得已而为之;另一方面,劳动力市场不完善、不同层次大学生的劳动力价格差距没有合理拉开,同样的劳动力成本,用人单位当然选择高学历的人才。当然,更与部分大学生观念没有转变直接相关。人才高消费的错误观念导致对高校毕业生需求出现扭曲,人为地造成了就业难的问题。

(二)大学生就业利好形势分析

1.大学毕业生需求总体上仍属供不应求

事实上,中国目前仍属于人才奇缺的国家。高校毕业生的总量远远不能满足社会需求总量。2005年,全国1%人口抽样调查显示,全国具有专科及以上学历的人仅占总人口的5.18%,而发达国家占20%以上。2010年,我国专科及以上学历的人数为6 300多万。到2020年,我国人均GDP达到3 800美元左右时,需要10%左右的大专以上人才,绝对数是1.4亿人。因此,10年间,我国要增加7 000多万高校毕业生,年均增加600多万,才能满足社会需求。另外,《2005年中国人才报告》显示,2010年我国专业技术人才缺口2 000万人。

因此,可以得出这样一个推论:在未来相当长的时间内,由于经济、社会的发展,国家各行各业都需要知识人才去补充科技管理队伍,需要提高职工文化素质水平。我国的大学毕业生不是多了,而是数量远远不足。

2.国家更加关注高校毕业生的就业质量问题

党的十八大报告中明确提出:"要推动实现更高质量的就业"。这是因为,随着高校扩招,大学生数量迅猛增长,大学生的就业质量有所下降。另外,一些高校为了提高就业率,虚报就业人数现象时有发生,比如,要求毕业生必须上交一份盖了章的就业协议才能发放毕业证等。这样的就业率,一方面使国家无法了解大学生就业的真实情况,另一方面,最终利益受损的还是大学生。针对这个问题,2014年3月份,教育部办公厅发布了"关于编制发布高校毕业生就业质量年度报告"的通知(教学厅函[2013]25号),要求高校毕业生就业质量年度报告要客观反映本校毕业生的规模、结构、就业率、就业流向以及促进毕业生就业的政策措施等方面的实质内容。国家对高校毕业生就业质量的要求,必然会促使各高校在实现毕业生高质量就业方面做出更多的努力。

3.高新技术企业对高新技术人才需求量大

知识经济已成为当今世界经济发展的主流,高新技术产业在我国也得到飞速发展。因此,高新技术企业对人才的需求量非常大,尤其是与高新技术有关的专业毕业生需求非常紧俏。各行各业目前都在积极吸引高新技术人才,争相提供优惠条件,创造良好的工作、生活和学习环境。这种浓厚的尊重知识、尊重人才的风气,必然为高校毕业生就业带来更多的机遇。

4.非公有制经济单位对大学毕业生的需求急剧增加

非公有制经济作为社会主义市场经济的重要组成部分正在迅速发展,并在国民经济领域占据越来越大的比重;中小企业作为非公有制经济单位的主体,在社会主义市场经济中亦充满发展活力,而且随着我国市场经济的不断完善和发展,中小企业的发展将十分迅速。因此,非公有制经济单位对人才的需求量在急剧增加。据统计,我国中小企业占企业总数的99%以上,吸纳了75%以上的就业人员。从2013年毕业生招聘会反馈的信息看,在"就业最难季",大企业、大公司招聘规模有所缩小,而中小企业用人需求则上升。可见,到中小企业和非公有制经济单位就业是今后大学生就业的主要渠道。

综上所述,关于目前的就业形势,我们应辩证地看待:一方面,人口基数大、人力资源丰富是我国的基本国情,每年需要就业的劳动者多达上千万,同时,我国经济发展在增加新的就业岗位的同时又会带来结构性失业;另一方面,知识经济的背景下,就业岗位对劳动者的文化程度和技能素质提出了更高的要求,这对接受过高等教育的大学生而言更加有利。因此,就业形势严峻,不能盲目乐观,更不能因此丧失信心。我们要放眼长远,看到市场经济的一个最大好处就是给知识人才提供了一个施展才华、发挥才能、后来居上、脱颖而出的发展平台。

(三)大学生就业发展趋势

1.大学生就业环境和政策将进一步改善

目前,我国经济发展进入深水区,经济发展速度虽然放缓,但是,这是优化经济结构、谋求长远发展的必经阶段,因此,未来国家经济发展仍是大趋势。在这样的经济社会环境中,国家将有能力为大学生就业创造更多机会和更加优良的就业环境。和谐的经济环境推动着社会的发展,同时这种全面的可持续发展也对就业形成了拉动力,必将进一步增强对人才的需求。另外,从全国范围看,我国劳动年龄人口的增长趋势有所减缓,也就是说来自其他方面的就业者减少了,那么对大学生而言就业机会就多了,大学生的就业环境更趋宽松。

随着高校扩招,高等教育质量问题凸显,也成为影响大学生成功就业的一个重要因素。为此,国家提出高等教育"质量工程",要求高校从之前一味注重量的扩张逐步转变为注重质的提高。同时,提出地方本科院校转型发展的要求,即要求地方本科院校向应用技能型大学转型,强调特色发展,从而克服地方本科院校同质化发展的弊端,以适应经济社会对人才的需求,这种形势无疑有利于大学生就业质量的提高。

除此之外,针对就业,国家还出台了一系列的积极就业政策,比如户籍管理制度改革,弱化了户口对大学生就业的限制,这样不但可以促进大学生择业的自主性和能动性,而且也扩大了大学生就业的空间,当然也缓和了就业压力。国家鼓励中小企业聘用应届毕业生,提高了中小企业吸纳毕业生的能力。国家以及各级政府还出台了许多引导大学生到基层就业的政策,比如大学生村官计划、大学生志愿服务西部计划、"三支一扶"计划、农村义务教育特岗教师计划等,这些也是为了拓宽大学生就业渠道。在"十一五"期间,这些政策至少带动了700万~800万个就业岗位。这种良好的势头在"十二五"期间,不但不会减弱,而且还会继续加强。各种积极就业政策的出台,无疑为大学生的就业提供更多的选择和方向,大学生就业政策壁垒将进一步被打破。

2. 大学生就业手段和就业渠道更趋多元化

大学生就业单位可划分为两类:一是体制内单位,也就是我们常说的非市场化的单位,包括国有企业、事业单位、政府机关和党群组织等,体制内单位一般来说,工作稳定、福利好、工作压力不大,是一个很好的选择。另一类是体制外单位,也就是我们常说的市场化单位,包括有私营企业、个体企业、外资企业和三资企业等。社会普遍观点认为,体制外单位工作的风险高、不确定因素多、稳定性不强、工作压力较大。但随着2014年7月1日起《事业单位人事管理条例》的实施,事业单位与工作人员订立聘用合同。根据相关规定,如果员工违背相关条例,事业单位可以解除聘用合同,也就是说,终身制、铁饭碗将成为历史了。

受传统观念影响,大多数毕业生在择业时会偏向于体制内单位。但是,随着社会经济的发展,随着社会主义市场经济体制改革的深入,目前,无论是哪种单位都需要参与到市场竞争中,都存在工作压力。另外,随着就业压力的加大,目前,很多毕业生择业逐渐改变了想法,由最初的倾向于一些大型的国企还有机关事业单位,逐渐转变为选择私企、民企、外企等单位就业。此外,现在的很多大学生为了解决就业难的问题就开始了自主创业。自主创业不仅缓解了就业的压力,还为社会带来了新的就业岗位,创业将成为未来高校毕业生新的就业模式。随着社会的发展,轻西部、重东部,轻农村、重城市的现象也得到缓解了。根据有关人员调查,在上海、深圳、北京这些城市毕业生就业的比例都在逐渐下降,而一些二线城市、西部城市毕业人员则相对增加。目前,国家对于西部的发展非常重视,所以对于西部地区的就业问题有很多的优惠政策,自然而然,很多的毕业生都愿意选择一些二级城市或者是贫困地区。

3. 大学生就业将逐步实现自我定位和社会需求相结合

在大学生择业的过程中,物质需求满足和精神需求满足的博弈是必然存在的。目前来说,大学生在择业时趋于理性。在过去,很多大学生在择业时只关注待遇问题,他们往往会选择大城市和大企业工作,在自我定位和社会需求之间没能找到一个很好的契合点。现在,大学生们慢慢意识到并不是只有大城市才有发展机会,有时候一些二三线城市可能更有发展潜力,对他们事业的长远发展来说更有利。物质需求和精神需求共同影响大学生的择业行为,同时现代大学生择业时也不能忽略社会需求。目前,在我国,高等教育费用对很多家庭来说是一笔数额不小的投资,所以往往希望大学生在就业时能尽快收回这笔投资。如果学生因为满足精神追求,选择了一份工资偏低,收入不高的职业,很可能导致大学生的生计都难以维持,有时候对贫困的大学生来说可能连助学贷款都还不清。这种情况是绝大多数大学生所面对的。所以说,在未来的很长一段时间内,物质需求的满足仍然是影响大学生择业的重要因素。但是,另一个趋势也是不可否认的,随着社会的发展,人们生活水平的提高,当物质需求的满足不再成为一个问题,大学生在就业时会越来越注重精神需求的满足。当然,此时的择业是与自我定位与社会需求紧密结合的,以能为社会做出自己的贡献而自豪。

在专业方面,现在的大学生在选择专业时候已经懂得了根据社会的需求理性地选择,所以以往很多的急需专业及冷门专业人才也在慢慢增多,这样一来也带动了就业领域的拓宽,使就业的领域也更加多元化了。

4.移动就业成为新趋势

针对90后迷茫性特点,现在很多大学生都选择先就业、再择业。他们刚刚毕业立足社会,会选择最基本的行业,等到有了一定的工作经验后就会选择更好一点的工作,开始慢慢不再满足于仅仅是就业,而是考虑多方面的原因,比如说薪资待遇、自身价值等,他们在追求物质上的满足之后,就开始注重自己的人身价值。一些事业单位侧重招聘有经验的工作人员,这样更导致了大学生就业的流动性,加剧了人力资源的贫乏。很多企业也就出现了长期招聘的现象,还有很多的大学生也都是一直处于择业状态。现在的大学生个体观念以及独立意识都在不断地增强,所以,单位的发展前景以及行业的发展空间都是大学生在择业过程当中要首要考虑的问题。

二、社会人才需求新特点

社会转型期,经济增长方式逐步向依靠科技进步创新、提高劳动者素质、扩大内需和实现绿色经济方向的转变,对人才也提出了新的要求。

(一)人才需求的多样化

以信息技术为代表的科技进步和经济全球化对人才需求产生巨大影响,如除传统行业对科技人才、技术工人的需求外,各类服务行业的管理咨询人才、信息行业的维护管理人才、新兴行业及跨国公司人才的需求变得多种多样。这既体现出百业待兴与人才并举的互动特征,又体现出社会对人才需求多样化的新特点。

人才需求多样化的直接原因在于新职业的不断产生和分工的不断细化。新职业的产生分为两种情况:一是全新职业,即随社会经济发展和技术进步形成的新的社会群体性工作;二是职业更新,即原有职业内涵因技术更新产生较大变化,从业方式与原有职业相比已发生质的变化。如劳动和社会保障部自实行新职业发布制度开始,仅用一年半的时间,就发布了5批共50种新职业。新职业的不断产生使得社会职业已远非传统的"三百六十行"所能概括。

与人才需求多样化相伴随的是人才需求的专业化。随着技术的发展、产业的细分、社会需求的变化导致社会分工细化,对从业人员的专业要求也越来越高,如"策划师"如今可细化为商务策划师、会展策划师、数字视频(DV)策划制作师、房地产策划师等。

新职业的产生、分工的细化,使人才需求越来越多样化、专业化,势必为高校毕业生就业创造更多的岗位。另外,用人专业化理念对以接受专业教育见长的高校毕业生而言,在就业方面无疑会具备更大优势。

(二)复合型、外向型人才受青睐

所谓复合型人才,是指具有宽阔的专业知识和广泛的文化素养,具有多种能力和发展潜能,俗称"一专多能"的人才。因此,复合型人才不仅在专业技能方面有突出的经验,还应具备较高的相关技能。

当今社会的重大特征是学科交叉、知识融合、技术集成。这一特征决定社会的人才理念是强调综合素质。复合型人才的特点就是多才多艺、一专多能,因此,具有很强的适应能力,能够在很多领域大显身手。这种"二合一"、"三合一"型的复合人才不仅节约企业人力成本,而且更胜任具体工作岗位的要求。

外向型人才是复合型人才的一种,即适应外向型经济发展所需要的集外经、外贸、外语为一体,善管理、懂业务,能按国际惯例处理对外经济事务的人才。随着我国改革开放的不断深入,经济全球化程度的不断加大,我国经济将进一步与国际经济接轨。外向型经济的发展,客观上要求外向型人才与之相适应。另外,外向型人才的另一个内涵,即善于主动交流沟通、善于推销自己的外向型性格的人才。我国古有"两耳不闻窗外事,埋头只读圣贤书"的佳话,但是,如果现代大学生仍一味埋头苦读,封闭自我,不闻世事,那么,即使不被社会淘汰,至少也是碌碌无为。当然,埋头苦读的精神还是要提倡,只是埋头苦读还需与社会需求相结合,才能学有所用。

(三)更加强调以职业道德为内核的职业价值观

随着我国经济社会的发展,职场对人才的要求也日益发生着变化,从重学历到重能力、重职业道德和价值观,人才规格内涵日益丰富,职业忠诚、责任感、专业进取与创新、团队协作和职业规范等职业道德、态度作为其内核的价值观,成为现代企业、用人单位选人、用人的重要标准。对大学生而言,健康正确的价值观是职业生涯中求职竞争、入职发展和晋职成功的重要因素。因此,作为大学生,在校期间就应该有意识地进行职业价值观培养,将现代用人单位倡导的职业价值观融入个人价值观,为求职和事业成功奠定良好基础。

三、树立新的就业理念

新的就业理念就是适应社会主义市场经济的要求、符合现代化需要的就业观念。大学生在择业时要把个人愿望和社会需求结合起来,统筹考虑,果断行动。

(一)客观评价、准确定位

客观评价包括客观评价自我和客观评价环境两个方面。对于当前的就业形势,既要看到挑战,又要看到有利形势,而不是怨天尤人、灰心失望。客观评价自己,准确地定位自己、择己所长,不必非强调专业对口。市场经济要求我们必须摒弃旧的、传统的择业观念,自觉顺应市场发展的要求,灵活地调整自己的就业目标。一旦出现不能专业对口,需要"改行"的情况,要能够及时自我调整。

有目的选择单位,但不要以单位性质为重。根据我国人力资源市场信息统计,就2011年上半年部分城市公共就业服务机构市场供求情况看,95%以上的用人需求集中在企业。在企业用人需求中,内资企业占78%,其中,私营企业、有限责任公司和股份有限公司的用人需求所占比重为65%,国有企业、集体企业的用人需求所占比重为5%,等等。这些统计数据告诉我们,就业不能只看单位大小、性质如何,大学毕业生应该把需求人数多的私营企业、股份制企业等作为就业的主渠道。

(二)主动出击、把握机会

目前,我国的就业政策是用人单位和毕业生双向选择,毕业生自主择业。所以,择业时毕业生有了更多的主动权,有更多的空间发挥主观能动性。因此,要想找到理想的工作,就必须主动出击、敢于竞争。这就要求我们尽早着手收集用人单位的招聘信息,大胆向用人单位推荐自己,而不是消极地等待学校的推荐,或等着别人来帮助落实工作。

另外,择业过程中,摆在我们面前的选择是多方面的,例如:工作地点、单位性质、薪酬、待遇、专业对口、工作环境、工作条件等等。这里需要注意的是,几乎没有完全满足你所有要求的单位和岗位,不可能事事随心愿,正所谓"鱼与熊掌不可兼得"。我们要做的是把握好主次,首先满足对自己最重要的选项,如自己能否胜任岗位要求,是否有利于自己才能的发挥等,而不是一味求全责备、急功近利、错失良机。每年都有大学生毕业生因为患得患失、瞻前顾后,结果错失了一些就业良机。

案例

某高校机电专业的一名毕业生,在本校举办的双选会上,通过了南京某汽车集团的面试,该单位同意录用他,但他看到自己专业的其他同学多数没有与该单位签约,就产生从众心理,犹豫不决。经过两个小时的再三考虑,他准备与该单位签约,但是该单位的招聘已经结束。

大学毕业生进入人才市场,实行双向选择、竞争就业,已成为社会发展的必然和常态。随着市场经济体制的完善,人才市场也将进一步规范和完善。因此,培养主动出击,积极走进就业市场,顺利实现就业的观念已成为必然。

(三)先就业、后择业、再立业

在选择和落实工作单位时,不求一步到位,而是先融入社会,再寻求发展,这体现了从"一步到位"到"骑马找马"的观念。因为,在现阶段,严峻的就业形势是客观的,广大毕业生对就业单位、岗位的选择要适度,甚至要适当降低就业期望值,认识到迟就业不如早就业。工作若干年后,随着自己知识的更新、实际工作能力的提高,还可以根据自己的实际情况、爱好和潜力,重新选择单位、岗位和发展方向。否则,一旦错过应届毕业生的最佳就业期,成为往届毕业生,将会面临更大的就业压力。

总之,对大学生毕业生而言,第一份工作收入如何并不重要,暂时找不到好工作,并不等于失去理想。理想是从现实做起的,我们首先要有工作平台,然后才能锻炼能力,为日后的事业发展、实现理想奠定基础。

(四)自谋职业、自主创业

随着经济、科技、教育的发展,高等教育已从精英教育转化为大众化教育。大学生不仅是求职者,更应是工作岗位的创造者,创业已成为大学生一种新的就业模式和观念。创业是一种积极、主动的就业形式,也是就业的基础和前提,没有成功的创业,也不会有更多的就业。一个社会的创业者越多,这个社会的生产要素组合就越丰富、越活跃,提供生产要素的就业行为也就越容易。研究资料表明,新创企业和小企业提供了大部分的就业机会。

大学生毕业生正值青春年华,年富力强,又掌握了丰富的专业知识和技能,具备创业的先天条件。尽管在经济基础和经验方面存在局限性,但是,创业本身就是一个迎难而上、勇于探险、不断克服障碍、战胜挫折的过程。并且,为了解决目前大学生就业难的问题,国家出台一系列优惠政策,鼓励大学生创业。良好的制度环境和社会环境,是大学生创业的最佳时机。成功的创业,不仅解决了自身的就业问题,而且还可以创造出数倍于自身的就业机会,个人的人生价值也随之提高。因此,这就要求大学生要转变观念,形成新的就业理念,从就业走向创业,加入到个体工商户行列,也可以与他人合作从事第三产业,利用自己所学开创一番事业。当然,决心创业,迈出创业的步伐是要经过一番冷静的思考和艰苦的抉择。创业需要热情、勇气,更需要果断的抉择和坚持。只有那些经历艰难、初衷不改的大学生,才有可能获得创业的成功。

(五)做好职业规划

"职业规划"时下已成为人们谋求未来事业成功的重要方法和途径,人们职业规划的意识也越来越强。所谓"职业规划",即要从自身的实际情况出发,分析自己的兴趣、能力、爱好和价值观,找出想做而又能做的职业,然后为之努力,这就是通俗的"职业规划"。对于大学生而言,如何有效利用大学四年或者更长时间充实完善自己,如何应对工作生活中出现的诸如经济、感情、理想与信念、道德与情操等问题,如何使自己在学习和未来的工作中表现更出色,提出及回答这些问题,就需要一份完善的职业规划,它无疑会为迷茫中的大学生指出前进的方向。

时下,很多学者主张,大学生就业指导服务应贯穿大学四年,就业指导服务不能仅仅是"季节性快餐",而应成为全程性指导服务,全方位切入。事实上,从国外的经验看,大学生应该从填报高考志愿到进入大学校门开始,就要对自己以后的职业生涯进行思考和规划,为自己的发展设定长远的目标。所以,对于现在"不包分配"的大学生来说,应该从一开始就要有所准备,把就业看作自己的事情,早早为未来作打算,进行长远规划。这主要表现为两点:一是及早规划,培养能力;二是不急于求成,不企求一步到位。

第二节　就业政策

一、大学生就业总政策

就业政策是一个国家大学生就业活动的方向盘,也是大学生就业活动的指挥棒。我国的就业政策是随着高等教育的发展和劳动人事制度的改革深入不断形成和变革的。从20世纪90年代末开始,我国高等教育进入了跨越式发展的阶段,并很快由"精英教育"模式迈入了"大众化教育"模式时代。大学生就业制度也经历了从"统包统分"到"自主择业"的转折,这也是伴随着计划经济向社会主义市场经济体制转轨实现的。

1999年5月,国务院办公厅转发的教育部等部门《关于进一步做好1999年普通高等学校毕业生就业工作意见的通知》(国办发〔1999〕50号),要求高校根据社会需求和就业状况调整专业和层次,改进教学内容和方法;做好就业指导服务;鼓励到基层支教、支农、支医、扶贫或到企业锻炼,到农村基层、非国有单位就业或自主创业。这是高校扩招背景下,国家出台的较早的大学生就业文件,也是一份统领性文件,随后出台的政策,一般都是对这项政策的细化和补充。

2009年1月,国务院办公厅颁布《关于加强普通高等学校毕业生就业工作的通知》(国办发〔2009〕3号),该文件不仅囊括了2008年以前诸多政策的内容,还对诸多大学生就业政策进行了梳理、整合与细化,是一个总括性的政策文件,如要求实行目标责任制,加强对大学生就业工作的组织领导和考核;强化对困难生就业援助;也有所创新,如实施农村义务教育阶段学校教师特设岗位计划,鼓励骨干企业和科研单位吸纳毕业生,鼓励参军入伍等。可以说,这一文件是大学生就业政策的总体框架。

总体而言,目前我国的就业制度可归纳为:国家计划统招毕业生在国家规定的时间、范围内一般通过供需见面、双向选择、自主择业的方式落实就业单位,逐步实现"建立以市场为导向、政府调控、学校推荐、学生与用人单位双向选择"的就业机制。由此可见,大学生就业制度的改革总体思路是以市场为导向,引入竞争机制,同时,国家根据国民经济的发展状况对大学生的就业给予必要的宏观指导和调控。

二、大学生就业具体政策及规定

大学生就业具体政策和规定是对就业总政策的细化,更加贴近实际、更具操作性。梳理已有的政策,可归纳为以下五个方面的具体政策。

(一)有关加强就业指导与服务的政策

2007年12月,教育部颁发《大学生职业发展与就业指导课程教学要求》(教高厅〔2007〕7号),要求高校开设《职业发展与就业指导》,建设专业化、职业化的师资队伍,使就业指导成为高校一项常规性、规范性的工作。原劳动和社会保障部发布的《关于做好2007年高校毕业生就业有关工作的通知》(劳社部发〔2007〕13号)提出,公共就业服务机构应提供免费职业介绍服务,提供劳动保障代理;重点援助登记失业较长或家庭生活困难的毕业生,优先进入见习基地,给予职业资格培训和见习补贴;加强市场管理,完善失业统计,按照《劳动法》的规定,向毕业生提供各种福利和劳动保障。

(二)有关调整就业流向与结构的政策

2003年6月,团中央、教育部、财政部、人事部发布《关于实施大学生志愿服务西部计划的通知》(中青联发〔2003〕26号),招募毕业生到西部贫困县、乡镇从事1年~2年教育、卫生、农技、扶贫以及青年中心建设等志愿服务,享受交通和人身意外伤害、住院医疗保险等补贴,计算工龄,考研或考公务员加分、优先录取。同年7月,中组部、人事部、团中央等发布了《关于选拔高校毕业生到西部基层工作的通知》(国人部发〔2003〕6号),选拔优秀毕业生600名到西部12个省市的乡镇共青团等工作,享受机关的工资福利待遇。2006年2月,中组部、人事部、教育部等颁布《关于组织开展高校毕业生到农村基层从事支教、支农、支医和扶贫工作的通知》(国人部发〔2006〕16号),每年招募2万名毕业生到乡镇从事2年~3年支教、支农、支医和扶贫工作。到艰苦地区、行业基层工作,实行助学贷款代偿;给予生活、交通补贴,办理人身意外伤害和住院医疗保险;团县委选拔1~2名兼乡镇团委副书记;计算工龄,考研初试加10分,考公务员优先录用。

2009年2月,教育部、财政部、人力资源社会保障部、中央编办发布了《关于继续组织实施"农村义务教育阶段学校教师特设岗位计划"的通知》(教师〔2009〕1号)。将范围扩大到中西部国家扶贫县,鼓励3年聘期结束的特岗教师继续从事农村教育;建立数据库,加强动态管理。2009年4月,中组部、中宣部、教育部等发布的《关于建立选聘高校毕业生到村任职工作长效机制的意见》(组通字〔2009〕21号)提出,2008~2012年选聘10万名大学生"村官"。工资按新公务员、社会保险按事业单位标准发放,到西部和艰苦边远地区农村基层,实行学费补偿和助学贷款代偿;为每个村官确定 1 名乡镇干部和村干部,结对帮带;留任村党支书和村主任的继续享受"村官"工作、生活补贴;提高镇公务员考录中的"村官"比例,考研初试加 10 分。

(三)有关鼓励个体经营与创业的政策

2003 年 6 月,财政部发布的《关于切实落实 2003 年普通高等学校毕业生从事个体经营有关收费优惠政策的通知》(财综〔2003〕48 号)规定,毕业生从事个体经营,1 年免交个体工商户注册登记费、工商管理费等行政事业性收费。2004 年 4 月,团中央、原劳保部出台了《关于深入实施"中国青年创业行动"促进青年就业工作的意见》(中青联发〔2004〕13 号),要求提供创业服务,优化创业环境,每年帮助 20 万名青年掌握创业本领,5 万名青年创办企业,开发就业岗位 30 万个。2007 年 8 月颁布的《就业促进法》坚持劳动者自主择业、市场调节就业、政府促进就业的方针,把扩大就业放在突出位置,实施积极就业政策,发展经济和调整产业结构、规范市场、完善就业服务、加强职业培训、提供就业援助、倡导自主创业。这为大学生就业政策提供了基本的法律基础。2010 年 5 月,教育部《关于大力推进高等学校创新创业教育和大学生自主创业工作的意见》(教办〔2010〕3 号)提出,加强创新创业教育课程体系和师资队伍建设、建立检测跟踪体系、加强理论研究,加强资金投入、创业培训、创业信息、创业基地建设。当月,人社部也发布了《关于实施大学生"创业引领计划"的通知》(人社部发〔2010〕31 号),目标是 2010 年 ~ 2012 年引领 45 万名大学生创业。建立模拟公司、信息化实训平台,组织竞赛;给予注册资金优惠、小额担保贷款、税费减免等政策;建立大学生创业项目库,成立导师团、创业俱乐部等交流平台;建立一批大学生创业园,提供低成本的经营场所和企业孵化服务。

(四)提升毕业生就业能力

2009 年 4 月,人社部、教育部、工信部等下发了《关于印发三年百万高校毕业生就业见习计划的通知》(人社部发〔2009〕38 号),2009 年 ~ 2011 年组织 100 万名未就业毕业生参加 3 至 12 个月的见习,拓展见习基地,指定专人指导,计算工龄。同年 2 月,教育部颁布的《关于加快高等职业教育改革促进高等职业院校毕业生就业的通知》(教高〔2009〕3 号),对高职教育改革提出了具体要求。要结合就业优化专业结构,增加专业技术课程和实训实习项目;顶岗实习半年,加强与企业在教案设计、教师配备、协同管理等方面的合作,落实"双证书"制度。2012 年 8 月,教育部印发《普通本科学校创业教育教学基本要求》(教高厅〔2012〕4 号),要求各高校创造条件,面向全体学生开设"创业基础"必修课。

(五)鼓励骨干企业和科研单位吸纳毕业生

2009 年 2 月,科技部、教育部、财政部、人社部等出台了《关于鼓励科研项目单位吸纳和稳定高校毕业生就业的若干意见》(国科发财〔2009〕97 号),鼓励承担 973 计划、863 计划、科技支撑计划以及国家自然科学基金重点项目的高校、科研机构和企业,聘用毕业生,并安排劳务费和社保费补助,计算工龄和社保缴费年限。

第三节　就业权利与法律保障

一、大学生的就业权益

大学毕业生在就业、择业过程中享有的权利表现在以下八个方面：

(一)获取信息权

就业信息是毕业生择业成功的前提和关键。毕业生只有在充分占有信息的基础上，才能选择适合自身发展的用人单位。毕业生获取信息权，应包括三个方面：信息公开、信息及时、信息全面。

(二)接受就业指导权

大学生有权从学校接受就业指导，学校应成立专门机构，安排专人对毕业生进行就业指导，包括向毕业生宣传国家关于毕业生就业的有关方针、政策；对毕业生进行择业技巧的指导；引导毕业生根据国家、社会的需要，结合个人实际进行择业，使毕业生通过接受就业指导，准确定位、合理择业。当然，随着毕业生就业完全市场化，毕业生也将从学校接受就业指导转为主动到市场寻求和接受某些合法机构的就业指导。

(三)被推荐权

高等学校在就业工作中的一个重要职责，就是向用人单位推荐毕业生。经验证明，学校的推荐往往在很大程度上影响到用人单位对毕业生的取舍。毕业生享有被推荐权，包含以下方面的内容：其一，如实推荐。即高校在对毕业生进行推荐时，应实事求是，根据毕业生本人的实际情况向用人单位进行介绍、推荐，不能故意贬低或随意捧高。其二，公正推荐。学校对毕业生进行推荐应做到公平、公正，应给每一位毕业生以就业推荐的机会。公正推荐是学校的基本责任，也是毕业生享有的最基本的权利。其三，择优推荐。学校根据毕业生的在校表现，在公正、公开的基础上，还应择优推荐。用人单位录用毕业生也应坚持择优标准，真正做到优生优用、人尽其才。只有这样，才能调动广大毕业生和在校生学习的积极性。

(四)选择权

根据国家有关规定，高校毕业生在国家就业方针、政策指导下自主选择用人单位，学校、其他单位和个人均不得干涉。任何将个人意志强加给毕业生，强令毕业生到某单位工作的行为都是侵犯毕业生选择权的行为。毕业生可结合自身情况，与用人单位协商，要求学校予以推荐，直至签订就业协议。

(五)公平待遇权

用人单位在录用毕业生的过程中，也应公正、公平，一视同仁。由于各项配套措施实施的滞后，完全开放、公平的就业市场尚未真正形成，用人单位在录用毕业生时仍存在不公平、不公正的现象，如女生就业难是困扰当今女大学毕业生就业的一大难题。公平受录用权是毕业生最为迫切、最需要得到维护的权利。

(六)违约及求偿权

毕业生、用人单位签订协议后，任何一方不得擅自毁约。如用人单位无故要求解约，毕业生有权要求对方严格履行就业协议,否则用人单位应对毕业生承担违约责任,支付违约金,毕业生也有权要求用人单位进行补偿。

(七)择业期内,户档保留学校权

毕业生如在毕业当年未能找到工作,或只是找到非正规就业单位,该生有权在毕业择业期(两年)内将户口、档案保留在学校。择业期满后,学校无此义务。

(八)国家和省政府规定的与就业有关的其他权利

按照《劳动法》的规定,毕业生享有各种劳动保障的权利。毕业生到用人单位报到后应与单位签订劳动合同。《劳动法》第3条规定:劳动者享有取得劳动报酬的权利、休息休假的权利、获得劳动安全卫生保护的权利、接受职业技能培训的权利、享受社会保险和福利的权利、提请劳动争议处理的权利以及福利规定的洽谈劳动权利。

二、大学生就业的法律保障

(一)大学生就业权益的劳动法保护

我国《劳动法》规定:劳动者享有平等就业和选择职业的权利、取得劳动报酬的权利、休息休假的权利、获得劳动安全卫生保护的权利、接受职业技能培训的权利、享受社会保险和福利的权利、提请劳动争议处理的权利以及法律规定的其他劳动权利。劳动者有权依法参加和组织工会。工会代表和维护劳动者的合法权益,依法独立自主地开展活动。劳动者依法通过职工大会、职工代表大会或者其他形式,参与民主管理或者就保护劳动者合法权益与用人单位进行平等协商。劳动者就业,不因民族、种族、性别、宗教信仰的不同而受歧视。妇女享有与男子平等的就业权利。在录用职工时,除国家规定的不适合妇女的工种或者岗位外,不得以性别为由拒绝录用妇女或者提高对妇女的录用标准。

劳动合同是《劳动法》规定的保护劳动者权益的基本形式。劳动合同是劳动者与用人单位确立劳动关系,明确双方权利和义务的协议。劳动合同是劳动者保护自己权益的基本形式和书面文件,一旦劳动者所在单位违反劳动合同,劳动者可以此为依据通过行政、协商、仲裁和司法等手段维护自己的权益。劳动合同应当以书面形式订立,并具备以下条款:劳动合同期限、工作内容、劳动保护和劳动条件、劳动报酬、劳动纪律、劳动合同终止的条件、违反劳动合同的责任。除此必备条款之外,当事人可以协商约定其他内容。劳动者就业的试用期最长不得超过6个月。在实际生活中,有些部门和单位借口重组或合并擅自改变劳动合同的期限,降低劳动报酬,加大劳动工作量,不提供劳动保护,擅自解除劳动合同,从而损害劳动者的合法权益。因此,大学毕业生更应利用所学的法律知识,利用各种合法方式来保护自己的合法权益。

(二)大学生就业权益的民法保护

民法的平等、自愿和等价有偿原则与诚实信用原则,对毕业生保护自身的就业权益有着重要意义。很多毕业生在寻找工作时往往把自己放在从属地位,认识不到自己与用人单位之间在法律上是平等的关系。毕业生与用人单位之间签订的就业协议以及就业后签订的劳动合同,都是民法规定的平等的法律关系的反映。所以毕业生在这种法律关系前提下,应该充分发挥自己的优势,与用人单位签订合适的合同或协议。

就业协议是大学毕业生保护自身权益的基本形式。就业协议本质上是一种合同,它是毕业生与用人单位以平等的身份签订的确立双方权利与义务的协议。就业协议反映的是一种民事法律关系,签订协议就是一种民事行为,要想使这种民事行为成为民事法律行为,就必须遵循民法的具体规定。大学毕业生与用人单位签订就业协议与报到后签订劳动合同的行为都是双方法律行为、双务法律行为、有偿法律行为、诺成性法律行为。如果协议中附带有特殊的条件,如住房待遇、科研经费待遇等,这种协议的签订又称为附加条件的法律行为。就业协议及附加条件必须由双方共同以书面的形式签订。毕业生签完主协议后,对附加条款不进行文字注明和双方签字,只接受口头承诺,这是非常不可取的。当毕业生进入工作单位,口头承诺得不到兑现时,毕业生的合法权益就得不到有效保护。

民事责任是民事违法行为人必须承担的法律后果,亦即由民法规定的对民事违法行为人所采取的一种以恢复被损害权利为目的,并与一定的民事制裁措施相联系的国家强制形式。在毕业生就业过程中存在如下一些违约和侵权事件:用人单位中途违约,取消被录用者的录用行为;毕业生到单位报到,单位拒绝接收;单位接收毕业生报到后没有按约定给予相应的待遇;用人单位将毕业生个人的知识产权据为己有;对毕业生依法维护权益的行为进行人身攻击或威胁等等。民事责任的构成要件主要包括以下内容:用人单位的行为具有违法性;对于毕业生具有损害事实;违法行为与损害结果之间存在因果关系;用人单位主观上有过错。当然,某些情况对毕业生虽然有损害事实,但用人单位可以免除民事责任。

(三)大学生就业权益的仲裁法保护

《仲裁法》是大学毕业生在就业过程中及就业后应当了解的法律法规。当大学毕业生的权益受到损害时,可以通过仲裁的方式来解决。就业者与就业单位按照双方自愿的原则,达成仲裁协议,可以向仲裁委员会申请仲裁。没有仲裁协议,一方申请仲裁的,仲裁委员会不予受理。如当事人双方没有达成仲裁协议,都可以向人民法院起诉。仲裁应遵循一定的法定程序:

1. 申请人递交申请书,仲裁委员会收到仲裁申请书之日起 5 日内,认为符合受理条件的,应当受理,并通知当事人;认为不符合受理条件的,应当书面通知当事人不予受理,并说明理由。

2. 仲裁委员会受理仲裁申请后,应当在仲裁规则规定的期限内将仲裁规则和仲裁员名册送达申请人,并将仲裁申请书副本和仲裁规则、仲裁员名册送达被申请人。

3. 被申请人收到仲裁申请书副本后,应当在仲裁规则规定的期限内向仲裁委员会提交答辩书。仲裁委员会收到答辩书后,应当在仲裁规则规定的期限内将答辩书副本送达申请人。被申请人未提交答辩书的,不影响仲裁程序的进行。

4. 仲裁应当开庭进行。当事人协议不开庭的,仲裁庭可以根据仲裁申请书、答辩书以及其他材料作出裁决。仲裁庭在作出裁决前,可以先行调解。当事人自愿调解的,仲裁庭应当调解。调解不成的,应当及时作出裁决。

5. 调解书经双方当事人签收后,即发生法律效力。裁决书自作出之日起发生法律效力。

6. 当事人应当履行裁决。一方当事人不履行的,另一方当事人可以依照民事诉讼法的有关规定向人民法院申请执行。受申请的人民法院应当执行。

三、学会处理劳动争议

劳动争议也叫劳动纠纷,是指劳动关系双方因为权利和义务问题发生的纠纷。根据《劳动法》第77条规定:"用人单位与劳动者发生劳动争议,当事人可以依法申请调解、仲裁、提起诉讼,也可以协商解决。调解原则适用于仲裁和诉讼程序。"因此,毕业生与用人单位可以选择下列方式解决劳动争议:

(一)协商解决

劳动争议发生后,当事人就争议事项进行商量,使双方消除矛盾,找出解决争议的方法。不愿协商或者协商不成的,当事人可以并有权申请调解或仲裁。

(二)企业调解

劳动争议发生后,当事人可以向本单位劳动争议调解委员会申请调解,企业调解达成协议的,制作调解书,双方当事人应自觉履行(此协议不具有法律约束力);如果从当事人申请之日起30日内未达成协议,则视为调解不成。当事人可以在规定的期限60～90天内,向劳动争议仲裁委员会申请仲裁。另外,当事人不愿调解或调解达成协议后反悔的,也可直接向仲裁委员会申请仲裁。

(三)劳动仲裁

劳动争议一般由所在行政区域内的劳动争议仲裁委员会受理,当发生争议的单位与职工不在同一劳动争议仲裁委员会管辖地区时,由职工当事人工资关系所在地的劳动争议仲裁委员会处理。如果当事人任何一方对裁决不服,则应在收到裁决书15日内向当地人民法院起诉,期满不起诉的,裁决书即发生法律效力,当事人对发生法律效力的调解书和裁决书应当依照规定的期限履行。

(四)法院判决

当事人任何一方不服裁决向人民法院起诉的,法院将按照民事诉讼法的有关程序进行。首先对双方当事人进行民事调解,如果双方当事人就劳动争议达成协议,法院将制定民事调解书,调解书一经送达当事人立即生效,与判决书具有同等法律效力。如果调解不成,法院应当在规定的时间内作出书面判决。原被告任何一方对判决不服的,可在法定期限(自收到判决书起15日)内向上级人民法院提起上诉。

案例

郭某诉某旅行社实习劳动合同纠纷案

2007年1月4日,郭某在校期间与旅行社签订了实习合同及培训合同。实习合同约定,郭某实习期间为2007年1月4日至郭某毕业止;旅行社每月支付郭某400元报酬。实习合同附件实习注意事项约定,实习生正式工作未满12个月的,实习期没有实习费工资。培训合同约定,郭某实习期间培训费为4 000元,郭某如未到期离开旅行社,或违反实习合同被提前解除实习合同的,应返还培训费;郭某违反劳动合同或提前解除合同,以及培训后为旅行社服务年限不满一年,需赔偿旅行社培训费及脱产期间发的工资奖金。

2007年7月,旅行社起诉至一审法院称,合同签订后,郭某到我单位实习,其实习期间应当至 2007 年 7 月，但其自 2007 年 6 月起即不再到旅行社实习，其给旅行社造成了经济损失。故要求郭某支付实习期间培训费 4 000 元，并返还已发放的脱产工资奖金 1 600 元。郭某辩称，自己与旅行社约定的实习期已届满，旅行社未安排自己进行任何培训，故不同意旅行社诉讼请求。

一审法院经审理判决后，郭某不服，以 1 600 元是旅行社支付的生活补贴，非实习劳务费为由上诉至二中院。

【裁判】

法院终审判决驳回旅行社要求实习生返还培训费及奖金的诉讼请求。

【法理分析】

本案属于实习生提前终止实习，旅行社要求其支付培训费案，故在分析该案时，可以分以下两个步骤梳理线索：

第一个步骤，实习生与旅行社所签订的实习合同以及合同中具体条款的效力问题。

本案中，郭某在校期间与旅行社签订了实习合同及培训合同，对双方的权利和义务进行了约定，但是，实习合同附件实习注意事项中关于实习生正式工作未满 12 个月的，实习期没有实习费工资的约定是不符合法律规定的。因为，实习合同关系和劳动法律关系是两种不同性质的法律关系，二者之间不存在内在的牵连关系，即双方建立实习合同关系不应受到尚未建立的劳动合同关系的约束。旅行社不能以预先设定劳动关系作为履行实习合同的附加条件，所以，合同中的此项条款是无效的。旅行社依此主张实习生郭某返还 1 600 元的脱产工资奖金是没有根据的。

第二个步骤，实习生提前终止合同以及由此引发的案件讼争问题。

本案中，双方约定的合同履行期限是至郭某毕业，即 2007 年 7 月。但事实上，郭某在 2007 年 6 月 5 日就不去旅行社实习，事实上单方终止了合同，已然构成违约。旅行社本应以郭某违约为由，请求损害赔偿，但在实际的诉讼请求方面，却是要求郭某支付实习期间培训费 4 000 元，并返还已发放的脱产工资奖金 1 600 元。从案例本身看，旅行社仅对郭某进行了随岗培训，并未对郭进行脱产培训，4 000 元的培训费无法确切计量。而对于 1 600 元的脱产工资奖金，正如二审法院所认定的那样：实习合同约定旅行社公司每月支付实习生报酬 400 元，双方已依约履行，说明旅行社公司认可实习生在实习期间为该公司付出了一定的劳动。现旅行社公司要求实习生返还此款，无法律依据。

当然，如果旅行社以违约为由请求损害赔偿，在事实的具体认定上，即郭某的违约行为是否给旅行社造成损失以及损失的具体数额应该如何确定，都体现着较大的法官自由裁量权。

综上所述，法院终审判决驳回旅行社要求实习生返还培训费及奖金的诉讼请求，是符合法律规定的。

【法律风险提示及防范】

随着就业形势的日渐严峻，大学生在面临毕业时往往会选择去实习单位，在检验自己所学知识的同时也为将来的工作打下必要的人际基础。但是由于实习毕竟不同于正式工作，在现实生活中实习单位和实习生之间往往存在手续简化的情形，从而引发了诸多的问题，故需要从以下几个方面来防范：

1.对于实习的大学生来说,找到一份适合自己的实习工作,并签订书面的实习合同是必要的。实习期间,认真遵守合同条款的有关约定,不仅可以达到实习本身追求的目标,而且能够最大限度地保护自己的合法权益。

2.对于实习接收方的单位来说,在签订合同的过程中,必须充分考虑到合同条款本身的合法性,同时兼顾双方的利益。如果只是利用自己的强势地位,签订违背公平原则或是偏袒己方的合同,由此引发纠纷,即使最终诉至法院,法律也很难保护他们所主张的利益。同时,在起诉中,选择有利于自己的诉讼请求,对于案件能否胜诉是至关重要的。

【相关法律法规集成】

《中华人民共和国合同法》

第52条 有下列情形之一的,合同无效:

(一)一方以欺诈、胁迫的手段订立合同,损害国家利益;

(二)恶意串通,损害国家、集体或者第三人利益;

(三)以合法形式掩盖非法目的;

(四)损害社会公共利益;

(五)违反法律、行政法规的强制性规定。

第60条 当事人应当按照约定全面履行自己的义务。

第107条 当事人一方不履行合同义务或者履行合同义务不符合约定的,应当承担继续履行、采取补救措施或者赔偿损失等违约责任。

第108条 当事人一方明确表示或者以自己的行为表明不履行合同义务的,对方可以在履行期限届满之前要求其承担违约责任。

思 考 题

1.大学生可享受哪些就业权益?

2.大学生若在就业过程中出现劳动争议,应如何解决?

第二章 大学生就业准备

第一节 就业能力

一、专业技术能力

专业技术能力指从事职业和创业活动所必需的知识和技能,以及运用已掌握的知识和技能解决职业工作中实际问题的能力。专业技术能力是大学生从事某一特定社会职业所必须具备的基本素质,精通专业知识和技能也是适应社会生活、对社会有所贡献所必需的素质。一般来说,就业后能否很快适应专业工作要求、取得用人单位的领导和同事们的认同,首先与其掌握专业知识技能的状况密切相关。专业知识技能的水平越高,就越能胜任工作和开展工作,越有利于工作中各种关系的处理,更利于形成良好的职业发展循环。对于大学生而言,就业前需要掌握的专业技术能力包括以下方面:

(一)合理的知识结构

专业知识和相关知识的掌握能力历来为人们所重视,也是用人单位选人最重要的依据,只有具有广博扎实的专业知识和相关知识,在实际工作中才能驾轻就熟,得心应手,才能运用所学知识去开拓创新。

但知识的掌握与学习能力的培养,一定要注重知识的结构。知识经济时代的核心思想是把知识作为职业发展的重要因素,这是因为一个人所具有的能力与他(她)所掌握的知识、技能是相互联系和制约的。一个人的能力直接决定其职业状态,所以最终是以知识增进职业进程的。

(二)过硬的专业技能

专业技能包括智力技能和操作技能,体现的是一种实际工作能力和岗位能力。智力技能是在大脑内部借助于内部语言,以缩减的方式对事物的印象进行加工改造而形成,它以抽象思维为主要特征。能力的操作过程,无论是机械的还是非机械的,是自动化的还是非自动化的,是熟练的还是非熟练的,都是在智力的指导、支配和调节下进行的,包括观察力、注意力、记忆力、想象力等一般能力。智力技能的形成,对于解决生产中的难题、进行技术更新改造以及从业人员开创性个性品质的养成,具有很大作用。

操作技能是由一系列外部动作构成的,是经过反复训练形成和巩固起来的一种合乎规则的随意行动方式。操作技能是专业技术能力的有机组成部分,也是形成专业综合能力的基础。掌握操作技能要通过对动作的认识、联系达到协调完善三个阶段。操作技能虚拟训练总要通过认识动作样板、了解动作程序、掌握动作关键,从而理解整个动作,进而反复联系,使之有机联系,相互协调,最后形成连锁反应,接近自动化动作,达到准确性、协调性、速度和技巧利用的定型。

(三)较高的计算机和外语水平能力

计算机与外语水平的高低也是用人单位选择毕业生的一个重要条件。随着科学技术的日益发展和改革的不断深入,用人单位的对外交往也逐年扩大,生产技术、办公自动化程度也逐渐提高,计算机和外语已成为各种人才必备的应用工具。

二、非专业技术能力

"专业技术能力"是进入某个行业的通行证,"非专业技术能力"是就业制胜法宝。因为,当大家都拥有专业技术能力这个通行证时,谁才能成为最先通过的那个人? 显然,是那个让对方发现你除了在专业知识上能拿高分之外,在社会工作中你一样能如鱼得水,即具备较强的非专业技术能力。

(一)表达能力

表达能力是指人们以语言或其他方式对外展示自己的思想、感情和实践结果的能力。表达能力一是口头表达能力,二是书面表达能力。对于求职,表达能力尤为重要。因为这是应聘时面试和笔试环节的基本功。表达能力最基本的要求是:能用准确、流畅、简洁的语言表述事实,表达观点;能够篆修计划、总结、公函等文书。口头表达能力固然重要,但这里强调一下书面表达能力。随着信息时代的到来,电脑的普及,计算机某种程度上代替了人们的写作活动。因为需要什么文章,网上下载或参考借鉴就行了,所以,写作人才显得尤为珍贵。

(二)沟通能力

沟通能力,是一种能证明和让对方发现你具有社会工作能力的能力。表面上,它只是一种能说会道的表达能力,但是,实际上它却包含了一个人从穿衣打扮到言谈举止等一切行为的能力。一个具有沟通能力的人,可以将自己所拥有的专业知识及专业能力进行百分之百的发挥,并能迅速地给对方留下"我最棒"、"我能行"的印象。因此,沟通能力对于求职者来说,不仅是一种给用人单位留下好印象的基本素质,还是一个人内在素质的外在表现。

(三)应变能力

应变能力是指自然人或法人在外界事物发生改变时所做出的反应,表现为:能审时度势,随机应变;能在变化中产生应对的创意和策略;在变动中辨明方向,持之以恒。

面试是求职应聘最关键的一个环节,应聘者给用人单位留下的印象决定着应聘的最终结果。面试也是一个充满各种不确定性的环节,面试官可能会问到各种各样的问题,有些问题是专业方面的、与职业相关的,有些可能是与该职位无关的、非专业的问题,甚至还有可能是各种情境,需要面试者有较强的灵活应变能力。

(四)人际交往能力

人际交往能力是指妥善处理组织内外关系的能力,包括与周围环境建立广泛联系和对外界信息的吸收、转化能力,以及正确处理上下左右关系的能力。

社会是由人构成的,在社会生活中,每个人都不可避免地要与他人交往,从而形成纷繁复杂的人际关系。在求职中,人际交往能力不仅表现在求职过程中处理与面试官关系的能力,更体现在工作中处理与同事关系,适应工作环境的能力。

第二节　就业信息

一、就业信息渠道

就业信息的传播路径及其利用状况对大学生就业有着直接的影响。在当前严峻的就业形势下,有效了解和掌握求职信息是大学生就业成功的关键。谁先获得就业信息,谁就立于主动地位。因此,要善于利用各种渠道、通过各种途径收集信息。这些渠道和途径主要包括:

(一)学校就业主管部门

学校的毕业生就业办公室或毕业生就业指导中心,是高校学生毕业就业工作的行政管理部门,在长期的工作交往中与各部委和省市的毕业生就业主管部门及用人单位有着密切的联系,社会需求信息往往汇集到这里。而且,在毕业生就业过程中,他们会及时向毕业生发布有关需求信息,进行就业指导,让毕业生大致了解当年社会对大学生需求的状况及有关就业的政策规定,学生本人也可以就有关问题进行咨询。学校毕业生就业办公室或毕业生就业指导中心是获取用人单位信息的主渠道,他们提供的信息无论是数量还是质量,都有明显的优势。通过学校毕业生就业办公室或毕业生就业指导中心获得的信息有针对性强、可靠性高、成功率大等特点。

(二)各级毕业生就业指导机构

目前,教育部成立了全国高校毕业生就业指导中心,各地也陆续建立了毕业生就业指导机构。这些机构的一项重要任务就是与毕业生和用人单位交流信息,提供咨询服务。

(三)社会各级人才市场

随着社会主义市场经济建设的发展,我国人才市场中介机构也应运而生了。在那里不仅可以了解到许多各类不同的机构和职位,而且还为毕业生提供了极好的锻炼面试技能和增强面试中自信心的机会。

(四)新闻媒体

每年大学生毕业就业之际,报刊杂志上一般都会刊登一些关于大学生就业的指导信息,信息从不同侧面和角度反映了当年大学生就业的需求情况。在传媒业高速发展的今天,广播、电视、报刊、杂志等新闻媒体受到了招聘机构和求职者们的共同青睐,如《大学生就业》等每期都刊载有数量不等的招聘信息,除此以外,还开辟"择业指导"和"政策咨询"等专栏,为毕业生就业提供指导。

(五)社会关系

每个人都会有自己的人际关系网,他(她)们分布在社会的各个领域,通过社会关系了解到的需求信息比较准确。一般来讲，用人单位向社会发布招聘信息后，将会收到大量内容相差无几的应聘函。面对如此众多的陌生人，很难分辨出哪一个更合适。这时，熟人的推荐就显得十分重要，一般都会有面试的机会。所以，在关键时候找个"关系"帮你推荐一下，也许是最为有效的。当然，关系要靠自己去发掘，途径也应该正当，切不可不择手段。对于大学生而言，社会关系网一般包括以下几类人：

1. 家长亲友

他（她）们都相当关心毕业生的就业问题，又来自社会的各个层面，与社会有多种联系，可以从不同渠道带来各种用人单位的需求信息。家长亲友提供的职业信息主要来源于其个人的社会关系，相对固定，也有相当大的局限性。一般不反映职业市场的实际供求状况，也往往不太适合那些专业比较特殊、学生本人就业个性比较强或具有某些竞争优势（如学习成绩优秀、共产党员、学生干部、有一技之长等）的毕业生。但信息的可靠性比较大，传递到毕业生本人的职业信息，一旦被接受，转变为就业岗位的可能性比较大。由家长亲友提供的职业信息的数量和"质量"有很大的个人差异。对有些毕业生来说，家长亲友提供的职业信息是其主要的选择，对有些毕业生而言，则可能只是聊胜于无。

2. 学校的教师

由于本专业的教师，比一般人更了解本专业毕业生适合就业的方向和范围。在与校外的研究所、企业、公司合作开发科研项目和教学活动中，对一些对口单位的人才需求信息了解得比较详细。毕业生可以通过专业教师获得有关这些企业的用人信息，从而来不断补充自己的信息库，而且可以直接找他们作为推荐人或引荐人。

3. 校友

校友提供的职业信息的最大特点是比较接近本校、尤其是本专业的毕业生在人才市场上的供求状况及其在具体行业中的实际工作、发展状况。近几年毕业的校友更有着对职业信息的获取、比较、选择、处理的经验和竞争择业的亲身体会，这比一般纯粹的职业信息更有参考、利用价值。

（六）就业信息网

随着信息化进程的加快，网上求职、网上招聘已成为一种常用的求职方式。一般可通过政府管理部门网站、专业求职网站和目标行业或目标企业网站等多个途径进行求职。

网络人才交流最大的优势在于即使求职者身在异地也能获得大量招聘信息及就业机会。网络人才交流，突破了人才信息与招聘信息沟通的种种限制，实现跨越时空界限、打破单向选择的传统人才交流格局。网络人才交流，讲究的是规模效应，因此其信息容量之大是其他人才交流方式所不能比拟的。毕业生不仅可以自由地从互联网上获取各种职业信息，而且还能利用互联网投递简历。

网络求职虽然具有求职信息量大、更新及时、信息丰富的优点，但是由于网络的虚拟性，网络求职存在一定的风险。大学生求职应到正规的网站了解、发布求职信息，以免给自己带来不必要的麻烦。

（七）社会实践和毕业实习

社会实践和毕业实习是大学生获取职业信息的重要途径。大学生到用人单位参加社会实践和实习活动,不仅有利于开阔视野、学以致用,还可以通过自己的努力赢得用人单位的好感、信任,获取单位的用人需求信息。这种信息具有全面、准确的特点。因此,大学生应充分利用寒暑假、业余时间开展社会实践活动,适当做一些兼职,到各单位锻炼。在社会实践的过程中,大学生要努力推销自我,体现自己的才华、能力、忠诚度与敬业精神,赢得用人单位好感与信任,同时要了解就业形势、行业情况、职业发展机会、用人单位需求信息以及内部管理等,为日后的择业竞争奠定良好的基础。每年大学生通过社会实践取得职业信息甚至直接谋得职业的大有人在。另外,毕业实习也是落实工作单位的重要途径。实习单位一般比较对口,通过实习可以展现你的专业优势,直接掌握就业信息,在实习过程中就可以与用人单位达成就业协议,解决就业问题。

　　除了以上提到的几种信息获得的渠道外,你还可以通过自己在有关专业报刊上刊登广告,或者直接向数百家公司投递求职信件和个人简历,或者查阅电话簿后电话联系用人单位、亲自拜访等方法来取得有用的就业信息。但是,对大学毕业生而言,一般不提倡这几种方法,因为需要花费太多的精力,而且收效有限。

　　对于上述渠道,毕业生可以根据自己的实际情况进行选择。从费用角度:关注校内信息和网上招聘信息所需的费用最少,而参加社会上的人才招聘活动除了需要门票开支外,还需要做必要的文字材料准备和衣着准备。求助于亲友虽然有时并不需要花费什么,但是感情投资却是相当的。从周期角度考察:不论何种途径都需要漫长的等待,但是相比较而言还是有所区别。求助亲友花费的时间或许是最短的,而到刊登招聘广告的单位应聘,从被选中、通知你参加面试到录用等待时间较长。参加人才招聘会,尽管也有面试的成分,但是由于招聘活动的规模过大,竞争比较激烈,所以需要耐心的等待。虽然网络的发展缩短、缩小了人与人间交流的时间和空间,但是在决定一个人是否被录用的事情上,任何一家用人单位都不会草率行事,面试是必不可少的,因此,等待的时间与参加人才招聘会时等待的时间基本上是一致的。同样,求助于中介机构,不论是登记本人信息还是查找单位信息,时效性都会打折扣。从耗费精力角度,花费精力最少的求职方式莫过于浏览网上信息。在网上不仅能迅速查阅到需求信息,而且能够了解到单位动态,从中掌握一个单位的发展前景,从而为就业决定奠定基础。虽然求职的毕业生都应该关注校内的就业信息,但是还是有些毕业生不积极,对那些重要信息视而不见、充耳不闻。参加人才招聘会与找一家中介机构相比,一个好的中介机构似乎更难找些,参加招聘会更耗费心力和体力;从实效上,在困难的时候,家人和亲友的帮助会使大部分人很快地确定就业单位,然而针对性强的东西势必选择面窄,有时朋友好心推荐的单位并不见得让你满意。报纸上刊登的招聘广告,大多数是针对社会上有一定相关从业经验的人员,而给应届大学毕业生提供的机会比较少。

二、就业信息筛选

　　广泛收集就业信息仅仅是就业工作的第一步,收集的信息越多,机会就越多。但是,通过上述渠道所收集到的原始信息可能比较杂乱,毕业生还应根据自己的实际情况和需求,对信息进行去粗取精,去伪存真,有目的、有针对性地加以鉴别、筛选、处理。这一项工作做好了,才能获得有效的信息,为自己的求职起到事半功倍的效果。筛选就业信息可以从以下几个方面进行：

(一)去伪存真

筛选就业信息的第一步是要从众多就业信息中挑选出真实的信息。各种就业信息可谓真假难辨，有的求职信息纯粹是子虚乌有；有的信息则仅仅是单位出于一种宣传的目的，而非真心实意地想录用新人，这样的招聘广告含有大量的水分；有的则是一些单位尤其是一些非法机构发布的具有欺骗性、欺诈性的聘用信息，它们常通过收取报名费、中介费和面试费等达到骗取学生钱财的目的。由于信息的虚假常会导致求职者的决策失误，给就业工作带来多方面的麻烦和损失。因此，求职者一定要对那些值得怀疑、可信度低的用人信息多加以了解、考察、分析和核实，及早将虚假性或欺骗性的信息排除在外。

另外，就业信息都具有一定的有效期，越是新近发布的信息，越具有较高的使用价值，这对于单位招聘计划、相关就业政策等更是如此。过时的信息、政策常会干扰或误导当事人的求职活动。因此，对求职者来说，及时拥有最新的职位信息，或许就多了一份胜算的把握。

(二)去粗求精

在确保求职信息真实的基础上，还要进行一番去粗求精的筛选工作，即有的放矢，缩小范围，从所有接触的信息中找到适合自己具体情况的有限信息。就业信息并非数量越多，对一个人的求职进程越有益处。因为，人们接触的信息往往同时包括有高相关的、低相关的、无关的以及错误的几类。如果无关或错误的信息过多的话，它们就反而会成为就业决策中的负担和额外的干扰源，对合理决策的作出会造成消极影响。毕业生应当格外关注那些与自己的专业、性格、兴趣、能力和特长相符的职位信息，因为这些工作更适合自己的发展，成为自己未来职业的可能性更大。

(三)人职匹配

在信息选择中，要把握"适合自己的就是最好的"的原则，这一点应是筛选信息的核心。要结合自己的兴趣、爱好、能力等条件，决定自己能够适应和胜任的职业，不要好高骛远、人云亦云、迷失自我。不顾自己的专长，以待遇、地点作为首选原则的毕业生，即使侥幸在求职中取得"成功"，在未来的发展中也会逐渐暴露出自己的弱势，发展后劲也不足。

(四)深入了解

对于筛选后的最终信息，要注意"寻根究底"，争取对该单位和职位有一个较为深入的认识。一般而言，可以从以下三个方面对目标单位作深入了解：

1. 用人单位情况

包括单位名称、性质以及上级主管部门；单位的发展历史、现状及远景规划；在本行业中的实力或排名等。单位的整体发展状况为应聘者提供了一个实现自我价值的大环境。

2. 对应聘人员的具体要求

包括对求职者思想政治、人品修养和职业道德等内容的要求；对年龄、身高、体重、相貌和体力之类生理内容的要求；对学历、专业方向、学习成绩和职业技能的要求；有的单位还可能对个人的职业兴趣、职业能力、性格和气质等心理特点提出要求。

3.招聘职位情况

包括所设立职位的收入福利、工作地点、工作时间、工作环境和发展前途等方面的具体内容。这方面的信息与毕业生切身利益的关系最为密切,也最能够吸引他们关注的目光。毕竟,现在对该职位感兴趣的毕业生说不一定就会成为该单位未来的正式员工。

详细掌握这些信息后,就能在随后面试中处于主动地位,让主考官在面试时拿你当"自己人",在情感上首先予以接纳,这点对求职很重要。

通过以上程序的过滤,广而杂的就业信息就只剩下最重要、最有价值的部分,要发挥它们的价值,求职者就需要立即行动,及时使用这些财富,及时向用人单位发出反馈,以免坐失良机。

三、就业陷阱防范

随着高校毕业生的增多,就业市场日趋饱和,高校毕业生就业压力不断增大。在供需矛盾的影响下,各种就业陷阱也出现在就业市场上。很多大学生对就业陷阱的认识不够清楚,在就业过程中误入其中,耽误了就业良机,损害了自身利益。

所谓就业陷阱,即在就业过程中,用人单位借工作机会和拥有信息的有利条件,以发布虚假、夸大或模糊的招聘信息为手段,以牟利或者其他意图为目的的招聘,或违反求职者个人意愿,使其额外支付财物或诱骗求职者进行违背法律道德的行为等情况。

(一)就业陷阱的类型

1.就业渠道陷阱

(1)虚拟信息渠道陷阱,即通过招聘网站、QQ 信息、微信、微博等虚拟渠道发布招聘信息。由于有关部门监控不严,信息的真实性难以核实,信息发布者往往利用这一点,通过这类渠道发布具有很大诱惑力的职位信息,吸引求职大学生的注意。例如,某公司打出招聘"储备经理"的广告,并且许以高薪,而且条件也不苛刻,很多符合条件的大学生蜂拥而至,实际却是要干销售员的业务,所谓的高薪也要等到做到一定年限或职务之后才能享受。

(2)介绍人陷阱。在大学生求职的路上,有一些人很主动热情地给他们去介绍好工作,而这些热情的背后都可能会隐藏着无法预知的危机。例如我们常说的传销。这类介绍人总是在求职大学生面前展示一种成功者的姿态,向求职大学生吹嘘自己工资高、工作轻松、生活自由、发展空间很大,往往使缺乏工作经验的大学生上当受骗。据有关研究表明,近几年经工商部门查出、遣散的传销人员,主要集中在 18 岁~25 岁,其中刚毕业的学生占了相当大的比例,有的甚至是在校的大中专学生和初、高中毕业生。

(3)当心黑职介。目前,社会上存在一些不具备营业资格的黑职介向求职者收取所谓的"上岗费",金额在几元至几千元不等,远远超出了物价部门所规定的中介费限额。这些职介机构一般没有劳动部门核发的职业介绍许可证,经营证照的营业范围中也不包含职业中介业务。急于找工作的大学生一般警惕性不高,辨别能力不强,自己的合法权益常常受到侵害。

2.待遇陷阱

(1)高薪。有的用人单位往往对求职的大学生许以高薪,但是不签订任何书面合同,等到应聘者领工资时,不是打折就是推脱,有的甚至以公司倒闭为由不发一分钱。另外,还有些用人单位只许给求职大学生一个很高的工资总额和无据可查的升职加薪计划,而实际上这个总额包含保险金、养老金、失业金等等,左扣右扣到手的工资已所剩无几了,而升职加薪的最终解释权都由用人者说了算。

(2)试用期。对于刚毕业的求职者来说,签订劳动合同最容易遭"忽悠"的就是"试用期"了。试用期过长或即将结束时,企业便以各种理由炒求职者的"鱿鱼",这是大学毕业生找工作时的普遍遭遇。《劳动法》规定试用期最长不得超过 6 个月。与正式合同期相比,试用期内的工资收入及福利待遇低,长期耗在试用期内,不仅让求职者蒙受很大的经济损失,而且对求职者的职业发展不利。

(3)培训。岗前培训本是用人单位对新人业务能力训练的常用手段,但是,有些用人者却以录用作为诱饵骗取培训费。尽管如此,仍有不少求职心切的毕业生掉入此类陷阱。如有些用人单位招聘时常常不看任何学历证明,甚至不安排任何面试,而只要求求职者支付信息费、报名费、登记费、资料费、推荐费、注册费等名目繁多的费用,当他们填满自己的"钱袋"后,就会找各种理由将应聘者"辞掉",这是黑心单位最常用的欺骗手法。

案例

小刘同学接到某公司的面试通知后,经过一番面试,该公司并没有当时就向他收取培训费,只是说先试用一段时间,然后再考虑是否录用他。小刘十分高兴,于是起早贪黑地干了近一个月,结果却被告知:你干得不错,但专业知识不足,公司需要对你进行培训,请先交 300 元培训费。当小刘对此进行质疑时,该公司却说,不交培训费可以走人,但此前工作一个月的薪水免谈,令小刘气愤不已。

3. 单位资质陷阱

有些用人单位或个人,在招聘时对自己单位的描述不切实际,把不属于自己的资质、荣誉、业绩等都附加到自己的身上,给自己的单位人为地披上一件光鲜的外衣,让涉世不深的求职大学生觉得这个单位不错、有实力,将来一定能够有所发展,而实际上却是一家不起眼的小公司或小单位,甚至是一个"皮包公司"。

案例

毕业生小李收到一个房地产公司的电子邮件,被通知去面试。由于小李并未向该公司投送过简历,他怕遭遇"皮包公司",为安全起见,决定上网先查一下。让小李惊讶的是,网上搜索后发现,该公司居然用同一个电话、地址注册了 4 个公司,涉及医药、保险、建材等不同领域。该公司提出给求职毕业生的待遇异常优厚,而招聘信息中仅要求中专学历以上,如此举动值得怀疑。经其向工商部门了解,该公司已不存在。其以低标准将毕业生招进来只为公司干活,而其承诺的高工资是不会兑现的。

4. 就业协议陷阱

首先,用人单位不签订就业协议,甚至不约定违约惩罚条款的相当普遍。据调查,有80%以上的学生都不约定违约金,而在 20% 有约定的学生中,大部分是国有大中型企业害怕学生违约而提出的要求,学生主动提出的很少。毕业生之所以没有约定,一方面是不想自己被"套牢",最重要的还是学生缺乏这方面的意识。

其次,口头协议难兑现。在劳动保障监察部门接到的投诉中,对"口头协议"的投诉占大多数,它让求职者有苦难言。在最初求职时,有些求职者认为,反正试用期不过两三个月,口头协议就行了。但那些存心欺骗求职者的老板则利用这两三个月的试用期来使用求职者"廉价劳动",随后便以试用期表现不好等借口把求职者炒掉。至于这段时间的工资,由于仅仅是口头协议,很容易出现纠纷,给多少工资似乎全靠老板的"施舍"。

5. 推销陷阱

先以优厚待遇让求职者上门应聘,再以种种理由提出要对求职者进行"考察"。具体考察方式就是公司先与求职者签订一份产品推广协议或产品促销协议,协议中约定求职者必须在约定时间内以公司规定的价格销售掉该公司某种产品,并收取一定的保证金或样品费。当求职者签好协议去推销产品时,才发现根本销售不掉。结果,求职者的保证金或样品费就这样被这些公司"黑"掉了。

(二)就业陷阱的防范

在充分认清就业陷阱的基础上,如何防范就业陷阱便显得易如反掌了。常言说,见怪不怪,其怪自败,以上各类就业陷阱一般表现出模糊性、诱惑性、违法违德性、多面性等特点。对于就业陷阱,学校和学生需要共同作出努力,加强防范,才能提高就业的成功率。

1. 学校层面

加强就业政策宣传教育。学校就业部门及时对毕业大学生进行就业形势教育,让毕业生认清当前的就业形势,了解国家最新的就业政策。例如,我国的"劳动者自主就业、市场调节就业、政府促进就业"方针,千方百计增加就业、扩大就业规模的政策,同时也要让学生认识到目前供需矛盾还比较突出,帮助学生树立正确的择业观和创业观。

加强就业指导针对性。学校的就业指导部门要把国家就业政策及时地告知毕业生,把引导毕业生面向基层、面向西部就业与国家西部开发的建设结合起来,与对毕业生职业生涯规划教育和人生目标规划教育结合起来,提高就业指导的针对性,不能笼统地号召,空洞地鼓吹。

进行就业陷阱防范教育。刚毕业的大学生的社会阅历较浅,"初生牛犊不怕虎",他们对于在就业过程中可能会出现的陷阱不能有效识别。学校应该针对就业陷阱的类型进行相关的防范教育,教会学生从国家、政府、学校或正规的人才交流市场获取就业信息,不要相信小广告和流动招聘者。让学生学会根据实际情况辨别工资的可信度,对于单位资质的描述要多问几个为什么,还可以通过工商部门电话、网站等进行核实,不要轻信陌生人的介绍和许诺。

2. 学生层面

端正就业心态。首先,在校期间要刻苦学习,努力掌握专业技术知识,储备良好的就业能力,为将来的就业打下良好基层。其次,要相信"一份耕耘,一份收获",不要随便相信高工资、高待遇、福利好、挣钱快的招聘消息,坚信不会有天上掉馅饼的好事,任何成功都是要经过努力后取得的。第三,要认清自己,知道自己的真实水平,不要以社会精英自诩,当不法分子以不实夸大之词或甜言蜜语向你游说时能保持清醒的头脑。

正确认识自我。学生就业难,难在学生对社会、对自身的了解不够,学生应保持一种平和、阳光的心态,充分剖析自我,准确定位自我,确定一个合理明确的择业目标,使整个就业过程有条不紊,避免虚假信息乘虚而入。做到这一点,不仅要加强学习,夯实基础,提升专业能力,还要多和老师、同学交流,进行自我认识,为进入社会作好准备。在求职过程中要把握正规渠道求职、实地考察单位、"不付钱"等原则,尽可能降低上当受骗的可能性。

提高法律意识。首先,大学生要切实了解劳动法、合同法等法律的相关内容,在自己的就业过程中增加就业陷阱辨别力。其次,大学生要加强法律观念和维权意识,遇到权利受到侵害时能够敢于拿起法律武器来维护自身利益,不给违法分子以可乘之机。《中华人民共和国劳动法》和《劳动保障监察条例》都有明确规定,任何单位和个人对违反劳动法律法规的行为都有权进行投诉和举报,劳动保障监察机构和监察员有义务保护举报人,为举报人保密。第三,注意个人资料保密。现在好多高校毕业生都通过网络找工作,但有些专业人才网络缺乏严格的审查制度,容易出现违法招聘。毕业生应该进入信誉度高的招聘会和专业人才网站应聘,填写个人信息的时候,要注意提高隐私信息的保密。

保持清醒头脑。谨慎对待小广告,尤其是版面很小的报纸招聘广告,此类广告业务描述躲躲闪闪、遮遮掩掩,要提高警惕;辨别职务分工。一些招聘单位在招聘广告或招聘海报中虽列出要招聘的多种职位,但这些职位都是做业务的,甚至是没有底薪的业务。辨别方法是:职位要求很简单、很笼统,似乎很多人都适合做。当心人才市场无业者,不要理睬人才市场内外主动与你搭话的人,尤其是对异常热心者保持冷静。如果你发现招聘单位几乎对每一位应聘者都是异常热情、异常兴奋,你千万要小心;不要交纳应聘费。在应聘过程中,拒绝交纳任何由招聘单位收取的费用。签订就业协议或劳动合同,注明双方谈妥的条件,这样即使双方产生纠纷时也不会空口无凭。

总之,第一份工作是大学毕业生迈向社会的第一步,识别、防范就业陷阱才能让第一步迈得稳,不要心存侥幸心理,要有目的、有针对性地求职,这样不仅会带来很大的经济利益,还会对职业发展起到极有利的作用。

第三节　相关考试

一、相关证件考试

目前,"一张文凭、多张证书"已经成为主导大学生就业的重要因素。学历相同的情况下,一张技术文凭有时起的作用是决定性的,因为它不仅证明了你的专业性,同时证明了你的学习能力。那么,我们对考证了解多少? 哪些是必要的,哪些证是适合自己的呢?

(一)考证简介

"考证"中的"证"指除学历、学位证以外的其他证书,主要指职业资格证书。职业资格证书,是表明劳动者具有从事某一职业所必备的学识和技能的证明。它是劳动者求职、任职、开业的资格凭证,也是用人单位招聘、录用劳动者的重要依据。与学历文凭不同的是,职业资格证书是与职业劳动要求密切结合的,更多地反映特定职业的实际工作标准和规范,以及劳动者从事这种职业的能力水平。

20 世纪 90 年代初,我国开始实施职业资格准入制度,即对技术复杂、涉及消费者利益和国家财产、人民生命安全的个人职业实行准入制度。1999 年,中共中央国务院《关于深化教育改革全面推进素质教育的决定》,要求在全社会实行学历文凭、职业资格并重的制度,以促进人才的公平竞争与合理流动。这也是适应了我国入世之后,对各行业人才标准要求提高的结果。从 2000 年开始,劳动和社会保障部进一步放宽大学生考证的报考条件,逐步允许在校大学生报考,这成为大学生考证的强有力的政策保证。此后,在大学生就业难的背景下,大学生考证现象逐渐升温,时至今日已十余年,然而考证热丝毫未退,主要表现为考生覆盖面广,包括专科生、本科生以及研究生;培训机构众多;主考和发证机构以及证件种类繁多等。

(二)职业资格证书分类

职业资格证书按层次分为《从业资格证书》和《执业资格证书》。从业资格是政府规定专业技术人员从事某种专业技术性工作的学识、技术和能力的起点标准,通过学历认定或考试取得,供用人单位参考。执业资格是专业技术人员依法独立开业或从事某种专业技术工作学识、技术和能力的必备标准,考试由国家定期举行,统一时间、统一命题、统一组织。从业资格是从事某类职业的基本要求,目前需要资格认证的包括 100 多个职业目录,上千个工种,同学们获得的职业资格证书多数属于从业资格证明。

执业资格主要针对一些关键领域,目前,我国已在建筑、工程、资产评估、生物医药、经济、税务等领域建立了二十多种执业资格。执业资格实行强制性就业准入控制,只有拥有它才能在某种专业技术岗位上工作,如作为建筑师,才有资格在图纸上签字,并对工程负责;具有一定数量的执业药师,药店才能开业;一家上市公司的注册报告上,如果没有注册会计师的签字,报告就无法生效。因此,持有执业资格具有对某些文件签字的权力,且要负法律责任。

(三)职业资格证书的级别

我国职业资格证书分为五个等级:高级技师、技师、国家职业资格三级、四级、五级。一般来说,级别越高,考试难度越大,所花的工夫越大,所获得的回报也越大,但高级是建立在中、初级基础上的。初级的职业资格证,大学期间即可以考取;一般中级以上的证书,都需要有几年的工作经验。

(四)职业资格证书的获得

获得职业资格证书需要通过政府认定的、权威的考核机构的职业技能鉴定。鉴定分为理论知识考试和操作技能考核两部分:理论知识考试一般采取笔试的形式进行,操作技能考核可采取工作现场操作、模拟现场操作、问题答辩等方式进行。因此,职业资格证书制度也是一种特殊的国家考试制度,属于标准参照性考试。另外,不同的机构组织的考试,有不同的适用范围。政府组织的考试无疑有最广泛的适用范围,而一些社会组织举办的考试,有自己独特的适用范围,选择时要注意。

(五)考证注意事项

"证"不可不考,但不可滥考。要在考证热面前保持清醒的头脑。盲目考证,忽略专业课的学习,失去社会实践锻炼的机会的行为绝对不可取。对于像英语四级、专业资格证等证书是必考的,至于其他证书,学生应该根据自己的实际情况而定。

首先,大学生应对自己的未来做一个规划,对未来自己就业的情况作一下预测,明确自己的择业目标,从自己以后的发展方向和专业特点出发,再结合自身的兴趣和精力作出合理而正确的选择,考取有利于自身发展的有效证书。

其次,大学生必须要明确考证的目的是要真正学到东西,尤其是要能学到一些实际的操作能力。应该认识到相对于获得证书来说,对专业技能的学习和实践应用能力的提升更重要。因此在准备考证时应注重复习的过程,实实在在地获取知识,并将知识内化成自身的能力。

再次,大学生考资格证,要安排好复习时间,防止和专业课学习冲突。在学习好专业知识、有空暇时间的前提下,再去考一两种与本专业有关或跨专业的证书。大学学业本就不易应对,如果考资格证,还要学习厚厚的教材,只有合理安排好时间才能两者兼顾。大四时,不少大学生要实习或者考研、考公务员等,如果这时才准备参加资格证考试,时间上就会冲突,所以大学生们最好在大四前把要考的资格证拿到手。

二、研究生考试

"考研还是就业"是很多即将毕业的大学生都会经历的纠结,产生这种纠结的原因在于,考研,代表将来获得更高的学历、更深的专业知识,无疑对未来就业和个人发展都具有明显的优势。但是,延后就业的压力、考研结果的不确定性、以及学历缩水的现实让一部分学生产生犹豫。考还是不考需要根据自己的实际情况,不能盲目随大流,也不能望而生畏,错过考研时机。

(一)研究生入学考试简介

研究生入学考试是指教育主管部门或招生机构,为选拔研究生而组织的相关考试的总称,分为硕士、博士两个层次,初试、复试两个阶段。初试由国家考试主管部门统一组织,复试由招生单位组织。研究生教育学制一般 2~3 年。

(二)考研前的思考

1. 我适合考研吗

关于这个问题,可以从三个方面考虑:一是学习能力。在校期间学习成绩优秀,自制力、自控力、自学能力强的学生适合考研。学习成绩一般、社会实践能力强、希望尽早投入社会的学生建议就业。二是所学专业。所学专业的专业性强,兴趣浓厚,有深造的空间,可考虑考研;一些专业性不强的跨学科专业,可考虑就业,因为专业性不强的岗位对学历要求一般也不高;社会需求趋于饱和的专业建议就业,因为读研之后,也可能面临就业难的问题。三是家庭负担。目前,硕士研究生教育已取消了公费生,完全自费,尽管有各级奖学金和助学金,但是也需要一笔不小的费用。因此,对家庭经济困难的学生建议先就业后考研,这样可以适当减轻求学的经济负担。

2. 考研为了什么

可以分以下几种情况:一是为了获取更好的就业机会,为自己找一条更好的出路,主要对象是本科就读院校或所学专业不理想的学生,将考研作为人生转折的机会,志在必得。二是为了追求兴趣。兴趣是最好的老师,是最有效的内驱力,最能调动人的主观能动性,适合于对专业了解充分,对本研究领域擅长,以后也想从事这方面的工作的学生;另外,基于兴趣的考研,考研心态也比较放松。三是逃避,主要是针对那些职业目标不清晰,盲目从众的学生。

3. 怎样选择专业? 是留守还是跨考

专业占优势可以考虑跨考,比如数学、英语专业;为了追求兴趣,并且有一定的基础可跨考,其他情况,不建议跨专业考。因为,一是很多行业招聘都要求本、研专业一致,跨考后不占优势;二是备考工作量和难度加大,不仅面临大量陌生的专业课程学习,而且在复习资源、信息渠道等方面均处于不利地位。

4. 选专业,还是选学校

如果为兴趣、为深造而考研,建议从专业的角度选择学校,即看报考院校中的目标专业在业界的影响如何,而不必过多考虑学校是否为名牌。因为研究生教育同本科教育不同,主要侧重于培养学生的学术科研能力,是向高度专业化的过渡。但是,如果单纯地为追求高学历而考研,那么选择名气大的学校,当然面临的风险也要大些。

(三)了解考研程序

1. 起跑期:7月前(4月~6月)

在这一阶段,考生需要做好以下几件事:一是了解考研信息,包括公开的信息,招生政策、专业目录、招生简章、考试大纲等;半公开的信息,专业课的内容和重点、复试的内容和方式、导师对学生的偏好等。其中,招生政策是导向,根据招生政策可以了解当前的考试情况。公共课考试大纲可以了解政治、外语、数学等公共课的考试知识点、要求、题型,一般在每年6月~7月份由教育部考试中心在《考试大纲》中作出详细规定。考研信息是至关重要的资源,对它的占有和利用程度直接影响着备考的难易和录取机会的大小,这是一项应该伴随整个考研过程的工作。二是确定考研目标,包括确认是否跨专业,选择冷门、热门还是新兴专业;确定院校。三是公共课的第一轮复习,可以对上一年的各科考研试题情况有一个了解,最好看一下上一年的考研大纲,以及前几年的考研试题,对于考研命题有个初步了解。准备合适的复习参考书,并通读一遍,进行第一步的打基础工作。

2. 强化期:7月~8月(暑期)

这一阶段需要做的主要工作有:一是了解考研信息,全面关注招生专业目录、招生简章和考试大纲。招生专业目录:各个学校的招生专业目录涵盖专业研究方向有哪些,导师情况,招生人数,还有考试科目和专业课参考书目等信息。招生专业目录是报考及全部复习计划的依据,通过专业目录,确定最终报考方向,同时购买专业课辅导用书。招生简章:主要介绍学校的基本情况,包括学校类别、层次、专业、报考条件、报考日程、联系方式等。简章是学生了解学校和进行报考的重要依据,是一种较为可信的院校信息。考试大纲:即考试范围,包括知识点、要求、题型等。考生要及时关注考试大纲,以最新大纲做为复习的参考依据。二是有效利用暑假复习。暑假是考研复习的黄金时间,利用效果将直接影响考研的成败。暑假复习有以下几种模式:

模式一:完全自我复习,适合基础较好、自信的学生。注意:一要选好过硬的复习用书,否则只能是事倍功半;二是学生自学能力和自我控制能力较强。

模式二:先进行自我复习,然后带着问题上一个质量有保证的辅导班。注意:前期的复习最好能将内容过一遍,找出困惑点和自己认定的重点。

模式三:先上辅导班,与辅导班同步进行自我复习。注意:跟上辅导班的步骤,自我复习过程中要整理、归纳,并理解、消化、吸收辅导班所学的内容和方法。

考研辅导班是专门为考研学生设置的,能够帮助学生缩短复习时间、提高复习效率。从学科角度看,考研公共科目政治、英语、数学考试都有其学科特点和考试规律,通过上辅导班来学习,既节省时间,又能提高复习的效果。考研辅导班从时间上分为暑期班和秋季班;从作用上分为强化班和冲刺班。其中,强化班侧重:a. 串讲知识,建立知识框架。老师会把某科的知识点进行梳理,用一根线把知识点连起来,在你头脑中形成一个逻辑框架、一个知识体系。b. 讲述考试重点。老师会根据当年考研政策分析、历年命题规律以及自己掌握的考研信息等,讲授重点内容,缩小复习范围,节省宝贵的复习时间。c. 消除难点和弱点。辅导老师一般都是有多年辅导经验、阅卷经验、甚至命题经验的学者,他们对考试的难点和考生的弱点都了如指掌,在课堂上重点讲授这些内容。冲刺班侧重:a. 系统归纳总结考试内容。b. 根据所掌握的信息讲述重点、难点、焦点,预测考题。c. 讲述应试技巧。比如告诉你理解题怎样做才能得高分,一头雾水的题怎么答能多得分。

3. 巩固期:9 月 ~11 月

这一阶段的主要任务包括:一是网上报名,9 月下旬通过"中国研究生招生信息网"进行预报名,在研招网上注册一个帐号,提前了解资料的填法和报名流程,报名数据有效。10 月中下旬正式报名,系统早 10 点至晚 10 点开放,按报名流程填报资料即可。二是现场确认,11 月下旬到报考点照相、确认报名,交纳报名费。三是全面复习,结合暑期辅导班的学习,进行全面、深入的复习和巩固,理解背诵、练习。

4. 冲刺期:12 月 ~ 考前

冲刺阶段首先要注意打印准考证,每年的 12 月底自行从研招网下载并打印准考证。其次进行第三轮复习,重点在知识的理解和运用,强化答题、解题技巧。另外,这个阶段时事政治内容也基本确定,应进行高效复习。基于这两点,参加冲刺班有很大好处。

复习注意几点:a. 练习材料要有所选择,可选择内部冲刺资料、模拟题进行训练。b. 合理安排各科复习时间。一般而言,各科冲刺阶段成绩提高由难到易依次为英语、数学、专业课、政治。因此,时间可由各科成绩提高难易度进行分配。c. 查缺补漏。在冲刺阶段,考生必须对自己的复习状况作一个客观准确的评估,找出薄弱科目,加大复习强度。

5. 考试期:次年 1 月 ~5 月

参加初试:考试时间具体在次年 1 月份,一般为春节前的两个星期,持续 2 天,今年的考试时间为 1 月 4 日、5 日。进行 4 门考试,政治、英语、专业课(一般是 2 门)。每门考试时间为 3 个小时。

查询成绩:从 2 月底开始,各招生单位陆续在研究生院网站上开通初试成绩查询系统,考生可以凭考号等信息查询初试成绩,国家线一般在 4 月初公布。需注意的是,总分过线,单科也有最低分数线,不然总分再高也没用。如果过了国家划定的复试分数线,但是在第一志愿学校却没有获得复试机会,怎么办?

申请调剂:适合分数刚刚上线,处于录取边缘的学生。提前了解感兴趣的、第一志愿学校以外的其他单位的调剂信息或扩招信息,一旦未被第一志愿学校录取,联系其他院校,转递自己的相关信息材料,还会为自己带来转机。申请调剂后,学校会为符合条件的考生发复试通知。

参加复试:考研复试一般包括笔试和面试两个环节。笔试由学校自行命题,主要考查专业知识。面试一般由本专业或相近专业的3~5名导师组成面试小组,主要了解考生对本专业研究现状的掌握情况,读研后的个人打算;有的还采用实际动手操作的办法面试。另外,以前面试是等额面试,现在实行差额面试,即面试10个、录取8个,这就要求考生要精心准备复试,可以从以下几个方面准备:

a.认真阅读复试规则、内容和程序,要认真复习参考教材;可广泛搜集所报考院校近几年的复试试题,有的放矢。

b.参加复试前浏览近年来本专业比较权威的期刊,了解本专业的发展方向、目前研究的热点及主要观点,这样做对参加复试十分有益。

c.通过走访本专业在读研究生或老师,了解他们的科研情况,如目前正在承担或已经完成的、比较重大的科研项目,在权威性刊物上发表过的文章。这样往往会收到意想不到的效果。

d.复试的不确定性和内部性决定了提前与导师取得联系的重要性。可以通过主动拜访、听导师课的方式与其取得联系,知悉导师的研究重点及对学生的偏好是极为有利的。

6.录取

考核合格后,学校将发函到你档案所在地,将你的档案调往学校,审查没有问题后,发放录取通知书。

(四)考研信息的获取

考研政策、热门学科、重点学科、专业介绍、招生简章、招生目录、招生单位地址和查分电话、调剂信息。

(五)考研心理误区

2013年全国硕士学位研究生招生考试吸引了180万人报考,创下考研人数历史新高。2013年全国普通高校毕业生规模达到699万人,比2012年增加19万人,这意味着每3、4个毕业生里就有一个选择考研。按照往年考录比例推算,最后考上的不到1/3。

莘莘学子们之所以选择考研,有的想改变命运,有的想碰运气,有的只是想经历,将考研与青年理想、人生困惑混淆在一起,产生诸多心理误区。

1.逃避心理

大学生对未来比较迷茫,不能为自己做清晰的职业规划。在即将要踏入社会时会选择逃避,正是由于不清楚自己究竟想干什么或者是能干什么,不清楚自己的能力所在,对自己想要从事的工作也没有完全的把握,担心自己无法找到一份满意的工作或是不能承担应有的责任,正是这种困惑和不安的心理让其选择以逃避来面对进入社会的现实。

2.从众心理

在考研的群体中,我们不乏看到一些学生本身并没有强烈的考研意向,由于看到班上或者身边的同学都考研了,自己也就决定跟着大家一起准备考试。这就是所谓的从众心理。所以,如果周围同学的考研意志非常坚定且考研氛围十分浓厚时,就会让那些之前并没有决定考研的学生受到影响,也产生考研的想法甚至盲目跟风,这也是导致考研热的又一个原因。

3. 补偿心理

补偿心理是一种心理适应机制,个体在适应社会的过程中总有一些偏差,为求得到补偿。考名校除了那些本身所在院校就是重点大学的学生之外,大多数是来自学校名声一般的本科院校的学生。他们在高考时,没有考进自己理想的大学,以此为人生的一大遗憾,因此将考研视为第二次高考。而那些对自己在大学本科所学专业并不满意或者后悔自己高考填报的专业志愿的学生,他们则迫切希望自己的专业可以得到一次重新选择的机会,考研允许跨专业报考却刚好迎合这些学生的需求。正是基于这两个方面的原因,很多学生将考研视为自己人生命运的又一个转折点,毅然投身到考研的大潮中去。

4. 学历光环效应

所谓学历光环效应则可以理解为当拥有一个高学历,你就会被认为是与众不同、出类拔萃的人,也就是说高学历会改变外界对你的认识和评价。往往就是因为很多学生觉得考取研究生,会让自己的同学、朋友对自己刮目相看,同时在社会上寻找自己的立足点的时候,学历会将自己的全部能力证明给他人,才选择参加研究生考试。他们认为高学历不仅证明自己在学习方面比较突出,甚至可以证明自己就是高人一等的。即便自身存在一定的缺点,也会因为学历而显得微不足道。学历会为自己的人生保驾护航,帮助自己实现自我理想。

三、公务员考试

我国的公务员考试从 20 世纪 90 年代引入,至今发展已相当成熟。每年的公务员考试都会牵动上百万人的神经,公务员考试的热度逐年升温。2013 年公务员考试招考 20 839 人,报名人数接近 200 万,招录比例约 90∶1,竞争强度也创历年之最。由于大学生自身的优势,包括学识、精力、时间等,加之大学生的就业压力的不断增大,以及公务员相对较高的福利和待遇,公务员考试在大学生中的影响力居高不下。

(一)公务员简介

1. 公务员概述

公务员,是指依法履行公职、纳入国家行政编制、由国家财政负担工资福利的工作人员。公务员职务分为领导职务和非领导职务。领导职务层次分为:国家级、省部级、厅局级、县处级、乡科级,每一级都包括正、副职。非领导职务层次在厅局级以下设置。

2. 公务员招录方式

《中华人民共和国公务员法》第四章第 21 条规定:录用担任主任科员以下及其他相当职务层次的非领导职务公务员,采取公开考试、严格考察、平等竞争、择优录取的办法。主任科员享受正科级待遇,正科级及以下的非领导岗位采用招录的方式。

(二)公务员考试

公务员考试是公务员主管部门组织的担任主任科员以下及其他相当职务层次的非

领导职务公务员的录用考试。包括国家公务员考试和地方公务员考试。

国家公务员考试,简称国考,是国家部、委、署、总局招考中央国家机关工作人员的一种方式,招考条件相对比较苛刻、严格。

地方公务员考试主要面向当地的居民、在当地就读的大学生、以及本省生源的大学生。一些沿海城市仍有户口限制,大部分省份不要求本地户口,面向全国招考。

1. 考试内容及形式

笔试:

行政能力测试:考查的是与公务员职务密切相关的、适合通过客观化纸笔进行测验的基本素质和能力,包括言语理解与表达、数量关系、判断推理、资料分析和常识判断等部分。行政职业能力测验为客观性试题,考试时限 120 分钟,题量 135～140 题,满分 100 分。

言语理解与表达:运用语言文字进行思考和交流、迅速准确地理解文字材料内涵的能力。常见的题型有:阅读理解、逻辑填空、语句表达等。

数量关系:理解、把握事物间量化关系和解决数量关系问题的能力,主要涉及数据关系的分析、推理、判断、运算等。常见的题型有:数字推理、数学运算等。

判断推理:对各种事物关系的分析推理能力,涉及对图形、事物关系和文字材料的比较、组合、演绎和归纳等。常见的题型有:图形推理、定义判断、类比推理、逻辑判断等。

资料分析:对各种形式的文字、图表等资料的综合理解与分析加工能力。这部分内容通常由统计性的图表、数字及文字材料构成。

常识判断:应知应会的基本知识,以及运用这些知识分析判断的基本能力,重点测查对国情的了解程度、综合管理基本素质等,涉及政治、经济、法律、历史、文化、地理、环境、自然、科技等方面。

申论:测查从事机关工作应当具备的基本能力的考试科目。主要考查阅读理解能力、综合分析能力、提出和解决问题能力、表达能力。主观性试题,考试时限 150 分钟,满分 100 分。申论试卷由注意事项、给定资料和作答要求三部分组成。

面试:

结构化面试,也称标准化面试,是指面试的所有内容和程序都是固定的,每位面试者都按同样的顺序、问同样的问题。面试问题,以及评分标准、评分方法都是事先进行专门设计的。主试者会根据既定的评价标准,对面试者进行评价,以确保客观、公平、科学。结构化面试中,一般由主考官负责提问,面试时间由主考官负责掌握。每名考生所要回答的题为 3～5 道题,面试时限一般为 10～20 分钟。

无领导小组讨论:一组被试者围绕圆桌,主试者提供讨论主题(如一件时事或一个假设性事件),不指定领导,由在座的应试者自由讨论,而主试者只是坐在一旁观察,不参与、不干预讨论。考查的是应试者的组织协调能力、口头表达能力、辩论说服力,以及自信、进取心、情绪稳定性、反应灵活性等个性特点。

四、选调生考试

(一)选调生概述

选调生是组织部门有计划地从高等院校选调品学兼优的应届大学本科以上毕业生

按照面向基层、面向艰苦边远地区的原则,分配到乡镇工作,作为党政领导干部后备人选和县级以上党政机关高素质的工作人员人选进行重点培养,这批毕业生简称"选调生"。

根据中组部有关政策规定,招考对象主要是全日制普通高校大学本科以上学历的优秀应届毕业生。根据中央有关政策,2011 年以来,参加基层服务项目、符合选调生条件的往届高校毕业生(像大学生村官、"三支一扶"人员等)也可以报考。

(二)选调生考试

1. 报名及资格审查

选调生考试报名时间各省有所不同。河南省选调生报名一般从每年的 3 月上旬开始至 3 月中旬结束,采用网上报名的形式。报考人员需在规定时间内登录河南省教育厅、河南省毕业生就业信息网、大河网进入报名系统填写个人信息。

资格审查贯穿考录工作全过程。对报考人员在考录环节中的违纪违规行为,按照《公务员录用考试违纪违规行为处理办法(试行)》(人社部发〔2009〕126 号)等有关规定处理。资格审查通过后,须在规定的时间登录报名网站,通过网上银行系统在线缴纳笔试考务费,并打印准考证。

2. 笔试

以河南省选调生考试为例,笔试一般在 4 月中旬进行,考试科目为综合知识和申论两门,在综合知识当中主要考行政职业能力测验和公共基础知识。上午 9:00 ~ 11:00 笔试行政职业能力测验,满分 100 分;下午 2:00 ~ 4:30 笔试申论,满分 100 分。行政职业能力测验和公共基础知识的考试题型为客观性试题,申论为主观性试题。申论和国考申论题型一样,但是相比较要简单些,主要是综合知识。

笔试考查的是应试人员综合素质和发展潜能。

3. 面试、体检、考察

以河南省选调生考试为例,面试主要采取结构化方式进行,考试题型由招录机关确定,重点测试考生综合分析、语言表达、组织协调、人际交往能力等。

根据考试总成绩的高低,以省辖市、省直管县(市)选调名额 1:2 的比例确定体检人选,体检按照相关规定进行。考生的考试总成绩为笔试成绩×50% + 面试成绩×50%。

对体检合格者,按分数高低排序,以省辖市、省直管县(市)选调名额 1:1.5 的比例确定考察人选。6 月上旬至中旬,各省辖市、省直管县(市)组织考察,对考察合格人选,按分数高低排序,以各省辖市、省直管县(市)选调名额 1:1 的比例确定拟选调人选。6 月下旬在河南省教育厅、河南省毕业生就业信息网等网站公示和公布选调结果。

5. 审批及报到

以河南省选调生考试为例,选调结果公布后,被录用人员填写《公务员录用审批表》,经各省辖市、省直管县(市)组织人事部门初审后,报省委组织部、省人力资源和社会保障厅、省公务员局办理审批手续,省毕业生就业主管部门负责办理报到手续。一般 8 月底前将省选调生安排到岗。

(三)选调生与公务员

选调生是公务员的一种,报考"选调生"和"公务员"是当前和今后大学生走进党政机关,实现"学而优则仕"理想的唯一途径。这两条道路有异曲同工之处。二者的相同点：一是选调生与公务员都要有一年试用期，期间只有见习期工资，第二年定级，定科员二级；二是选调生虽是后备干部身份，但试用期结束后的前两年需要在基层工作，期间硕士定副科级（级别），之后才可参与全省的人员选调；三是选调生硕士正式入编（试用期结束）后的第二年定副科级（级别）；四是选调生是省、市、县委组织部掌握的后备干部，而招考录用的公务员，是各机关工作人员，人事关系由该机关的人事行政部门管辖，而非各级党委组织部；五是选调生一般要分配到基层去锻炼，条件艰苦，福利少（不是单一情况，东部、中西部部分发达地区情况明显不同），但两三年后就会上调；六是培养管理的措施不同。

虽然，两者有诸多相同点，但选调生与正常招考被录用的公务员还是有一定区别的，二者区别如下：

1. 报名条件不同

选调生的报名条件除符合一般国家公务员的报名条件外，还要求是政治素质好，有志于从事党政工作并有发展潜力的优秀学生。主要选调本科生、研究生中的共产党员、优秀学生干部和三好学生。

2. 培养目标不同

选调生的培养方向主要是党政领导干部后备人选和县级以上党政机关高素质的工作人员人选；公务员一般招考的是非领导职务国家公务员。

3. 选拔程序不同

选调生的选拔采取本人自愿报名、院校党组织推荐、组织（人事）部门考试考核相结合的办法；而公务员录用考试采取笔试和面试的方式进行，不需要院校党组织推荐。

4. 培养管理的措施不同

选调生到基层工作采取岗位培训、脱产轮训等多种形式，选调生在基层工作期间，至少要脱产培训一次，时间一般不少于 3 个月；而公务员主要采取岗位培训的形式，在工作初期一般不安排脱产培训。

5. 管理使用有所差别

选调生是省委组织部的后备干部，放到基层锻炼，人事权归省委组织部管辖，委托接收单位考评。调动范围是全省建有党组织的各级党政机关、事业单位、人民社团，可以理解成一种特殊的干部身份。

公务员是针对具体职能的职位，人事权一般归该单位人事机构或上级单位人事机构或人事厅管辖。一般只要有人事权的单位都有管辖权。调动范围取决于人事归属单位，在该单位人事管理范围内调动。

6. 发展前景有所差别

选调生是省、市、县委组织部掌握的后备干部，而招考录用的公务员，是普通的机关工作人员。选调生提拔速度比公务员快得多，一般本科毕业定科员，硕士定副科，博士定正科。我国干部队伍中，许多年轻有为的领导干部都是选调生出身。所以，组织部门一直把选调生工作视为选拔优秀年轻干部的"源头工程"。

思 考 题

1. 如何筛选就业信息?
2. 结合自己的专业,谈谈自己就业之前可以考取哪些证书?

第三章　大学生求职方法与技巧

第一节　求职定位

经过大学阶段学习后,每个学生都要经历求职面试的过程。有些学生在面试中深受用人单位青睐,走进职场后如鱼得水,逐渐成为该行业的职场精英;有些学生从头到尾昏昏沉沉,面试中处处碰壁,踏入社会后更是茫然不知"路在何方"。那么,大学期间同样的优秀同学,为什么却有如此大的差距? 这不是单纯的能力问题,更重要的是求职面试需要一定的技巧。如果你和一个成绩略差的同学同时竞争一个岗位,他在求职前有充分的准备,自信地去参加笔试和面试,那用人单位就有可能录取他而淘汰你。所以,从投递求职简历到参加笔试、面试,每一个阶段都很重要,如果掌握了相关的技巧和方法,在求职中将会收到事半功倍的效果,最终获得求职的成功。

只有适合自己的工作才是最好的岗位,既有压力又有动力,对单位、对个人都非常有好处。如果你选择了一份没有能力胜任的工作,即使它待遇丰厚,做起来也会不称心,领导也会不满意;如果你选择了一份轻松自如、毫无压力的工作,长此以往就会意志消沉、毫无斗志。因此,正确的职业定位是非常必要的。

一、影响合理定位的因素

毕业生在初次就业过程中,面对多种职业、多个单位、多个职位的抉择,很多人都是犹豫不决,左挑右选,拿不定主意,找不准位置。产生以上现象的原因如下:

(一)看不清发展目标

由于是初次择业,许多毕业生在走向社会前,都抱着"边走边瞧,边走边挑,走一步,算一步"的想法,也没有详细的职业规划。面对强大的就业压力,感觉自己所学平平,不清楚自己能否适应社会发展节奏。即使已经签订就业协议,也会继续流连在各大招聘会现场,希望继续找到一份适合自己的工作。其实,什么样的工作是最适合自己的,他们根本不清楚。

(二)找不到发展空间

刚入职场的人员,只求找到一份能充分锻炼自己能力的工作,在工作中学到东西,可以有更大发展空间。实际情况中,第一份工作往往是繁琐文件的整理、零零碎碎的打杂,和自己专业期待的职位有很大差距,或者学不到与专业紧密相关的知识。这样会导致情绪的失落和频繁的跳槽,缺乏职业满足感。

（三）自身定位不准

绝大多数毕业生对自身的认识都是比较主观、片面的，这是由于人的先天防御机制启动而使自身内在欲望、需求得到合理表达的惯用手段影响的结果。防御机制的存在，会使人们表现出来的性格特征或是需求有时会与内心的实际欲望不一致，自我评价出现误差。特别是择业过程中，家长、老师、同学、朋友的鼓励性评价，往往使个体过高估价自己，用社会的热点来给自己定位。工资看外企、职位看白领、单位看名气、环境看气派，总是找不到合适的岗位，到最后反而"嫁不出去"。

毕业生在求职过程中会遇到各种各样的困难和意想不到的问题，特别是当自己职业定位时，当自己的职业目标不能实现时，会受到自己心理因素的影响，而难以做出理性的选择，进而损害身心健康。

这也就是常见的毕业生择业中的从众、挫折和羞怯心理，个别人还会出现过于自卑和过于自尊现象。克服各种各样的心理障碍，才能保持稳定情绪和积极向上的精神状态去迎难而上。

案例

总是败在面试上

"见了面试官，如履薄冰，手脚不知往哪儿放，头不敢抬，眼睛也不看人，低着头在那儿等过关。本来平时都能回答的问题，面试的时候脑子一片空白，还出现答非所问的现象。紧张到达一定程度时，眼泪不自觉地流出来，眼泪汪汪的，而不能清楚表达自己的看法，最后直到哽咽得不能控制。"性格腼腆的林晓琪，每次去应聘，都是输在面试上，每次回来都懊恼不已，自惭形秽。越是这样，就越是影响到她下一次面试的心态。随着面试失败次数的增多，林晓琪不知不觉就产生了自卑心理，慢慢失去了信心，甚至不敢再投简历。

由于受到这些因素的影响，所以像林晓琪这样的毕业生很难准确地找到自己的职业位置。因此毕业生在选择职业的过程中，要针对自己的实际情况，做好自己的职业定位，规划自己的职业生涯，力争大学期间提高自己的岗位胜任力；择业时，根据自己的专业、技能、综合能力和社会用人单位的要求，确定自己的职业定位。由于这是自己和单位双向选择的过程，毕业生这时一定要排除各种干扰，保持个体主见；即使遇到单位拒绝的情况，也要保持良好的心理承受能力，不断地总结求职择业中的经验和教训，迎接选择职业的各种挑战。

二、合理设定职位

大学生为了获得招聘单位青睐，在营销自己的时候取得竞争优势，让招聘单位认同、接纳自己，大学生就要为自己这个"商品"进行合理的定位，这就是大学生的求职定位。俗话说："有多大的金刚钻儿，揽多大的瓷器活儿。"大学生要根据市场的需求和自己的实际情况，做好四个定位。

（一）定位求职心态

大学毕业生要有良好的求职心态，要懂得诚信、懂得知足、懂得珍惜，千万不能联系到一个已经不错的单位,还感觉下一个也许会更好,把自己套在整天忙着与多家用人单位签订就业意向的绳索上,这样会把自己搞得很疲惫,到最后肯定是"丢了西瓜,捡不到芝麻"。最重要的一点是你在多家单位中同时周旋,你的诚信在忙碌中已经丧失殆尽了。招聘方也不会录用一个反复无常、优柔寡断的工作人员。

(二)定位择业方向

方向不明,方寸必乱。专业是确定择业方向的基本条件,因此大学毕业生择业时一定要善待自己的专业,选择那些符合自己专业特点的用人单位才是真道理,千万不能感觉现在什么岗位吃香、什么职业待遇好、什么单位牌子硬,就去和那些是本专业的同学竞争。没有专业基础,取胜概率微乎其微。结果只能是热情很高、愿望很强、失望很大,不仅会损失很多的时间、精力、物力和财力,也会丧失很多不错的就业机会。

(三)定位自身实力

能力决定一切。择业时要针对招聘标准,参比对照自己的实际情况,看看是否具备足够的优势。如果具备很大优势,就要精心准备去应聘;如果招聘标准与自己能力非常接近,要三思而后行。因为你要去应聘,招聘方对你的认识很可能就是能力平庸,潜力不大;如果离标准甚远,千万不要勉为其难去尝试,那样做只会沉重打击自己的自信心。

(四)定位洽谈态度

供给明显大于需求的就业市场,决定招聘方与应聘方的角色,招聘方是"买方",应聘方式"卖方",只有"产品过硬",买方才能去买。所以说,大学毕业生求职时要去掉"天之骄子"的光环,忘记曾经的成绩与荣誉,在与招聘方洽谈协商时要给招聘负责人留下一个谦虚谨慎、实实在在、本本分分、专业出众、能力不俗、潜力无穷、勤奋敬业的良好印象。

案例

应届毕业生的职场定位

小燕,女,本科,自动化专业,学习成绩一般。喜欢演讲,曾经在学校的比赛中获得二等奖。英语成绩不佳,尤其是口语很弱。

第一步:了解自己,把自己已有的和工作有关的特点全部找出来。

知识方面:自动化专业知识较丰富,此外还有演讲知识、文书写作知识、历史知识。技能方面:很强的沟通能力、说服能力,一定的动手操作能力,计算机操作能力。经验方面:在学校主要参加了演讲社团;暑假还曾经在一家调查公司做访问员,得到领导的夸奖;为一名高三的学生辅导语文。个性方面:外向、活泼、热情,做事情速度比较快,有一定的责任感,但是坚持性不够;喜欢的事情做得比较好,不喜欢的事情做得不太好,有些任性;能吃苦,有较强的压力承受能力。

技巧一:自己的特点是否符合工作需要? 一是多看单位的招聘广告,尤其是技能要求和个性要求;二是看业内的成功人士、同专业的师哥师姐,看他们的起步和发展有哪些特点;三是询问专业的职业咨询机构,了解各种职业的要求。

第二步:比较自身特点与想做的工作、想去的单位差距有多大,然后确定一个或者两个目标。

小燕有三个选择:国营企业搞本专业;民营企业做公关、销售、行政。小燕根据各方面的条件和招聘单位的偏好,确定的求职目标是离自己最近的目标:到民营企业做公关、销售、行政。

技巧二:确定目标的远近,不仅要看自己的特点,还要看竞争这个职位的对手的特点。不仅要看用人单位现在的招聘广告,还要看他们往年实际招聘的情况。

第三步:根据自己的求职目标,确定其主要需求和自己的特点最吻合的地方作为自己的定位。

对于民营企业公关、销售、行政这些职位来讲,企业的需求是需要一个人完成人际沟通,提高服务质量,降低成本;而小燕与之相对应的特点是有热情、善于交流、有进取意识、花钱比较仔细。于是,面向民营企业的公关、销售和行政职位,小燕的定位是:一个善于沟通、有热情、花钱比较仔细的大学生。

技巧三:关键特征不要超过7个,因为人的短时记忆的限度就是这么多。

第四步:根据自己的定位,确定合适的表现方式。

特征要通过简历和面试表现出来。简历:重点加强了对从事社会工作部分的描述,这些工作都能够体现自己的善于沟通、有热情、花钱比较仔细的特点;在结尾描述自己个性的时候,还加入了家庭对于自己这些特点的培养,删去了考研究生部分,因为她认为这会干扰用人单位对自己定位的接受。面试:小燕穿了一身较为正规的衬衣、西裤,整体感觉比较清新、大方、简朴。小燕回答用人单位"请说说你大学期间比较有成就的事情和比较失败的事情"的问题的时候,她也重点突出了自己的工作能力,以及对于结果的看法,准确地传达着自己的定位。

技巧四:表现自己的时候不要在乎别的同学身上有没有这些特点,重点要根据用人单位的需要适当地展现出来。表现自我的关键不在于独特和别致,而在于各个环节的协调一致和重点突出。

三、完善求职策略

大学毕业生在就业时,存在很大的盲目性。理论学习和社会实践的非密切联系,使知识学习和工作应用缺乏持续发展性,而使毕业生感觉到工作越来越难找,竞争越来越激烈,导致自信心丧失,很大程度上影响自己的职业生涯。而一套完整的求职策略,可以协助毕业生考察和决定自己的职业理想、职业目标;激励毕业生积极主动地搜索、发现某个职业领域的工作机会;帮助毕业生进入某些与最终职业目标有关的初级工作,逐步接近理想目标,最终成功就业于理想职业。

(一)信息先行策略

信息在求职就业中占有举足轻重的地位。大学毕业生对求职信息要有"三敏":敏感、敏锐、敏捷。敏感就是注意从网络、报纸、老师、亲朋好友等多种渠道搜集了解就业信息,并进行分析、筛选,以确定自己的求职方向和目标,为择业求职做好信息方面的准备;敏锐就是要眼观六路,耳听八方,善于发现那些别人发现不了的求职信息,做发现求职信息的有心人;敏捷就是发现、捕捉到了有价值的求职信息,就要立即动手,大胆尝试。

1.学校就业信息网站

每个高校的就业指导中心都有专门的"招聘信息"版块。负责人会组织、整理近期招聘信息的链接,方便在校毕业生查询;求职者也可在与就业相关的 BBS 版块上分享求职笔试或面试中的心得体会和经验教训。可信度较高。

2.校园内张贴的海报和横幅

有些高校不仅有专门的就业信息发布平台和 BBS 论坛,还通过学校公告栏、教学楼、宿舍等处的海报和横幅等发布招聘信息。因此这些高校的应届毕业生除了网上查询相关招聘网站,去其他高校网站获取招聘信息外,还可以通过学校公告栏、教学楼、宿舍等处的海报和横幅等获取招聘信息。

3.专业招聘网站

专业招聘网站信息繁多,更新较快,需要毕业生及时浏览、充分筛选,找出对自己有用的信息,防止欺诈信息。值得注意的是:"应届生求职网"是中国第一家专门面向大学生及在校生的求职招聘网站,主要向大学生及在校生提供校园全职招聘、实习招聘、兼职招聘、企业宣讲会、招聘会。其他的如高校人才网、智联、前程无忧等也是比较好的专业招聘网站。

4.大型校园招聘会

由于招聘会全年都有,面向社会招聘的居多,因此许多应届大学毕业生对于招聘会并不看好,感觉不太适合自己。因此各大高校每年都会举办专场校园招聘会,招聘单位都是比较可信的合作单位。毕业生也要多关注与自己所学专业有关的其他高校的招聘信息,及时参加其他高校的校园招聘会,创造更多的就业机会。

5.人际资源

人际关系网是重要的信息资源,毕业生可以联系自己或者亲戚朋友的熟人关系进行推荐,这样的岗位比较可靠,成功就业的概率也会更高。对于招聘单位而言,熟人推荐的人肯定是比较可靠的,不可靠也不可能推荐。当然,要想得到亲朋好友的帮助,就要与之保持联系,有事多联系,没事常问候。

随机地挑选报纸,把自己的简历发到相关网站上,询问政府人才交流中心,浏览专业博客,直接到感兴趣的单位推销自己等都是潜移默化地丰富求职方式,也在改变着国内的招聘市场。求职者要学会利用这些新的求职方式,拓宽求职渠道。

(二)错位竞争策略

错位竞争,是在分析现实能力、现实环境基础上作出的一个战略决策。形成错位竞争的意识,就会在选择区域、选择行业、选择单位的时候,注重避开过分激烈的竞争,以己之长击彼之短而确立相对优势竞争地位。错位竞争策略用得恰当,不仅可以"顺推"得势,而且可以"逆转"取势,为个体赢得良好的优势发挥机会。

1."小"单位有"大"空间

根据单位的所有制性质,可以分为跨国企业、外资企业、民营企业、国有企业、机关事业单位。面对一个"世界500强"企业的招聘信息,大家都想投简历试试,这个时候你就要仔细分析自己与其他同学的竞争优势。在客观判断自己的能力后,觉得自己在应聘者中表现一般,更适合去国有企业或者民营企业,那么你就会抢占发展的先机,就职后也会获得更大的发展空间。前提是中意这个单位的福利待遇、工作环境、工作压力和人际关系。

2."冷"行业能"热"就业

根据行业的发展形势与行业的社会需求,可区分出冷、热行业。行业的冷热维度,是根据产业结构调整、人们思想价值观念的变化而转变的。一些普遍认为的冷行业,因为社会的需求,会陆续变成热行业。如殡葬行业、美发美容行业,以前对这些行业存在歧视,现在已经发展成热门行业。毕业生在求职过程中,可以主动选择一些所谓的"冷"行业,顺利实现自己的就业,而且在后继几年发展中,很有可能成为热行业,个人也能获得很好的事业发展。

案例

武汉长乐园年薪10万元招聘殡葬礼仪师

2012年2月19日,武汉长乐园陵园在其官方网站上公布了一则招聘启事。招聘条件:全日制本科以上(英语四级),女,年龄25周岁以内,相貌端庄,普通话流利、有亲和力,身高1.65米以上,体重50公斤左右。年薪10万元,提供星级职工宿舍及国内外深造的机会。

3."经济圈"取代"大城市"

现在大学生就业区域选择十分集中,很多大学生就业都选择在北京、上海、广州这些发达的城市,而对中西部的一些地区,甚至大城市的郊区他们都不愿意去考虑。采取错位策略,可以避免这种就业区域拥堵现象。例如一个很想在上海工作的毕业生,他可以选择以上海为中心的长三角中心就业,那么无锡、昆山、苏州、杭州、镇江,都可以考虑,这样就拓宽了就业范围。

(三)零价格策略

价格是商品价值的货币表现,每样商品都有其内在价值,当内在价值被市场认可后,价值才能实现。求职者也有其内在价值,当被用人单位认可后价值才能实现,而价值就是用人单位与求职者双方博弈的结果。用人单位希望以一个便宜或合适的价格雇到较好的人才,当然在雇佣关系发生的同时,用人单位就承担了成本的风险。如果成本较低时,或者试用期没有成本时,用人单位就愿意多雇用或者试用员工,增加发展机会。如果求职者以较低的价格与其他同级别的竞争者竞争,就具有很大的竞争优势。

案例

零价格策略的求职成功案例

小王,男,24岁,高中文化,来自农村,在贵阳工作。由于文凭原因,工作一直以半体力工作为主,做过业务员、销售员。某天,他看到了某合资公司贵州分公司正在招聘业务员,决定尝试一下,但是该公司要求是大专以上文化程度。他没有因为学历气馁,积极到图书馆查阅关于销售方面的销售知识,调查该公司的产品在贵阳的销售情况,整理成书面材料。

面试现场竞争激烈。他的充分准备赢得了公司领导的赞许,当得知他的学历后,拒绝了他的应聘……他得知被拒绝后,心中早有准备,坦然地对面试领导说:"是的,我确实没有大专文凭,但请你相信我,我一定比许多大专生干得更好。给我一个月的时间,在一个月内,我不领公司一分钱。如果我干得好,就将我留下,如果对我不满意,我马上走人……"他得到了试用机会,他最终成功了!

零价格策略,是在不降低交易价的前提下,运用价格策略按希望的价格达成雇佣协议,即进入自己满意的单位,获得希望的工资水平。短时间的面试可能会和面试官的预测有出入,实际工作中甚至会令领导失望,所以用人单位在正式雇佣前都希望有机会试用一段时间,来观察是否和预期一样胜任工作。如果求职者将半个月或一个月的免费试用作为自己的求职策略,对于用人单位来说是无风险、低成本的,也表明了应聘者的充分自信,轻而易举就会打动面试官。其实,一般单位都有固定的工资体系和雇佣政策,不会因为应聘者的零工资要求就真的不付工资;即使不支付工资,也未得到聘用,仍会得到宝贵的实践经验。

(四)心理策略

大学生的就业压力越来越大,在求职中出现自卑、羞怯、挫折、攀比等不良心理。及时调整求职心态,有效调试心理困扰,以保持乐观向上的求职状态。

1.改变自卑心理

毕业生在就业过程中的自卑心理表现为对自己的能力估计过低,缺乏去应聘的自信心。在激烈的人才竞争市场,产生自卑心理是普遍现象。但是如果过分退缩,拿不定主意,对自己能胜任的工作也总是抱以"试试看"的心态,给用人单位一种"无能"印象,求职不易成功。改变自卑心理具体方法为:首先,要正确评价自己,了解自己的长处和短处。其次,扬长避短,充分发挥自己的优势,用辛勤汗水去弥补自己的弱势。人的缺点和缺陷是可以改变的,关键是你自己愿不愿意改变,是否下苦工夫去改善。最后,要正确表现自己,恰如其分地展露自己的才能。

2.调试羞怯心理

羞怯心理是一种正常的情绪反应。羞怯感强的人,在招聘者面前会感到有一种无形的压力,不敢迎视对方的目光,缺乏表现自己的勇气,严重者会出现张口结舌、语无伦次、思维混乱的现象。求职者产生羞怯心理的重要原因是缺乏相应的求职技巧和经验,逐步对自己不信任。增强自信心是调试的正确途径之一,另外还要注意以下几点:一是不要过多地计较他人的评论;二是要扩大自己的知识面;三是要学会控制自己的紧张、羞怯和不安情绪;四是要争取锻炼自己的机会,对于任何机会都要做好充分准备。

3.应对挫折心理

选择职业不是一帆风顺的,往往会遇到各种各样的障碍,使求职目标无法实现,职业愿望无法满足,由此引发挫折情绪。挫折发生后会表现出愤怒、压抑或沮丧心理,进而出现生理上呼吸急促、心跳加快等,持续下去会引发身心疾病。正确对待挫折不仅是求职需要,也是身心健康的保证。遭受挫折时,一定要进行及时转化,把自己的情感和精力转移到其他活动中去;或通过找朋友倾诉、适量运动等方式把不良情绪宣泄出来;或进行心理和生理上的放松;或在认知上进行自我辩解、自我安慰,说服自己接受现实,以保持内心的安宁。

4.消除攀比心理

有些应届大学毕业生寻找就业单位时,不考虑主客观因素的差异,往往拿自己身边同学的择业标准来定位自己的就业标准，结果在彷徨犹豫中失去了原本很好的就业机会，还惹来情绪的极度低落。如果能对攀比心理进行主动引导与规避，就能树立正确的比较观念，摆脱压力的束缚，找到前景的动力。具体方法为：一是积极自我暗示，增强心理承受能力；二是尽可能地纵向比较，减少盲目地横向比较，将会有清醒的自我意识；三是增强自身实力，消除攀比心理，重新树立信心。

第二节 应聘技巧

"工欲善其事，必先利其器"。求职是一场浩大的战役，需要谨慎周密的备战。在就业竞争日趋激烈的当今社会，要想从数以万计的应聘者中脱颖而出，大学毕业生应学会向用人单位展示自己扎实的知识和技能，学会在求职材料中展示自己的优势、特长。可以说，自荐材料已是毕业生成功就业的重要一环。

案例导入

8成大学生求职信存在问题　职业化素质有待加强

大学毕业生求职就业的主要"媒介"是求职信，但据北京市高校毕业生就业指导中心对所收大学毕业生的求职信的分析，竟有80%的求职信存在问题。北京市高校毕业生就业指导中心在2002年11月23日至12月21日连续举办了四场大学毕业生招聘双选会，共有4.1万名应届和往届高校毕业生到会求职。中心对收到的6 239份学生个人材料进行分析发现，近80%以上毕业生的求职材料有待指导。

据北京市高校毕业生就业指导中心主任任占忠介绍，大学生就业求职信的问题主要包括两个方面，一是求职材料内容不全。一般来说，求职材料应该包括个人履历、求职信、成绩单、外语等级证书、技术等级证书、职业资格证书、各级荣誉证书、其他相关资料等八种基本材料。二是大多数履历表中缺少求职意向和期望薪酬等因素。另有相当一部分学生的求职信太花哨。任主任表示，个人履历的撰写应力求言简意赅，格式字体简洁明了，篇幅以两页为宜，切忌因追求所谓的个性化简历增加阅读障碍。

自荐材料作为大学生与用人单位取得联系、介绍自身基本情况、全方位展现自己风采的各种说明性和证明性材料，贯穿在推荐、面试、录用等就业全过程，起着举足轻重的作用。因此，撰写有说服力、能吸引人注意的自荐材料是赢得主动、迈向就业成功的第一步。而求职信和简历是自荐材料的主体，本节内容我们将介绍求职信和简历的撰写方法与技巧。

一、求职信、简历的撰写方法与技巧

求职信是求职者与用人单位进行联系的最简便、最直接的信件。它通过表述求职者的求职意向和综合素质，引起用人单位的重视。求职信是否符合规范、文字水平如何，决定着能否引起用人单位的兴趣，乃至能否最终被录用。因此，求职信作为求职者给用人单位的第一印象，必须引起重视。

(一)求职信的格式

求职信的基本格式与书信无异,主要包括收信人称呼、正文、结尾、署名、日期和附录共六个方面的内容。

1.称呼

求职信的称呼与一般书信不同,书写时须正规些。如果写给国家机关或事业单位的人事部门负责人,可用"尊敬的××处(司)长"称呼;如果是"三资"企业首脑,则用"尊敬的××董事长(总经理)先生";如果是各企业、厂长经理,则可称之为"尊敬的××厂长(经理)";如果写给院校人事处负责人或校长的求职信,可称"尊敬的××教授(校长、老师)"。

求职信不管写给什么身份的人,都不要使用"××老前辈"、"××"师兄(傅)"等不正规的称呼。如果打探到对方是高学历者,可以用"××博士"、"××硕士"称呼,则对方会更为容易接受,无形中对你产生一种亲切感。

2.正文

求职信的中心部分是正文,形式多种多样,但内容都要求说明求职信息的来源、应聘职位、个人基本情况、工作成绩等事项。

(1)首先,写出信息来源渠道,如:"得悉贵公司正在拓展省外业务,招聘新人,且昨日又在《××商报》上读到贵公司招聘广告,故有意角逐营业代表一职。"记住不要在信中出现"冒昧"、"打搅"之类的客气话,对方的任务就是招聘人才,何来"打搅"之有?

如果你的目标公司并没有公开招聘人才,你并不知道他们是否需要招聘新人时,你可以写一封自荐信去投石问路,如"久闻贵公司实力不凡,声誉卓著,产品畅销全国。据悉贵公司欲开拓海外市场,故冒昧写信自荐,希望加盟贵公司。我的基本情况如下……"这种情况下用"冒昧"二字就显得很有礼貌。

(2)其次,在正文中要简单扼要地介绍自己与应聘职位有关的学历水平、经历、成绩等,令对方从阅读完毕之始就对你产生兴趣。但这些内容不能代替求职简历,较详细的个人简历应作为求职信的附录。

(3)最后,应说明能胜任职位的各种能力,这是求职信的核心部分。目的无非是表明自己具有专业知识和社会实践经验,具有与工作要求相关的特长、兴趣、性格和能力。总之,要让对方感到你能胜任这个工作。在介绍自己的特长和个性时,一定要突出与所申请职位有联系的内容,千万不能写上那些与职位毫不沾边的东西,比如你应聘业务代表一职,却在求职信中大谈"本人好静,爱读小说"等与业务无关的性格特征。

3.结尾

一般应表达两个意思,一是希望对方给予答复,并盼望能够得到面试的机会;二是表示敬意、祝福之类的词句。如"顺祝愉快安康"、"深表谢意"、"祝贵公司财源广进"等,也可以用"此致"之类的通用词。

最重要的是别忘了在结尾认真写明自己的详细通讯地址、邮政编码和联系电话。如果让你的亲朋好友转告,则要注明联系方式方法以及联系人的姓名以及与你的关系,以方便用人单位与之联系。

4.署名

按照中国人的习惯,直接签上自己的名字即可。

5. 日期

写在署名右下方,应用阿拉伯数字书写,年、月、日都全写上。

6. 附录

求职信一般要求和有效证件一同寄出,如学历证、职称证、获奖证书、身份证的复印件。

(二)求职信的撰写原则

1. 字迹整齐,文字流畅

古人云:"字如其人,文如其人。"工整的字体使人心情舒畅,潦草的字体令人生厌,这也是每个人都体验过的感觉。正如某人才交流中心的负责人所说"要处理的信件太多了,字迹潦草的信我们一般都先丢在一边,待空闲时再说。"如果你的文字流畅,字又写得非常漂亮,首先在门面上已经压倒了其他竞争对手。

2. 简明扼要,要有自信

写求职信要开门见山,简明扼要,切忌套话连篇。求职信不在于长,而在于精,精在内容集中、明确,语言凝练明快。另外,在写求职信时,切忌自吹自擂,要掌握分寸,缺乏自信也是不可取的。

3. 态度真诚,以诚感人

美国前总统肯尼迪曾说:"各位美国人,你们国家并不向你们索取什么,但请你们扪心自问,你们能为自己的国家做些什么?"在写求职信时,应该想着公司要我来干什么,应该写自己能为公司做些什么。有了这样的态度,才能摆正位置,以诚感人。

例文:

求职信

尊敬的莱文先生:

爱迪恩·温特小姐告诉我贵公司缺一名秘书,我想申请这个职位。

我知道您需要一名速写很快,又能处理大量信件的秘书。我毕业于富特黑专科学校,毕业后先后在一家干货零售公司、一家保险公司做过秘书。

我的英文书写速度每分钟145个字。在我现在的工作中,我每天处理40~60封信件。不论是在富特黑专科学校求学时,还是在现在的工作中,我都训练自己不用他人指导而独立处理日常信件。

我在现在的西南人寿保险公司的工作也干得不错,但我最近刚拿了学位,想做一份有挑战性的、收获不菲的工作。爱迪恩·温特小姐对工作的热情,更让我确信我会喜欢这份工作。内附的简历有助您作决定。

如果您方便,每天下午我都有时间来洛杉矶面谈,愿我有机会来与您面谈!

真诚的劳拉·爱德蒙
××年××月××日

找工作,是竞争什么?最开始竞争的是简历!因为不管你应聘的是哪一家单位,简历是那些单位了解你的第一扇窗口。撰写简历的目的是尽可能地引起用人单位的注意,如果求职者能够做到这一点,就为其求职打通了第一关,所以简历的作用不容忽视,正如西方一句谚语所说"A Resume is a passport to an interview."(意思是一份好的简历是求职者通往面试最有效的途径）。

（三）一份完整的简历的内容

（1）标题。标题的位置应在简历正文的顶端，居中书写，字号和字体可随意设计，标题可直接写成"个人简历"或"求职简历"。

（2）个人基本情况。主要包括姓名、出生年月、学历、学校、专业、政治面貌、联系方式等。

（3）求职意向：简短清晰，主要表明本人对哪些岗位、行业感兴趣及相关要求。

（4）个人履历：包括个人的学习经历和工作经历。

（5）个人特长、技能。最好分开来些，个人特长可以从组织协调能力、人际交往能力等方面着手；技能可以列举求职者通过考试获得计算机证书、外语证书等等，来证明求职者能胜任所应聘的职位。

（6）联系方式与备注。一定要清楚地注明个人的联系方式，如区号、电话号码、手机号、E-mail 地址，方便用人单位在第一时间联系到你。

（7）附件：应附上所列证书的复印件。

（四）招聘企业挑选简历的六大标准

365class.com 向 37 家公司 52 位人事方面的人员发出了总计 200 份大学毕业生的简历，请他们选出认为可以获得机会的简历并陈述原因。这虽然是个小规模的调查，但从中还是可以发现一些重要问题。

1.过长的简历毫无作用

简历的长度：招聘者平均在每份简历上花费 1.4 分钟，一般会阅读 1 页半材料。过长的简历毫无作用，而且不容易突出重点。在简历后附上一大堆证明材料的做法并没有增加录用机会，但没有发现负面的影响。

2.传统邮递效果更佳

投递的方式：通过 E-mail 和网站递交的电子版简历，得到的关注比传统邮件要少。此外，我们发现会有约 5% 的电子简历会由于网络或其他原因没有被招聘者看到。因此，我们建议仍然通过传统的邮件方式，除非雇主明确表现出偏向性。

3.硬性指标要过硬

选择方法：约有 20% 的雇主承认他们会使用一些级别较低的助理人员来处理简历，这些人员会有一些硬性的选择标准。另有 45% 的雇主认为他们进行初选时，也基本只看这些硬性指标。

常见的标准：以雇主使用的频繁程度为序：六级英语证书、户口、专业背景、学校名声、在校成绩。

值得注意的是：这些标准不一定会在招聘要求中注明。

4.外企重视英语和学校

中国的公司和外资企业的关注点有一定区别。总的来讲，外企更重视英语和学校名声，中国公司看重专业和户口。越是热门的公司，其往往对在校成绩更关注。建议学生制作不同的简历来突出不同的要点。

5.总体印象重要所学课程次要

简历内容：只有 23% 的人能在半小时后大体描述他们所看过的简历上学生参加过的

具体活动和申请的职位,他们只有一个对学生性格的总体印象。所以,是学生会副主席还是部长并不重要,关键是你不要给人留下一个书呆子的印象。但如果说谎,也容易出局。

很多简历上会列出学生的学习课程,只有4%的公司会仔细阅读。建议:你可以列出,但必须是重要的,而且不要超过一行。

6. 简历表达好增加录用机会

表达能力:我们发现符合要求的表达非常重要。同一个人的简历,经过专家修改,可以增加43%的录用机会。简历的常见问题是:表达不简洁,用词带过多感情色彩,英语表达不规范,过长无重心,格式不规范。

二、笔试的方法与技巧

案例导入

珍珍是管理专业的应届毕业生,刚开始找工作时,在简历上花费了一番工夫。很快,某企业通知珍珍参加笔试,珍珍很是高兴。因为应聘的是管理培训生职位,珍珍还特意复习了很多管理学方面的知识。然而,第一次笔试回来,珍珍发现自己做的复习准备只派上了很小一部分的用场,更多的笔试题目像是一份趣味考试题,像数学推理、词语填空、小学时学的应用题,这些都给没有做好准备的珍珍来了个措手不及。之后的笔试,珍珍还特意按第一次笔试的题型做了一些题目的收集,却发现每个用人单位的招聘笔试题都不相同,使得珍珍无从下手。每次笔试前心里都没底,超级紧张。

笔试(Written Test)是一种与面试对应的测试,是考核应聘者学识水平的重要工具。这种方法可以有效地检测应聘人的基本知识、专业知识、管理知识、综合分析能力和文字表达能力等素质及能力的差异。在招聘过程中,笔试是很重要的一环,了解笔试的相关知识和技巧,可以帮助应聘者从容应对笔试,取得好成绩。

(一)技术性笔试

技术性笔试主要针对研发型和技术类职位的应聘。这类职位的特点是,对于相关专业知识的掌握要求比较高,题目主要是关于设计工作需要的技术性问题,专业性比较强。这类考试的结果和同学们大学四年专业课的学习密不可分。所以,要成功应对这类的考试,需要坚实的专业基础。一般大型公司,如 IBM,Microsoft 等在招聘职位时都会进行这样的笔试。例如微软工程院在2004年安排的笔试,都是关于C、C++语言的题目,对应聘者的编程经验要求非常高。最后经过笔试筛选,淘汰了90%的候选者,由此可见笔试对技术性职位的重要性。对于这类技术性岗位,大公司和小公司的笔试内容的侧重点有很大区别的。一般小公司注重实用性,考得比较细,目的就是拿来就用。大公司则强调基础和潜力,所以考得比较宽泛,多数都是智力测验、情感测验,还有性格倾向测验。

(二)非技术性笔试

这类笔试一般更常见,对于应试者的专业背景的要求也相对宽松。非技术性笔试的考查内容相当广泛,除了常见的英文阅读和写作能力、逻辑思维能力、数理分析能力外,有些时候还会涉及时事政治、生活常识等。

2004 年普华永道在上海招聘的笔试题目为英文写作，两个题目任选一个，其中一场的笔试题目是：

第一，当"神舟"五号载人航天飞行成功后，你想到了什么？

第二，你是否遇到过特别难应付的人，你是如何成功地和他/她沟通的？

（三）笔试技巧

1.注重平时知识的积累

良好的笔试成绩来自于平时的努力学习，来自于长时间的积累。在校学生应该珍惜在学校良好的学习机会，在学好自己专业的基础上适当涉猎其他学科的知识，拓展自己的学习领域，提高自身的综合素质，这样在考试的时候才能得心应手，信心十足。

2.明确笔试的时间地点，准备好相关物件

接到笔试通知后，根据要求，带好笔试用具及个人证件，保证自己可以如期参加考试。

3.保持最佳的应试状态

在考试的前一天晚上，充分休息。考试当天的早上吃好早餐，保证营养供给，使自己能以放松健康的状态参加考试。

4.笔试过程中科学答题的原则

先易后难、先简后繁；细心审题、字迹清楚；积极思考、灵活运用。将所有题目都答完后，不要急着交卷，应该从头到尾认真再审一遍考卷，主要看有无漏题，或者出现明显错误，特别是有关答题卡的填涂问题，以免出现低级错误。

三、面试的方法与技巧

面试是一种经过组织者精心设计，在特定场景下，以考官对考生的面对面交谈与观察为主要手段，由表及里测评考生的知识、能力、经验等有关素质的一种考试活动。它不仅能够考核应试者的学识，了解应试者的基本情况，而且还可以面对面地观察应试者的口才、风度和应变能力等。由于大学毕业生对这种场面经历不多，往往觉得心里没数、不知所措。学会面试是大学毕业生求职择业时面临的新课题。

面试的类型很多，常见的有以下几种。

一是个别面试。在这种形式下，一个应招者与一个面试人员面对面地交谈，有利于双方加深了解。但由于只有一个面试人员，所以决策时难免有偏颇。

二是小组面试。通常由几个人员组成面试小组分别对应试者进行面试，从多种角度对应试者进行考察，提高判断的准确性，克服个人偏见。

三是电话面试。电话面试是一种通过手机、固定电话等通讯工具对面试者进行考核和筛选的面试渠道。采用的不是亲身接触，而仅仅是通过言语传递信息来了解面试者的身份、能力。

（一）面试的作用

1.可以弥补笔试的不足，并有效避免高分低能者和冒名顶替者

有些人在笔试过程中没发挥好，如果仅以笔试成绩作为录用依据，那么这些人就没有机会被录用了。如果再加上面试，就给了这些人再次表现的机会。有些人虽然笔试成绩不算很高,但在面试中对答如流,显示出了很大的发展潜力,从而成为理想人选。另外,笔试还有一定的局限性,笔试过程中难免有高分低能者甚至是冒名顶替者,面试过程中就可以对那些笔试成绩很高,面试中却言语木讷,只会背书本知识,分析问题和解决问题的能力很差的应试者进行有效筛选。

2.面试可以考察笔试难以考查到的内容

笔试是以文字媒介来考查一个人的素质水平,但是应试者的很多素质是无法通过笔试来表现的,比如一个人的语言表达能力、反应速度等等,有些素质不能通过文字来表达,却可以通过面试来完成。例如,通过面试过程中应试者的身体语言来判断其自信心、情绪等素质特征。

3.面试可以测试应试者的多方面素质

理论上讲,面试只要精心设计、时间充足、手段到位,可以测试出应试者的很多素质。如果在面试中引入角色扮演等情景模拟的测评手段,可以直接考察应试者的组织能力、领导能力等;如果引入工作演示的方法,还可以考察应试者的实际工作能力。

(二)面试前的准备

1.面试前的资料准备

一是把自己的资料准备妥当。个人资料的准备不仅仅是毕业证书、学历证书、获奖证书、推荐信等资料的准备,更重要的是准备那些能证明自己的工作经历、取得的成绩、获得的经验等方面的资料,通过这些资料来证明自己具备的素质与所报职位的匹配性。

二是搜集招聘单位和岗位的资料。面试前一定要做好职位调研,充分搜集所报考单位和目标岗位的资料。如果事先对这些情况一无所知或知之甚少,则在面试时容易处于被动地位,使用人单位形成"你不关心我单位"的印象,从而影响面试结果。同时,还需要对照职位的要求,总结自己的优势所在以及还需要进一步提高的地方。

要想获得所报考单位和目标岗位的资料信息,可以通过以下途径:一是登陆招考单位网站,全面了解招录单位情况;二是和已经取得该职位的朋友交流,了解该单位的日常工作情况;三是还可以发动自己的亲朋好友,你可能会获得意想不到的重要信息,毕竟人多力量大。

2.面试前的心理准备

这里主要谈几点克服紧张心理的方法:

一是平淡看待考试结果。当担心面试中表现会不如别人时,你不妨这样想,只要自己尽力了,就无怨无悔,况且有竞争就有失败。如果你是个自信的人,你就要相信:第一,只要正常发挥,录用是顺理成章的;第二,即使失败,我还有广阔的职业出路。

二是进行积极的心理暗示。当你担心自己可能相貌不好时,不妨想想自己的优点:如为人诚实、多才多艺等;当你担心自己反应不是很快时,你却可能比别人更加勤快。应该明白,自己紧张,你的竞争对手也不轻松,也有可能出错。同等条件下,克服了紧张,大方、从容地回答每个问题,就会取得胜利。

三是了解一些面试过程中消除紧张的小方法。

(1)深呼吸能使你增添勇气

如果在步入面试大门之前,认真做几次深呼吸,心情肯定会平静得多,使勇气倍增。

与陌生人第一次会面,特别是在关系人生转折的求职面试中,心里胆怯、情绪紧张是可以理解的。另外,把拳头握紧、放松,反复几次,也有助于情绪的稳定。

(2)不要急于回答问题

考官问完问题后,你可以稍作思考再作回答,思考时间控制在三十秒内。在回答时,要注意不可语速太快,太快容易使思维与表达脱节,也容易表达不清。而你一旦意识到这些情况,会更紧张,结果导致面试难以取得应有的效果。所以切记,面试从头至尾,讲话要不急不慢,逻辑严密,条理清楚,让人信服。

(3)与考官进行目光交流,消除紧张情绪

考生在与考官交流时,要尽量建立平等的关系。当觉得心里害怕,很可能会被对方压倒时,最好鼓起勇气,抬起头来注视对方,用亲切有神的目光与对方交流,会消除紧张情绪。

3.面试前的形象准备

一个人的仪容是其心理素质和修养的外在体现,它能反映出一个人的性格、气质、学识修养和处世态度。仪容能给人留下直接而敏感的"第一印象"。作为一名求职者,在仪容仪表上切不可轻视,以免耽误了自己的大好前程。

(1)服饰

俗话说:"人靠衣装马靠鞍"。一个仪表儒雅的人,虽然不一定能找到工作,但如果衣着不整,举止不雅,必然影响应聘择业。因此,注重自己的衣着仪表是求职者不容忽视的问题。

一般在社交中的服饰、打扮应遵循"TPO"原则,即服饰应当符合 Time(时间)、Place(地点)、Object(目的)的要求。对面试而言,在面试准备阶段,如果详细了解自己将应聘的工作内容和性质,将帮助求职者更好地选择服饰。

男性求职者的服饰以西装为首选,这是因为西装看上去比较正规,能显示出求职者对面试的重视,而且购买方便,搭配简单。不过,穿西装有讲究,比如西装颜色最好是以深色或深蓝色为主,这样能给考官以稳重、可靠、朴实、干练的印象;同时西装一定要穿着得体。

女性求职者可以选择穿着得体、样式大方的西装、套裙等,这样会给面试官留下优雅、自信的良好印象。

(2)仪表

1959 年,尼克松和肯尼迪竞选美国总统。尼克松带病参加竞选,体重大减,脸上棱角突出,还一直在出汗。在这种情况下,他又拒绝了电视顾问费尽心机为他设计的补救措施。结果,观众在电视屏幕上看到的尼克松是两眼深陷、脸颊苍白、汗流如注、声嘶力竭的形象。相反,肯尼迪经过电视导演的精密筹划,养精蓄锐,精心彩排,则显得意气风发,他从容论道,挥洒自如,令观众为之折服。结果,在这次电视竞选中,选民们不再关注双方政见的分歧,而是对他们的仪表风度的高下差异谈论不休,对"形象仪容"的好恶最终也在一定程度上决定了选票的投向,导致尼克松以微弱票差败北。

从上面的例子中,我们可以看出仪容美观对事业的成功具有举足轻重的作用。在面试官看来,仪容美能够体现出求职者良好的精神面貌和对工作的乐观、积极的态度。

对于男性求职者来说,在面试前要洗干净头发,避免头屑留在头发或衣服上,否则也会让求职者的形象大打折扣。另外,除了艺人、文艺创作者外,普通男性求职者最好不要留长发或将头发染成夸张的颜色,头发的长度以不挡视线、不遮耳朵、不碰衣领为宜。如果没有特殊的宗教信仰或民族习惯,男性求职者还应刮干净胡须再参加面试,否则胡子拉碴的形象会给面试官留下不好的印象。

对于女性求职者来说,应尽量选择与自己的风度、气质相一致的发型,不过无论选用何种发型,在面试前一定要精心梳理,除去头屑,给面试官留下清爽、整洁的好印象。另外,女性求职者还可以给自己化一个大方又清新的淡妆,让自己的美丽有烘托效果,但切忌浓妆艳抹,以免给面试官留下庸俗的负面印象。

(三)面试礼仪

1. 入门前

如没有人引导你进门,那就一定要先敲门;要记得从你进门的那时起,考试就已经开始,要始终面带微笑。敲门三声或两声,得到允许再入场。

2. 入场、退场

(1)入场。入场后,轻轻关上门,不要出现响声,然后微笑着有自信地向考官走去。走到桌旁,站定,鞠躬(注意鞠躬要不卑不亢,约45度。另外,先礼后言较为妥当),问好,在考官示意坐下后说"谢谢",然后坐下,坐下时注意不要将椅子弄出声响。

(2)退场。结束后,站起来,行礼,"谢谢各位考官,再见",离开椅子,要将椅子归位,不要弄出声响,走到门口,开门,退出,关门(注意不要背对着考官)。

(3)注意表情:微笑。戴尔·卡耐基曾说过:"微笑是友善的信号。"微笑是一种无声的语言,它能使面试官感到求职者很亲切、可以信任。不过求职者要注意微笑真诚、自然。另外,求职者的微笑应适度、得体,否则会适得其反,给面试官留下不好的印象。

3. 站的礼仪

做到上身正直,头正目平,面带微笑,微收下颌,肩平挺胸,直腰收腹,两臂自然下垂,两腿相靠直立,两脚跟靠拢,男士脚尖呈"V"字型,女士两脚应并拢。

4. 坐的礼仪

入座时要轻而缓,走到座位面前转身,轻稳地坐下。女士若穿裙子,应用手把裙子向前拢一下。坐椅子时最好坐到三分之二,很自然地将腰伸直,头部端正,目光平视前方或交谈的面试官。坐稳后,将手自然地放在桌子上,男士双手十指交叉,女士双手上下叠放。

(四)面试案例分析

应对面试回答有方

在一个小型会议室里,某公司正在对前来应聘并通过初选的大学毕业生进行面试。以下是毕业生小李与主考官的对话:

小李:各位领导、老师好!

主考官:请坐!介绍一下自己,好吗?

小李:非常高兴你们到我们学校来招聘毕业生。我叫李华,是本校计算机系的应届本科毕业生。我对软件开发很有兴趣,在这方面投入了不少精力;同时作为班团主要干部也参与、组织了不少社会活动,应该说大学期间我在这两个方面都有不少的收获。这是我的成绩单和个人简历,请您过目。

主考官:你了解我们公司吗?

小李:贵公司是国内著名的电讯公司,我从上大学起就十分向往毕业后到贵公司工作。我认为到贵公司工作能最大限度地展示我的才华,我不怕吃苦,就怕无事可做。

主考官:上大学时你为什么报考计算机专业?

小李:说实话,当时报考计算机专业是老师和家长的主意。但我在学习了计算机方面的知识后就深深地爱上了我的专业。特别是随着信息时代的到来,我对自己的专业发展前景非常有信心。

主考官:你学过的课程和我们的工作有什么关系?

小李:我想,计算机技术的广泛采用是电讯业的特点和发展趋势。我们计算机专业的课程设置几乎涵盖了硬件和软件技术的主要方面,这为我们打下了坚实的理论基础,同时也使我们有较强的适应能力。前面我已说过我对软件开发更有兴趣,我想这方面的知识和能力也许是将来的工作需要的。

主考官:你喜欢你们学校吗?你们系的老师怎么样?

小李:我非常喜爱我的母校,我也非常尊重我的老师,因为我在母校学到了知识,我从老师身上学会了做人。

主考官:你还有哪些特长和爱好?

小李:除了专业外,我还具有一定的组织管理能力,喜欢美术和流行音乐,也喜欢背起行囊去游历名山大川。

主考官:你有哪些缺点?

小李:我得承认我还缺乏实际工作经验,这方面的不足还需要在今后的工作实践中不断学习和弥补。再就是外语学得不够好,还需要继续努力学习。

主考官:你对加班、出差怎么看?

小李:我近几年内不会考虑结婚,没有家庭负担和拖累,加班应该没有问题。至于出差更是我所高兴的。

主考官:你是否打算将来继续深造?

小李:我想先工作几年,积累一些经验,发现自身的一些不足,然后再进一步充电。

主考官:你有什么问题要问吗?

小李:不知贵公司什么时候能给我一个明确的结果?

主考官:一个星期内我们将公布此次招聘的毕业生名单。

小李:谢谢你们,我可以走了吗?

主考官:再见!

应该说这个案例展现的是一个典型的面试过程,主考官所提的问题是面试时常常涉及的问题,毕业生小李的回答也称得上圆满。下面我们就面试中所涉及的有关问题逐个加以分析。

1. 介绍一下自己,好吗

这是一个看起来比较随意的设问,主考官为了使你消除紧张心理,通常把它作为第一个问题提出。这个问题看似随便,但回答时千万不可从你出生平铺直叙介绍到大学毕业。因为主考官并不想了解你的生平经历,况且这些东西一翻简历就会搞清楚。对他们来说,重要的是通过你的回答来判断你的概括能力和表达能力。一般来说,回答这个问题应把重点放在你的优势及主要成绩上。

2. 你了解我们单位吗

提这个问题的人是想了解你对其单位的关注程度。有的可能是在暗示你,本单位福利待遇不高,工作比较辛苦,想试探你是否有思想准备。对这个问题的回答应坦率,知之为知之,不知为不知。因为对用人单位来说,这不是最重要的,重要的是直接回答这个问题之后,应表明你对福利、条件并不看重,只要有工作可干,并不挑肥拣瘦的态度。

3. 为什么你选读此专业

这个问题主要是考查你对专业的热爱程度,以及将来你从事该项工作的态度。

4. 你学过的课程与我们的工作有什么关系

回答时,要简明扼要地把你学过的重点课程,特别是与用人单位需要的专业人才的关系讲清楚。

5. 你喜欢你的学校吗? 你的老师怎样

一般而言,对这个问题要持积极态度。一个不爱母校、不尊敬老师的求职者不会受欢迎。

6. 你有什么特长、爱好

对这个问题要据实回答,不可无中生有,也不可过分谦虚。

7. 你为什么愿意到本单位工作

回答这个问题时,应多从工作性质、工作环境如何有利于自己专业发展,以及多为单位做贡献的角度来叙述。绝不要讲工资高、福利好等等,那样用人单位会感到你的动机不纯。

8. 你有什么优缺点

这个问题可以从为人处世、学习成绩、工作及社会活动能力等诸多方面来回答。

9. 你对加班、周末及假期工作怎么看

表明自己会全力以赴地工作,现在还未恋爱或未打算结婚、以及家庭没有拖累、负担等都可以作为陈述的理由。

10. 你是不是打算继续学习

有的用人单位希望你将来进一步继续深造,而另一些用人单位则希望你坚守工作岗位。无论如何,回答这一问题时,可以表明你愿意进一步深造的愿望。同时说明,如果工作需要,也愿意放弃进一步深造的机会。

11. 你还有什么疑问

这暗示着面试即将结束,面试者告诉你,他已经达到目的,正给你一个自由的机会来阐述或者提出你没有提及的有意义的事情。这时,不要简单说没有,而应把握住机会,通过提问或表态等方式强化主考官对你的印象。需要指出的是:不要离题,更不能长篇大论,点到为止就行了。答完这个问题应主动称谢告辞。

第三节　就业心理

案例导入

2009 年 5 月 21 日,美国爱迪生传媒研究所公布了对"大学生情绪健康"的最新调查结果。结果显示,有 85% 的美国大学生每天都感到有压力,2008 年,这个数字为 80%。这说明压力已经日益成为大学生生活中的一部分。在对美国四十所大学的 2 240 名大学生的调查中,学业压力排名第一,为 77%;经济压力上升到第二位,为 67%;担心毕业后找不到工作的大学生占 57%,位居第三。调查指出,无精打采、失眠和无食欲是大学生遭受压力后的三大表现症状。面对强大压力,有 10% 的大学生出现了中度到重度的抑郁,有的甚至想到采取极端方式解决问题。结果还显示,经过自我调整、积极改变,82% 的大学生能以健康向上的态度面对压力。

案例分析:日益严峻的就业形势,不断增长的就业人数,使得毕业生承受的心理压力前所未有。面对就业压力,只有心理素质过硬、能够进行心理自我调适的毕业生,才能化压力为动力,成为竞争中的胜利者。

本节从就业心理素质的涵义和作用谈起,对如何进行就业心理准备予以系统阐述,引导大学生做好心理准备,勇敢面对就业竞争;同时,对于可能遇到的心理问题,深入分析成因,介绍调适方法,帮助大学生做好自我心理调适,最终实现成功就业。

一、就业心理概述

就业竞争中,用人单位除了对大学生的知识、技能等方面有具体要求外,对心理素质的要求也愈加明确。大学生心理素质已经成为影响就业的决定性因素之一。

典型案例

沈阳市 2009 年应届毕业生就业专场会上,一家企业就把"心理素质好"作为招聘人才的基本条件。

这家网络公司的招聘启事上写着:"高中以上学历,有很好的语言表达能力及沟通能力,心理素质好……"负责招聘的业务总监董先生介绍,心理素质好是员工要具备的基本条件。

董先生解释说,现在各行各业竞争都非常激烈,网络公司也是如此。如果招聘来的人才,承担不了工作压力,难免会被淘汰。尤其是业务人员,需要与不同客户打交道,时常会碰壁,如果没有良好的心理素质是做不来的。

董先生说:"设定'心理素质好'为招聘条件就是想提前告诫应聘者,这个行业竞争激烈,有一定压力,如果没有良好的心理素质,就不要来尝试。"

那么如何判定应聘者的心理素质呢?董先生介绍,在面试中他们会设定一些案例,问应聘者如何理解。如果应聘者没有主题地说上一大堆,或者把整个案例复述下来,证明这位应聘者比较紧张,心理素质较差;心理素质好的人,一般会用一两句话来说清楚案例表达的涵义。"这只是举例,具体情况还需要具体分析。"董先生介绍,该公司还会安排一些拓展训练,来考查应聘者心理素质。

案例分析:目前,心理测试作为一种行之有效的科学手段,已经在就业招聘、研究生录取、公务员录用、征兵入伍等方面被广泛使用。借助心理测试,用人单位可以较为准确地了解把握应聘者的个性特点、人际关系、情绪稳定性、职业发展倾向以及事业成功的几率等情况,以此作为录用与否的参考借鉴。

(一)就业心理素质的涵义

如果把就业竞争所检验的毕业生基本素质称之为"就业素质"的话,就业素质主要是指大学生在就业过程中表现出来的知识技能品质和心理意识品质的综合,是大学生个体合理择业、顺利就业和成功创业的基础,包括就业观念、就业技能和心理素质等方面。其中就业观念是统领,就业技能是核心,心理素质是保证。就业心理素质是指大学生在就业过程中,在认知、情绪、情感、意志,性格、自我意识、价值观念、人际交往、社会适应等方面的综合素养。就业心理素质可以直接或间接影响就业观念和就业技能,在一定程度上决定了就业成败。

(二)心理素质在就业过程中的作用

对大多数毕业生来说,就业过程可能是一个曲折坎坷的过程,一帆风顺的情况比较少见。心理素质直接或间接地发挥作用,影响就业的全过程。其影响主要表现在以下几个方面:

1.影响就业目标确定

确定就业目标,是大学生必须解决的首要问题。解决好这一问题的前提,是客观、正确地认识自我。良好的心理素质可以帮助毕业生深入认识自我,恰当处理"理想我"与"现实我"之间的矛盾,从而确定正确的就业目标。

2.影响就业矛盾解决

大学生就业目标千差万别,却存在一些共性问题。面对诸如所学专业与从事职业、个人兴趣与能力擅长、眼前利益与长远发展、个人想法与家庭意见等诸多矛盾时,就业心理素质会影响到这些矛盾的解决。

3.影响就业目标实现

就业目标的实现,既是对大学生知识和能力的考验,也是对大学生情感、意志、性格的检验。就业过程中,毕业生可能一路阳光,可能屡屡受挫,也可能柳暗花明。良好的心理素质可以帮助毕业生正确面对挫折,最终走向成功。

4.影响入职后的适应与发展

毕业生走上工作岗位后,新的考验又悄然而至。良好的就业心理素质,可以缩短心理适应期,促进由学生角色向职业角色的快速转化,为毕业生在新单位建功立业打下良好的基础。

二、就业心理准备

常言说,机遇总是垂青于有准备的人。在就业竞争中,每一个毕业生都渴望成功。

要想在这场没有硝烟的战斗中笑到最后,就必须从踏入大学校门开始,做好就业心理准备。

(一)认清就业形势

近年来,就业形势异常严峻,就业环境空前复杂,这对于大学生来说既是机遇又是挑战。认清就业形势,是进行就业心理准备的第一步。

1. 机遇与挑战并存

严峻的就业形势,是多方面因素综合发力的结果。2008 年由美国次贷危机引发的全球性金融危机,使我国部分出口型企业、中小企业受到直接冲击,就业岗位大幅减少。我国高等教育进入大众化阶段,2010 年大学毕业生人数已达 631 万人,毕业生规模再创历史新高。同时,我国经济发展转型造成的劳动力过剩、新的劳动法规实施等,加剧了就业竞争。也应该看到,我国政府加大宏观经济调控,4 万亿刺激经济计划、大规模减税、"家电下乡"等举措已初见成效。国家把高校毕业生就业摆在就业工作首位,出台多项政策,下大力气促进毕业生就业。各高校根据形势发展和社会需求,采取改革人才培养模式、强化实践环节等举措来提高人才培养质量,毕业生竞争力得到一定提高。

2. 正视就业竞争

在高校毕业生就业市场化格局下,就业竞争已成为大学生叩开理想之门的必过关卡,大学生应当正确看待就业竞争。必须认识到,随着我国高等教育从"精英教育"转型为"大众化教育","铁饭碗"、"计划分配"等词汇已经退出历史舞台。在当前,只有正确看待、勇敢面对就业竞争的人,才有可能去实现自己的就业目标。

(二)正确认识自我

"认识你自己",这是一条镌刻在古希腊德尔斐城智慧神庙上的箴言,也是大哲学家苏格拉底最为推崇的名言,千百年来影响了无数后人。对于大学生来说,正确认识自我是进行就业心理准备的重要环节。

1. 参加心理测试

新生入学时,学校一般会组织专业人员对新生进行心理健康普查,采用心理学的标准化量表,对新生的性格、气质、能力、心理健康状况等进行测试,了解新生的个性心理特征。对于个别有心理障碍的学生,专业人员一般会给予指导性的意见,建议通过心理咨询和治疗,促使其尽快解决和克服,为其健康成长提供保障。

需要指出的是,单纯根据一次心理测试的结果就下结论,是不科学的。还需要通过多次测试,由专业人员对测试结果进行科学分析,才可以作为依据。

2. 进行职业测评

目前,一些企业纷纷将职业测评作为帮助判断求职者是否可以被录用或担任重要岗位的工具。宝洁、摩托罗拉等全球知名的 500 强企业更将职业测评纳入网上测评或者笔试环节,作为初选淘汰的一种常用方法。

大学期间,有条件的学校会组织大学生参加职业测评,包括职业兴趣测评、职业规划测评等,通过测评帮助大学生发现自己的职业兴趣和能力特长,确定合理可行的职业生涯发展方向,提高毕业生竞争力。

典型案例

2009年9月20日,上海世博会举行了一次志愿者招募和选拔活动,选拔委员会由世博局组委会的相关工作人员及心理学、外语等专业人士组成。作为心理测试的一项内容,委员会请志愿者们画一棵树,根据图画来了解志愿者们的成长、发展、助人动机等,以挑选那些有热情、有能量、愿意助人的大学生成为志愿者。

案例分析:心理测试的方法很多,既可以采用专业化的心理量表,也可以通过图画、沙盘游戏等形式来了解应试者心理。大学生应消除对心理测试的神秘感,适当做一些心理测试,同时向专业人员咨询,为自己的职业发展、求职就业提供辅助性的支持。

3. 客观分析自我

要想正确认识自我,需要在参加心理测试和职业测评的基础上,认真、客观地分析自己的性格、兴趣、爱好、特长,还有学校、专业、能力,以及相貌、身高、性别、家庭等因素。在进行分析时,要坚持辩证原则,既要看到优势,又要看到不足。对于自身不足,要深入分析哪些是可以通过努力改变的,哪些是不能改变的;能否变劣势为优势,如何尽快弥补提高。

4. 正确评价自我

评价自我时,要学会"以人为镜",虚心听取老师、同学的意见和建议,得出正确结论。尤其注意评价要适度,既不要过分美化自己的优点和长处,也不要过分突出缺点和不足,更不能以偏概全,全盘肯定或否定。

【小贴士】

心理学意义上的"认识自我"

在心理学中,"自我",也称"自我意识"或"自我概念",是对自己存在的觉察,即自己认识自己的一切。它包括对自己的生理状况、心理特征以及自己与他人关系状况的认识。

"认识自我"并不是我们去内省、去反思就可以得到关于自己各方面的信息。事实上这种看法并不全面。有时我们自己也会进行自我欺骗,从自己的主观愿望出发去解释客观事物,结果是"当局者迷,旁观者清"。此时,他人对我们的认识反而更客观、更准确。

两个看似差不多的人,一个非常自信,认为自己无所不能,做什么事情都能做好;另一个认为自己一无是处,成事不足,败事有余,到处碰壁。或者是同一个人在一段时期内悲观、消沉,而在另一段时间内积极、乐观、自信,似乎判若两人。是什么造成了他们或他如此大的反差?答案是自我意识。

自我意识相当于你的潜意识中的自我肖像,是一个人对自己的认识、评价和期望,即一个人认为他自己是什么样的人,他的能力怎样,有什么优缺点,有无巨大潜能,期望达到什么样的目标等等。也就是"我是谁"、"我能做什么"、"我的优点"、"我的不足"等。

(三)科学规划自我

科学规划自我,可以帮助大学生树立就业意识,选择最适合自己发展的职业,增强大学期间学习、实践的计划性。

1. 结合实际做规划

毕业生在做规划时，要从就业形势和个人情况的实际出发。诸如个人专业与社会需求，个人素质与岗位要求，考研与就业选择，个人愿望与父母意见等因素，都需要认真考虑。做出规划后，要虚心征求老师、同学的意见进行调整。

2. 适合自己最重要

当前很多大学生在进行就业规划时，功利性比较明显，理想化色彩突出，渴望去大城市、大单位，热衷福利待遇好、社会地位高的岗位，希望就业过程顺风顺水、一步到位。殊不知，这样的就业规划可能脱离个人实际，缺乏实现的可能性，也就失去了规划的意义。

3. 确定目标要适中

进行就业规划时，就业目标期望值要适中，为个人就业寻找一个比较恰当的定位点。要根据个人实际，选择难度适中的目标作为努力方向。如果确定目标盲目求高，那么就不切实际，可能成为"一厢情愿"。如果目标过低，往往会带来不利于个人职业发展的不良后果。

典型案例

有一个人为了生活，想砍一棵够大的树换够多的钱。他来到森林里终于发现了理想的目标。他满心欢喜地用三天工夫砍倒了这棵树，最后却发现，自己根本就带不走它。

树太大了。

如果他砍一棵较小的树，也许早就扛走了，用卖树的钱买了粮食，正与家人围坐在饭桌前谈天。

这个人心很大，却忘了自己的力量很小，于是悲剧产生了。

许多人都在睁大眼睛寻找财富。他们贪婪地想把世界上每一样美好的东西都搂进自己的怀里，不料辛辛苦苦忙碌了好一阵子，到头来却两手空空。

真正有智慧的人，懂得收敛内心的欲望，只选择自己够得着的果子去采摘，而不会把目标定得太高、太远、太大。

可惜的是，生活中有太多的人，经常把自己的小聪明当成智慧。

案例分析：不管做什么事情，目标的选择都至关重要。如果不懂得收敛内心欲望，对自己提出过高的、不切实际的要求，可能会徒劳无功。就业场上更需要这样的智慧。

4. 着眼长远是关键

做职业规划，应着眼于个人的长远发展，不能只看重就业岗位的待遇、福利、住房等条件。如果当前形势下不能获得理想的就业岗位，应当树立"先就业，后择业，再创业"的理念，适当调整规划，更改自我设计，先投身职场、锻炼能力、积累经验，再逐步实现目标。

(四)培养良好心理

俗话说，养兵千日，用兵一时。大学期间，大学生要多方面入手，培养良好心理，迎接就业竞争所带来的挑战。

1. 树立科学"三观"

世界观、人生观、价值观是大学生思想政治素质的核心，也是培养良好心理素质的前提。当前，大学生应自觉学习践行社会主义核心价值体系，树立科学的世界观、人生观、价值观。要通过学习,明确"人为什么而活着","人应该怎样活着"这一系列的人生基本问题,从而树立远大理想,积极认识和适应社会,充分发挥主观能动性来培养良好心理素质。

2.学习心理知识

当前,许多高校已经为大学生开设《大学生心理健康教育》等课程。大学生要在课程学习的同时,积极参加心理健康教育讲座、心灵访谈、心理电影放映、心理剧展演等活动,学习心理健康知识,掌握心理调适的方法,解决心理问题的困扰,培养良好的心理品质。

3.加强人际交往

要培养良好心理,大学生还应当加强人际交往,建立和谐人际关系。必须树立正确的人际观,积极主动地与他人交往。在交往中学会尊重与关心别人,严格要求自己。要通过交往,实现开阔视野、增进了解、发散焦虑、缓减紧张的目的。

4.提高心理承受能力

从个体发展角度看,大学生正处在从青年期向成年期的转变过程中,是人生的重要转折时期,也被称之为第三次断乳期。由于大学生的心理发展尚未完全成熟,自我调节和自我控制能力还不是很强,承受挫折的能力普遍较差。

大学生应当在大学期间有意识地锻炼自己,学会耐受挫折、磨砺意志,提高自己的心理承受能力。只有这样,才能在就业竞争中把握机遇,迎接挑战。

(五)树立积极心态

严峻就业形势下,大学生的心态非常重要,在一定程度上影响就业目标的实现。

1.变被动适应为主动出击

近年来,我国就业市场化格局已基本形成,自主择业、双向选择的就业模式,要求大学生必须主动出击,而不是消极地"等、靠、要"。从新生入学开始,大学生就应当利用寒暑假、周末等闲暇时间走进社会,了解形势,提高实践能力,为就业打好基础。大学期间,在认真参加《大学生就业指导》、《大学生职业生涯规划》等课程学习的同时,还要多参加考研报告会、就业报告会等活动,听取优秀校友、成功人士的奋斗经验,以此接受指导、激励自己。临近毕业,大学生要主动搜集就业信息,积极向辅导员老师和就业咨询专业人员请教,多到双选会上去锻炼自己,赢得就业竞争中的主动地位。

2.树立积极的就业心态

在就业场上,心态可以影响能力的发挥,影响机会的把握,从而影响到就业成败。那么,大学毕业生应树立怎样的就业心态?

(1)乐观向上

近年来,媒体对大学生就业形势过度渲染,使一些大学生受到影响,对就业悲观失望。保持乐观向上的心态,才能辩证地看待就业形势、客观地分析自我,以良好心态去迎接就业竞争。

(2)勇敢自信

狭路相逢勇者胜。在激烈竞争中,只有勇敢自信的人,才会成为最终的胜利者。很多求职者,害怕竞争、缺乏自信,结果越害怕失去机会就越不能把握机会。

(3)正确归因

遭遇就业挫折、失败时,正确归因很重要。要冷静下来,理性分析自己失败的原因,为下一次参加竞聘提供参考和借鉴。要思考一下究竟是客观原因，还是个人主观原因？是岗位选择的问题，还是职业选择的问题，或是地域选择的问题？是技不如人，还是发挥失常？……通过分析，找到正确答案，进行有针对性地调整和改变，从失败中收获难得的经验。

（4）坚韧不拔

就业路途上，在屡屡受挫的时候，是退缩，还是坚持？只有意志顽强、坚韧不拔的人，才能坚持到最后，实现就业目标。只要善于总结，调整目标，继续努力，那么迎接你的，就一定是成功。

典型案例

天津市某职业学院毕业的一名化工专业的大学生，在一家公司谋得了一份比较适合的工作。由于该公司经营不景气，裁员时他被裁掉了。于是他给一家研究所写了一封求职信，写道：我虽然是一名高职高专毕业生，但通过自学，掌握了深厚的化工专业知识，而且在工作期间研究出的一项科研成果已被应用。如果你们聘用我，我将为贵所开创新的发展领域。信很快就被退了回来，信上最后一句话是："请您另谋高就。"

不死心的他，又发出了第二封信。这一次他在给一家公司的信中写道："如果你们需要，我将竭诚为贵公司服务。"原以为这次表现得比较谦虚，可能会成功，怎料这封信又被退了回来。下面写着"本公司暂不缺人，以后需要服务的话，我们将及时与你联系"。

第三封信是他给某化工厂发出的。这次他吸取了教训，一改自己的"脾气"，在信中写道："如果干化工专业不缺人的话，我可以先做清洁工，并且会用搞科研那样严谨的态度和一丝不苟的作风去干好这份工作。"信发出后第五天，他接到了这个化工厂的电话："请你速来报到。"

到工厂以后他果真干起了清洁工。他任劳任怨，车辆冲洗得干干净净，办公室、大厅、会议室、走廊一尘不染，就连厕所里也没有一丝令人不快的气味。他性格活泼开朗，所接触的人都被他对工作的激情与顽强精神所感染。很快，这名大学生得到了厂领导和同事的认可与好评。厂领导根据他的专业能力和经历，调他到科技处工作。他与同事们密切合作，先后拿到了几项科研成果，产品打入市场，为本厂获得了巨额利润。不到两年，他就被破格提拔为新成立的技术处处长。

案例分析：这名大学生在求职过程中屡屡碰壁，难能可贵的是他能够锲而不舍、坚韧不拔，保持积极乐观的心态。在正确分析失败原因后，他调整了策略，最终取得成功。大学生在求职时，积极的就业心态是一把开启成功之门的"金钥匙"。

三、就业心理调适

在就业过程中，毕业生由于心理不够成熟和社会经验缺乏，很容易出现一些心理误区和心理障碍。毕业生应当学会自我心理调适，解决心理问题，实现顺利就业。

（一）常见就业心理问题

毕业生常见的就业心理问题，可以分为心理误区和心理障碍两大类。

1. 常见就业心理误区

在就业过程中，毕业生存在着不同程度的就业心理误区。

（1）急功近利

这是毕业生最常见的心理误区之一。许多毕业生热衷于追求收入丰厚、社会地位较高的职业，眼光只盯在大城市、大单位，以收入、住房等物质待遇作为求职的首选条件，不愿意到条件艰苦、待遇一般的地域、职业和岗位工作。急功近利，使得毕业生求职视阈变窄，容易错失良机，影响顺利就业。

（2）盲目求高

在就业过程中，不少毕业生自视甚高，好高骛远，对用人单位要求十全十美，对单位的工资、福利、住房、地理位置、工作环境等因素要求苛刻。这种心理倾向产生的原因是对就业形势不了解，对自我定位不准确。

这种心理误区，可能会因"一厢情愿"导致毕业生与适合自己的单位失之交臂。

（3）喜欢攀比

在选择就业单位时，不少毕业生喜欢攀比，拿身边同学作为参照。在这种心理误区影响下，即使有适合自己、青睐自己的单位，也可能因为不如其他同学的单位，毕业生犹豫不决、轻言放弃，回头来却后悔不已。

这种喜欢攀比的心理误区，容易造成毕业生失去就业机会。

典型案例

家住烟台市的大学毕业生周丽（化名），不听父母劝阻辞职欲重找工作，谁知一个多月过去仍没能就业。由于受不了父母整日唠叨，2008 年 12 月 7 日凌晨，内心苦闷的周丽割腕自杀。最终，不断涌出的鲜血使她恐惧，哭喊着求救。

25 岁的周丽 2007 年毕业于北京一所大学，回到烟台后顺利地在一家民营企业找到工作，负责处理办公室事务。工作了一年多，她渐渐厌恶这份工作的琐碎。与昔日同学联系中，她得知很多同学多次跳槽择业，有些已进入全球 500 强企业，不免动了跳槽念头。她的想法遭到父母强烈反对，他们帮周丽分析当前的经济形势、就业压力，还把自己刚参加工作时的经验说给女儿听，希望她能安心工作。

一个多月前，周丽偷偷辞掉工作，揣着简历走进人才市场，哪知两个多星期过去了，也没有找到心仪的工作。父母发现女儿没精打采，再三询问下，周丽才把自己辞职以及找工作的经历告诉了父母。父母十分生气，只要她闲在家里，总要为她工作的事唠叨个没完。

一个多月过去了，理想的工作没有找到，连与以前单位待遇相似的工作也没有着落，周丽不免苦闷忧虑。6 日晚，她在卧室里一直上网到 7 日凌晨 4 点多才上床休息，但父母的唠叨、找工作的种种不顺始终在她脑海里盘旋。4 点 45 分，周丽起身下床找来刀片割开左手腕血管欲寻求解脱。鲜血一下子就涌了出来，周丽突然害怕了，她在房间里放声大哭并喊"救命"。父母听到后立即起身跑进女儿卧室，赶紧拨打了 120。

经抢救，周丽脱离生命危险。她很后悔自己好高骛远、不懂珍惜已有的工作岗位，重找工作屡屡碰壁后又做出割腕自杀这种傻事。周丽的父母也表示，女儿失意时他们没有给予一点安慰与鼓励，只是一味指责，险些酿出家庭悲剧。

案例分析：周丽的案例，实际上是相互攀比酿成的一幕惨剧。对大学生来说，攀比是一种比较普遍的心理,对顺利就业危害很大。如果出现这种心理,必须进行积极的自我心理调适。情况严重的话,需要向专业心理咨询人员求助,以避免类似事件发生。

(4)无所适从

就业过程中,一些毕业生奔波在招聘会之间,面对林林总总的招聘单位,手忙脚乱、无所适从,不知该如何下手。这种心理误区,究其原因是就业意识淡薄、就业准备不足所致。一般来说,很多学生大学三年级才开始产生就业意识,制定就业计划。由于准备时间仓促,延误了自己顺利择业的时间。

(5)犹豫不决

经过激烈竞争,一路过五关斩六将,终于到了要签约的时刻。此时,不少毕业生却往往犹豫不决、举棋不定,在"签,还是不签?"的两难选择中拿不定主意。签约吧,担心会丧失后面更好的机会;不签吧,担心会丧失眼前的机会。于是,想办法和用人单位一拖再拖,直到万不得已才做出选择。

(6)逃避现实

一些毕业生看到就业形势严峻,或遇到挫折后,于是产生了逃避心理。有的想当"啃老族",先在社会漂几年,等形势好转后再就业;有的想当"考研族",不管自己喜欢不喜欢学术研究,只想延缓几年时间后再就业。这两种方式,都不过是逃避就业的借口而已,其本质都是害怕就业竞争、躲避就业风险。

【心理寓言】

小猫逃开影子的招数

"影子真讨厌!"小猫汤姆和托比都这样想,"我们一定要摆脱它。"

然而,无论走到哪里,汤姆和托比发现,只要一出现阳光,它们就会看到令它们抓狂的自己的影子。

不过,汤姆和托比最后终于都找到了各自的解决办法。汤姆的方法是,永远闭着眼睛。托比的办法则是,永远呆在其他东西的阴影里。

点评:这个寓言说明,面对挫折,逃避不是解决问题的办法。对于大学生而言,就业就如同小猫本应该正确认识和接受自己的影子那样,你只能去勇敢地面对它,化解它,超越它,最后和它达成和解。切记:阴影和光明一样,都是人生的财富。

(7)患得患失

一些毕业生在签约后,往往出现患得患失的心理,总担心自己的单位不够好,希望能找到更好的单位。于是,在遇到新的机会出现时,希望尽快与签约单位毁约,去争取新单位。这样做,一是违背了就业的"诚信原则",全然不顾用人单位的感受;二是即使如愿与新单位签约,瞻前顾后、患得患失的心理又开始出现,可能造成再次违约。

这种心理误区损害了毕业生声誉,降低了用人单位对毕业生的信任,危害很大。

(8)怨天尤人

个别毕业生由于自身素质原因,或把握机会原因,与自己中意的单位擦肩而过,于是怨天尤人。或把原因归结为身高、相貌,抱怨父母;或把原因归结为专业不好,把责任推卸到学校身上;或把原因归结为自己没有社会关系,指责社会不公。

【心理故事】

正确面对失败的态度

我有一个朋友,总喜欢跟人诉说自己的不幸:高考落榜,爱情不如意,就业压力大……挫折屡屡不断,似乎活着对他已是一种负累。一天,他颇有感触地对我说:"哎,我什么时候能过上一种风平浪静的生活呢?"

我笑着说,除非你死了。

朋友一怔,于是我给他讲起古希腊的一个经典故事。有人问古希腊智者阿那哈斯:"你说,什么样的船最安全?"阿那哈斯说:"那些离开大海的船最安全。"

说得多好!

人活在世上,就像船行于海中。遭遇风浪,饱尝奔波,乃是人生常态,谁都无法拒绝。生命的意义在于经历,成功也罢,失败也罢,正是一串串真实的脚印,最终汇成了我们每个人或长或短的一生。离开了大海的船最安全,然而船一旦离开大海,也就失去了存在的意义。

点评:就业过程中,遭受挫折在所难免。其实,受挫的过程,也是成长的过程,难得的人生磨练。只有抱着这样的心态,才能让自己从失败走向成功。

2.常见就业心理障碍

一般地说,毕业生出现的心理障碍多属适应过程中的轻度心理障碍。

(1)焦虑

焦虑是由心理冲突引起的,主要表现为烦躁不安、恐惧、忧虑或其他令人不愉快的情绪体验。这是毕业生最为常见的一种心理状态。根据一项心理学调查,大约有14.1%的学生有过焦虑情绪。尤其是一些性格内向,或有生理缺陷,或成绩欠佳,以及能力不足的毕业生,焦虑程度更为突出。这种焦虑给毕业生带来了精神压力,容易引发不良心理,甚至生理疾病。

(2)恐惧

恐惧主要表现为害怕、紧张,它是担心遭遇挫折或遭受挫折后而产生的一种心理状态。它可以抑制正常思维,使注意力不集中,记忆力衰退,常伴有口干、胸闷、出冷汗等生理反应。

(3)自卑

一般来说,自卑是一种性格缺陷,表现为对自己的能力、品质评价过低,胆小,信心不足,同时伴有一些特殊的情绪体验,如害羞、内疚、不安等。这是毕业生就业过程中比较常见的心理状态之一。

自信心与自卑感是相对立的,一个人的自信心越强,自卑程度就越低。如果一个毕业生求职屡次受挫,那么自信心就会削弱,自卑感就会日益严重。有自卑心理的毕业生,往往自惭形秽,不敢面对竞争,从而削弱自身的就业竞争力。

典型案例

小C是来自农村的一位工科学生,身材矮小,性格内向。在临近毕业的一段时间,他内心常常涌起一种莫名其妙的恐惧和不安,以致于上课都不能专心听讲,也无法集中精力搞毕业设计。来咨询时,他主动谈起了自己的心理感受:他平时学习很用功,大学这几年成绩不错,还得过奖学金,但总觉得自己除了学习之外,别的方面都不行。他性格内向,不善言辞和交往,宿舍同学相处得还不错,但同学们老嫌他不活跃。每次他们谈一些有趣的事时,他都插不上嘴。同学们通过各种途径找工作,而他来自农村,没有一点关系。去过几次人才市场,但由于太害怕、太紧张,结果很不理想。"哎!"他叹了口气。当问到他想找一份什么样的工作时,小 C 很茫然地说:"我也不知道,现在找工作也不容易,只要比较稳定,收入还行就可以了。我的期望也不高,但怎么就这么难呢?"小 C 又陷入了不安与困惑中……

案例分析:由于身材、性格原因,小 C 存在自卑心理,没能及时调适,又引发了对求职的恐惧,导致就业受挫。受挫后,不能正确归因,导致更加茫然无措。小 C 应该正确看待自己的优缺点,认真准备,大胆求职,到职场上去磨练自己,并不断总结经验,就一定能成功。

（4）自负

自负和自卑心理截然相反,它是一种过于自信、过高估计自己能力的心理状态。主要表现为职业取向太高,严重脱离现实,往往是固执己见或自命不凡。有自负心理的毕业生,往往是"这山望着那山高",容易错过适合自己的就业机会。

（5）冷漠

冷漠是一种对周围环境变化丧失情感反应、消极、逃避的心理状态。毕业生的冷漠心理,源于求职严重受挫后产生的一种自我防御机制,主要表现为情绪低落、意志消沉、失去信心,对就业问题漠不关心、逃避就业。

（6）从众

从众是一种比较普遍的社会心理现象,主要指个体由于受到群体的压力,因而在认知、判断、信念与行为等方面与群体保持一致的现象。大学生由于不够成熟,容易受社会思潮和社会观念的影响,因而在面对就业时从众心理更为突出。有这种心理的毕业生独立性不强,缺乏自主意识,不会独立决断,盲目跟随别人。

（7）嫉妒

嫉妒心理是大学生中比较常见的一种心理状态,其主要特征是把别人的优越之处视为对自己的不利和威胁,因而感到心里不平衡,甚至是恐惧和愤怒。于是借贬低、诽谤以致报复的手段,来求得心理上的补偿以摆脱恐惧和愤怒的困扰。

这种心理对毕业生危害性极大,不仅会严重伤害同学感情、破坏同学关系,形成冷漠、涣散、紧张的人际关系,而且这样做反而会加重本人的内心痛苦,进而影响个人就业。

（8）依赖

依赖是指毕业生在求职就业时,一味依赖父母、老师、同学以及亲友的一种心理倾向。毕业生求职确实需要依靠人际关系网络,需要他人指导和帮助,但决不能越俎代庖,由别人来决定自己的命运。一旦出现自己不希望的情况,后悔莫及。

依赖人际关系网络是大学生就业的双刃剑

(二)常见心理问题产生原因

毕业生出现以上心理问题的原因较为复杂,社会、学校、家庭和个人都是重要的影响因素。

1.社会因素

(1)市场经济的影响

改革开放以来,我国社会主义市场经济体制已基本确立。市场经济的影响,已经深入到社会各个领域,人的价值观念、道德观念呈现多元化的倾向,拜金主义、实用主义、享乐主义等思想有所抬头,这也造成了部分大学生追求物质待遇、贪图享受、急功近利等倾向。同时,市场经济大潮下,传统的行业、职业出现了发展和分化。不同的区域、城市经济发展差距拉大,使得人们的职业评价发生变化,也造成大学生产生盲目求高、从众等心理。

(2)就业市场不完善

目前,我国大学生就业采取市场导向、政府调控、学校推荐、学生和用人单位双向选择的模式,这种模式赋予了用人单位更大的自主权,调动了毕业生的积极性,打破了几十年来人才流动的各种壁垒,进一步促进了全国性就业市场的形成。但是,受多方面因素制约,就业市场培育尚不够完善。社会上存在的不正之风,对大学生就业心理产生直接冲击,导致依赖、嫉妒、自卑等心理产生。户籍制度、行业壁垒、地方保护等因素,凸显了不同毕业生之间的不公平地位,使得毕业生在竞争面前心理失衡,容易产生攀比、从众、患得患失等就业心理问题。

【小贴士】

户籍政策——影响人才流动的政策性壁垒

在我国,同是接受过国家高等教育的大学毕业生,在就业选择时却有截然不同的政策对他们进行限制。比如,上海、北京、深圳、广州等大城市,纷纷出台相关政策,要求各单位优先接收拥有本地户籍的大学毕业生。对于接收外地毕业生,这些大城市则设置了较高的门槛。如广州市规定:"对非广州生源的本科毕业生,实施战略性调整,引进的范围由所有普通高校取得学士学位和英语四级证书的毕业生调整为国家部属重点院校和'211 工程'院校的毕业生,除了外语能力要求外,同时增加计算机能力的要求。其他院校的毕业生进入广州,必须符合下列条件之一:获得省部级以上荣誉称号;获得国家知识产权局颁发的专利证书;符合广州引进人才紧缺专业目录、且现有毕业生资源不能满足。"

在这种政策指引下,是否拥有本地户籍成为制约人才流动的"铁门槛",这就在事实上破坏了就业竞争的公平性原则,导致人才无法按市场配置原则实现流动。

由于就业市场不完善,毕业生可能会遭遇许多政策性壁垒。国家正在积极推进以户籍制度改革为核心的政策改革。对此毕业生要正确看待,不要由此产生心理压力。

(3)社会保障体系不健全

社会保障制度作为一种收入再分配手段,事关广大社会成员的切身利益和劳动积极性的发挥。目前,我国已基本建立了包括养老保险、失业保险、工伤保险、医疗保险、生育保险等为主要内容的中国特色社会保障体系。但社会保障体系仍不够健全,一些三资企业、民营企业、集体企业和农村地区,社会保障尚没有全面实施,造成部分地区一些下岗职工及农村居民"老无所养,病无所医"的现象。这也对毕业生就业产生了直接影响,导致毕业生功利、盲目攀比、从众等心理问题的出现。

(4)用人单位招聘歧视

近年来,就业市场上"双向选择"的天平日益向用人单位一方倾斜,"买方市场"的格局已经形成,用人单位的强势地位愈加突出。一些用人单位在招聘毕业生时,对毕业生提出近乎苛刻的条件,既要"高标准",又要"硬条件"。所谓"高标准",是指用人单位的人才高消费观念,一些单位硬性规定毕业生的学历、出身,原本大学本科就可以胜任的岗位,非硕士、博士研究生不要;原本一般院校毕业生就可以胜任的岗位,非"211"、"985"院校毕业生不要。所谓"硬条件",是指用人单位的错误用人观念,不仅考虑毕业生的专业、学历、能力,还要考虑是否是党员、学生干部以及实践经历;不仅强调英语四六级、计算机、普通话等级,还要强调性别、身高、相貌、气质;更有甚者,个别就业单位认为血型与招聘岗位相关联,对应聘毕业生血型提出要求。用人单位这些做法,伤害了大多数毕业生,加大了他们的心理压力,引发了焦虑、恐惧、自卑等心理障碍。

典型案例

大学毕业生徐云参加南昌一家公司的招聘,初选顺利通过后,面试时却遭遇"O 型血优先",感觉受到了歧视的徐云向应聘公司讨说法,公司却表示:"用人单位可以根据自己的喜好选择应聘者。"

2010 年 6 月 1 日,南昌某高校计算机专业毕业生徐云来到南昌某公司参加面试。面试中的专业问题徐云都回答得很好,在面试快结束时,负责此次面试的张经理突然问:"你是什么血型?""啊?"徐云一愣,回答:"AB 型。"张经理淡淡地"噢"了声便告诉徐云到外面等消息。

走出面试室,徐云得知每一位求职者都被问到了血型,"招人还要看血型,招聘要求上也没写啊?"徐云和其他应聘者都很不解。

面试完毕后,张经理宣布结果,徐云发现 6 名应聘者中 2 名 O 型血的人都被录取了,其他血型的人则一个也没录取。

"这是歧视!听说过招聘中有乙肝歧视、身高歧视,还没听说过有血型歧视的。"徐云向报社反映称。

针对招聘中出现的各种"奇怪要求",江西某律师事务所高律师认为,这是一种变相的就业歧视,应聘者可到劳动保障部门投诉。

高律师说:"我国《宪法》规定:'任何公民享有宪法和法律规定的权利',这种权利包括政治的、经济的、文化的、社会家庭的各个方面,其中就包含着平等的就业权利。《中华人民共和国劳动法》也规定:'劳动者享有平等的就业机会'。显然,招聘单位不看员工的实际工作能力,而是看中属相、星座、血型等,这不仅是一种人才价值观的错位,也是与法律相违背的。"

案例分析: 徐云所遇到的就业歧视,是由于用人单位人为地设置一些与工作能力无关的条件来做为录取条件,这实际上是侵犯了毕业生的平等就业权。毕业生遇到就业歧视时,要学会用法律武器来保护自己,捍卫自己的权利。

2.学校因素

(1)专业设置不合理

高等教育扩招政策,为高校发展提供了难得的机遇。但是,许多高校对扩招后的形势缺乏前瞻性的考虑,专业设置不合理。有些高校不考虑自身的师资、硬件等实际条件,盲目开设社会上已接近饱和的专业;有些高校对社会上热门专业如计算机、经济管理等盲目扩招,最终导致毕业生供大于求,造成毕业生结构性过剩。

【资料】

专业的就业前景对大学生的压力

年级	特别大		很大		一般		不太大		不知道	
	男生	女生	男生	女生	男生	女生	男生	女生	男生	女生
大一	29 (3.29)	35 (3.97)	77 (8.73)	60 (6.80)	34 (3.85)	33 (3.74)	14 (1.59)	19 (2.15)	3 (0.34)	7 (0.79)
大二	37 (4.20)	70 (7.94)	71 (8.05)	125 (14.17)	33 (3.74)	67 (7.60)	29 (3.29)	18 (2.04)	6 (0.68)	7 (0.79)
大三	6 (0.68)	15 (1.70)	17 (1.93)	28 (3.17)	13 (1.47)	13 (1.47)	7 (0.79)	7 (0.79)	2 (0.23)	0 (0.00)

续表

年级	特别大		很大		一般		不太大		不知道	
	男生	女生	男生	女生	男生	女生	男生	女生	男生	女生
合计1	72 (8.16)	120 (13.61)	165 (18.71)	213 (24.15)	80 (9.07)	113 (12.81)	50 (5.67)	44 (4.99)	11 (1.25)	14 (1.59)
合计2	192(21.77)		378(42.86)		193(21.88)		94(10.66)		25(2.83)	

（资料来源：王成德、康金艳等：《大学生心理压力状况及应对策略》）

分析：调查显示，专业的就业前景对大学生造成相当大的压力。被调查大学生中有42.86%的感到压力"很大"，21.77%的感到压力"特别大"，累计比例64.63%。而感到压力"不太大"的仅占10.66%。

（2）人才培养模式不科学

目前，我国高等教育已经实现了大众化，人才培养模式却没有及时进行改革，学校的课程设置、教学方法等严重滞后。扩招后，高校把大量资金用于兴建新校区，对实验设备投入不足，造成设置课程以理论课为主，实践课程所占比例不高。另外，对学生实践环节重视不够，实践基地建设缓慢，大学生实践机会欠缺。以上原因，造成毕业生实践能力差，难以满足社会对人才的要求，对毕业生心理造成一定影响。

（3）就业指导工作不到位

目前，全国高校基本上都设立了专门的"就业指导中心"，通过提供就业信息、开展就业指导、组织专场招聘等举措，为毕业生提供切实有效的指导和服务。但是，由于队伍专业化程度不高、人数不足等原因，就业指导课程不够系统。目前，就业指导以政策教育、思想教育为主，职业生涯规划、就业心理辅导等相对缺乏，个性化的指导不能全面开展；学校在就业市场拓展等方面捉襟见肘，无法为毕业生就业提供有力支持。

（4）就业心理教育不深入

近年来，各高校已经充分认识到大学生心理健康教育的重要性，心理健康教育稳步推进。但是，由于普遍存在专业咨询人员数量不足而咨询学生数量较大的矛盾，因此对毕业生心理问题的研究不够深入，专业辅导又甚是缺乏，往往以思想教育来代替专业心理辅导，造成毕业生心理问题无法得到及时有效地解决。

3. 家庭因素

（1）家庭的经济压力

高等教育大众化时代的到来，为更多学生提供了上大学的机会，但数额不菲的学费，也使得不少家庭背上沉重的经济负担。特别是对于来自农村贫困家庭、城市下岗职工家庭的大学生来说，必须借助贷款、助学金、勤工俭学等方式才能顺利完成学业。面对就业时，这些大学生渴望尽早实现经济自立，改变家庭经济状况，容易出现功利、焦虑等心理问题。

（2）独生子女因素

我国计划生育政策实施三十多年来，人口增长得到有效控制，独生子女家庭日益增多。在校大学生中独生子女所占比例已近半数。由于家庭过分宠爱和呵护，造成一部分学生心理特别脆弱,存在比较明显的个性缺陷,如敏感、多疑、依赖性强,心理承受能力差等。

(3)父母的期望值

很多父母的思维依然停留在"精英教育"时期,对孩子期望值过高,也是引发毕业生就业心理问题的原因。有些父母受社会潮流的影响,一心想让子女当"白骨精"(白领、骨干、精英),从事公务员、外企白领、高校教师等有地位、收入稳定的职业。有些父母不了解子女情况,过高估计子女能力,对子女就业要求过高。有些父母因自己社会关系广,对子女就业越俎代庖,全部包办。这些做法,容易造成毕业生盲目求高、依赖等不良心理。

典型案例

在学校今年 3 月份举办的小型招聘会上,毕业生小李的父母亲在招聘会尚未开始时,就早早地到会场打听单位的情况。招聘会开始很久以后,小李才姗姗来迟,并由家长陪同前往用人单位展位前面谈。面谈过程中,小李发言的时间还没有其父母多,结果谈了一家又一家,最终仍一无所获。

案例分析:现在的大学生,独生子女比例越来越大,父母过分呵护,养成了他们较强的依赖心理。案例中,小李的问题在于过分依赖父母,父母越俎代庖,替孩子与用人单位洽谈,本身就证明了小李不够成熟,难堪大用。小李应当增强自主意识,提高自己独立决策的能力,以成熟的心态面对就业。

4. 自身因素

(1)对职业认识不够

当前,高校职业生涯规划课程尚没有普遍开设,加上大学生实践能力不足,造成大学生对职业认识比较欠缺。许多大学生对应聘岗位了解不多,在面对就业机会时,容易产生依赖、犹豫不决等心理问题。

(2)能力素质有待加强

毕业生自身的能力素质因素,直接影响就业心理。有的毕业生因能力突出,容易高估自己,产生自负、盲目求高的心理。有的毕业生专业知识不扎实、能力不过硬,易产生自卑、冷漠、逃避就业等不良心理。

(3)就业心理准备不足

大学生围绕就业所做的准备,主要集中在知识、能力方面,重点放在笔试、面试环节,往往忽视了自身心理准备。有的毕业生对就业形势不了解,对就业盲目乐观。有的毕业生被形势吓倒,不敢选择有风险的职业,出现功利、从众等不良心理。有的毕业生对困难准备不足,遇到失败时,容易出现自卑、恐惧等心理问题。

(三)就业心理自我调适

1. 明确应具备的就业心理素质

毕业生应具备的良好的就业心理素质包括以下几方面:

自信是人对自身力量的一种确信,深信自己一定能做成某件事,实现所追求的目标。自信这种心理素质,对于人际交往、事业发展等都非常重要。对于毕业生来说,只有坚信自己能够从竞争中胜出,才能正常发挥自己的实力,充分展示自我。

自负是过高地估计自己,实际就是盲目自信。这是一种不成熟的心理。毕业生如果自信心超过一定的度,超越了个人实际,就发展成为自负。有这种心理的毕业生在就业竞争中会因对个人缺乏客观认识,容易遭受挫折和失败。

典型案例

应届财会专业毕业生小秦是一个性格开朗的女孩,始终保持灿烂的微笑,第一次求职就成功地应聘到一家事务所做财会人员。谈及面试经历时,小秦感触颇深。

面试是在一个下午,走进办公大厅,小秦看到很多人都紧张地走来走去。她镇定自若,一边观察周围的环境,一边慢慢地走向面试办公室,坐在门口的椅子上静静地等待,此时她的心情格外好。

进入面试室后,面试考官对其很客气。面试是一对一,双方的交流在一种自然、平和的状态下进行。小秦面对考官讲述了自己的学习情况、个人爱好、职业兴趣等,并针对招聘要求坦诚地讲了自己的不足:自己的实践能力欠缺,没有从事会计的经验,并且没有在事务所工作或实习的经历。经她的主动陈述以后,考官认为她具备了一个会计师需要的诚实品德,在一定程度上弥补了自己的不足。

整个面试过程,小秦始终保持微笑应对,以轻松的心情真诚自然地展示自己的才华和能力,优势和劣势,给主考官留下了深刻的印象,结果她顺利成为会计事务所的一员。

案例分析:大学生在面对就业竞争时,不可避免地会出现紧张、焦虑等心理。拥有自信,有助于大学生克服负面情绪,更好地展示自我。小秦的成功,说明了自信对于就业成功的重要性。

谦虚,是指虚心,不自满,不夸大自己的能力或价值。这是一种内在心态,又是外在的态度和行为。在就业竞争中,谦虚是一种积极的心态,有助于毕业生实事求是地展示自我,以真诚来打动主考官,从而取得成功。

自卑,是一种性格缺陷,表现为对自己的能力、品质评价过低,胆小,信心不足,同时伴有一些特殊的情绪体现,如害羞、内疚、不安等。具有自卑心理的人,会低估自己,觉得自己处处不如别人。过分的谦虚就会成为自卑。

在遭受挫折时,能否接受失败,承受压力,能否通过个人努力摆脱心理问题的影响和干扰,这就是心理承受能力。具有较强心理承受能力的毕业生,往往因为在个人成长过程中有遇挫经验,耐受挫折能力强。

良好心理素质最直接、最具体的体现就是心理自我调适能力。通过心理自我调适,来调整心态、控制情绪、缓解压力和解除困扰,从而使自己的心理状态保持一个正常水平。

就业过程中,毕业生的心路历程是跌宕起伏、曲折反复的。遇到心理问题时,能否进行自我心理调适就显得愈加重要。具有这种心理素质的毕业生可以通过个人努力,克服不良心理影响,以健康心理迎接新的挑战,最终实现自己的就业目标。

2.掌握自我心理调适方法

当自己出现心理问题时,不要过分紧张和害怕,可以尝试通过自我心理调适来进行排解。必要时,可以求助心理咨询专业人员,在其指导帮助下解决心理问题。以下是几种常用的自我心理调适的方法：

（1）自我暗示法

自我暗示法，是指通过主观想象某种特殊的人与事物的存在来进行自我刺激，达到改变行为和主观经验的目的。这也是较为常用的心理调适方法之一。一些性格较为内向、不愿意把内心苦闷倾诉给别人的毕业生可以采用此方法，通过积极地自我暗示，可以肯定自我，克服消极的心理状态，实现心理平衡。比如，可以大声说出来，或默念，或写出来："我是一个出类拔萃的求职者"、"我一定能找到适合自己的工作"、"天生我材必有用"等等。通过这种方法可以克服自卑，稳定情绪，舒缓压力，达到调整不良心境的目的。

（2）自我放松法

自我放松法，是通过肢体、意念的调控来实现放松的调适方法，可以帮助人们减轻或消除各种不良的身心反应。在就业过程中，当遇到面试、演讲等环节时，很多毕业生会出现紧张、焦虑等情绪，此时可以采用此方法进行调适。一是肌肉放松，基本方法是先局部后全部紧张躯干肌肉群，适时保持紧张，然后放松，主要是体验由紧张到放松的感觉。如：默数1、2、3、4、5，用力握紧拳头，坚持10秒，然后彻底放松双手，体验放松的感觉。二是意念放松，方法是：先稳定情绪，静下心来，闭上眼睛，排除杂念，把注意力集中到下丹田，用腹式呼吸法慢慢呼吸。吸气时，想象丹田处有一股气从腹部升到胸部，再升到头部；呼气时，想象这股气从头顶向后顺脖子、脊梁直回到丹田。反复几次，能达到消除紧张的效果。

（3）转移注意法

转移注意法，是指在出现心理问题不易控制时，可以采取迂回的办法，把自己的注意力、精力和情感转移到其他活动上去，从而达到排解内心苦难、烦躁，放松自己心情的目的。毕业生遇到挫折出现郁闷、痛苦、悲伤等消极心境时，可以转换注意力，去做自己喜欢做的事情，如参加体育锻炼、听音乐、看电影等活动。等消极情绪有所缓解时再冷静考虑自己的就业问题，这时的分析才会客观和理性。

（4）客观分析法

客观分析法，是指人在面对挫折和失败时，能理性、冷静地面对出现的问题，客观分析失败的原因，从而调整心态，实现心理平衡。就业过程中，难免会遇到挫折，或简历被退回，或笔试被刷掉，或面试被淘汰。出现此类问题时，一定要客观分析原因，是个人原因，还是用人单位的原因？是个人能力、素质的原因，还是就业目标偏高的原因？通过正确归因，找到解决问题的办法，情绪、心境自然就会调整到常态。

（5）自我安慰法

自我安慰法，也就是通过自我辩解，自我解脱。毕业生在遭遇挫折时，在个人用尽全力仍然无法改变结果，只能接受失败时，可以找一个自己可接受的理由，来为自己解脱，从而实现心理平衡。这种方法，就是鼓励毕业生要有"阿Q精神"，用自我安慰的方法，让自己能面对现实，接受失败，从而尽快走出心理困境。

（6）适度宣泄法

适度宣泄法，是指通过一定的行为或语言等方式，来减缓或释放心理压力。毕业生在心理压力过大时，为了实现心理减压，可以采取宣泄的方式来排解不良情绪。比较常见的有:一是倾诉。毕业生遇到挫折时,找自己的朋友、老师和家人倾诉苦闷,倾听者只要认真倾听并做出适当反应,就可以使毕业生的心理压力得到缓解;二是哭泣。毕业生在极度痛苦或过于悲痛时,痛痛快快哭上一场,会产生积极的心理反应,心理压力即可得到缓解;三是剧烈运动。毕业生心理不适,可以选择打篮球、长跑,直到筋疲力尽,心理也会得到放松。当然,宣泄必须适度,要注意场合、身份,不能对他人、自身及社会造成直接或间接的损害。

思 考 题

1. 当前关于大学毕业生就业的总政策是什么?
2. 大学生就业权益的主要内容有哪些?
3. 当前大学生就业中常见的心理问题有哪些?

第四章　大学毕业生就业程序

　　女生小张是一所某省属师范大学思想政治教育专业的毕业生,因为是女生,父母都是农民,故在大四上学期 12 月初,一所县级中学——自己的母校到学校招聘毕业生时,小张经过面试、试讲和到学校现场考察,顺利地与母校签订了就业协议书。这样,当其他毕业生还在为考研和找工作而奔波的时候,小张为自己在激烈的就业竞争中顺利地找到工作而暗自庆幸。

　　大四下学期开学初,小张所在的学校组织了大型的双向选择洽谈会,小张去招聘现场后心中的平衡被打破了。看到同宿舍的姐妹有的签到了高校,有的签到了大中城市,而自己却签到了一所县级中学。抱着试试看的态度,小张到一家市一中展位前进行应聘。经过面试、试讲等,顺利进入了签约程序。当用人单位要求小张带上就业协议书签约时,小张谎称就业协议书在家中需回去取为由,回原签约学校办理了违约手续。因为是母校,加之校主要领导是原来上高中时的班主任,违约手续办理得比较顺利。小张到学校就业指导服务中心按照规定办理了一份新的就业协议书,从而与市一中顺利地签约了。在签约过程中,小张和新单位市一中达成了协议,如一方违约,违约方须向另一方赔偿违约金 5 000 元整,并经双方签章同意,在备注栏中注明了详细的条款。

　　一个月后,一所职业技术学院的到来再一次打破了小张心中的平静。这所学校恰好需要小张所学的专业。看到招聘单位许诺的优厚待遇及招聘条件,小张再一次动心了。经过相应的招聘程序,用人单位决定录用小张,给小张两天的考虑时间,如愿意到单位工作,两天后带上就业协议书到学院签订协议书。这样,小张需要再一次办理违约手续。这次违约手续的办理没有小张想象得那么顺利。在两天的时间里,小张与父母一道频频奔波在职业技术学院和原签约单位之间。因市一中与小张事先有约,小张一下子不可能拿出这么多现金,而市一中也有自己的苦衷。招聘的“黄金季节”已过,市一中已将小张下学期所带班级的课程排上,如果现在再去重新招聘毕业生,难度相当大,双方就这样僵持了下来。经过近一个星期的奔波与努力,小张终于将钱筹齐与市一中办理了违约手续,等到小张兴冲冲地将再次办理的就业协议书拿到职业技术学院时,因已过了职业技术学院承诺的两天时间,职业技术学院已和其他的毕业生签订了协议书。

　　案例分析:上述案例虽是个案,但这种现象在大学生择业过程中却屡见不鲜。在当前大学生就业难的形势下,大学生在择业时,一定要详细了解就业手续办理程序,以期达到在择业过程和办理就业手续过程中少走弯路或不走弯路,从而找到理想工作的目的。

　　从上述案例可以看出大学毕业生在择业过程中了解就业手续办理流程的重要性。

本章详细介绍了大学生办理就业手续的流程。对大学毕业生来讲,正确认识就业形势,全面了解毕业生就业过程,了解就业手续办理的各项程序,把握好各个环节,扮演好自己的角色,十分重要且十分必要。毕业生在求职择业时,只有充分了解就业手续办理流程,才能在就业过程中取得主动权,达到顺利就业的目的。

第一节　毕业生就业管理部门

毕业生就业主管部门主要由各级政府部门和高校组成。教育部主管全国高校毕业生就业工作;各省、市、自治区和中央各部委负责本地区、本系统或本行业的毕业生就业工作;地(市)和县(区、市)负责本地区的毕业生接收和安排等就业工作;高校负责本校毕业生的就业管理和服务工作。

一、国家、省毕业生就业主管部门

(一)调查研究和政策制定

教育部根据中央和国务院的有关方针、政策,在对年度国民经济发展和重点建设工程以及人才需要情况进行调查研究的基础上,制定相应的政策,从而确定年度的就业工作意见。各省、自治区、直辖市、中央各部委按照教育部文件精神制定出本地区、本部门所属学校毕业生就业工作的具体意见,并召开专门会议,研究部署毕业生就业工作。省政府、省就业主管部门每年召开全省毕业生就业工作。

(二)资格审查和生源统计

毕业生资格审查工作首先在学校进行。一是将毕业生名单同原招生录取名册逐一核对,保证每个毕业生属于国家计划内统招学生;二是将毕业生名单与学籍表逐一核对,保证每个毕业生属于取得学籍的学生;三是将毕业生名单与每个学生的学业成绩进行核对,看是否修业期满,成绩合格,能否取得毕业资格;四是特殊毕业生问题,如转学、休学后复学、转专业等情况的毕业生进行专门整理和备注。按照上述四个步骤核对无误的情况下,学校就业主管部门将生源统计情况上报省级毕业生就业主管部门,由其复查、核实,作为编制毕业生就业方案的依据。省级就业主管部门最终汇总各高校的毕业生生源,上报至教育部,最终形成全国当年的毕业生人数。

(三)就业工作评估

近年来,随着社会主义市场经济体制的完善和高等教育大众化进程的推进,高校毕业生就业制度改革也在逐年深化,"自主择业"的高校毕业生就业制度已得到广泛的推行。在此背景下,开展高校毕业生就业工作评估,构建完善的高校毕业生就业工作评估制度势在必行。就业工作评估顺利开展,对高校如何做好毕业生就业指导与就业服务将起到极大的促进作用。因此,高校毕业生就业评估工作问题已经成为高校教育领域一项新的实践性很强的重要课题。为了进一步深化高校毕业生就业制度的改革,教育部出台了向社会公布各高校毕业生就业率的改革措施,把就业率作为一项衡量高校办学质量、学科设置、专业结构及毕业生竞争力的重要指标,并同其招生计划、新专业申报以及研究生教育等相挂钩。通过开展就业评估,达到"以评促建、以评促改、以评促管、评建结合、重在建设"的目的。

二、学校就业管理服务部门

(一)制定学校的相关毕业生就业政策和措施

高校作为毕业生就业工作的直接管理者和参与者,在毕业生就业工作中起着举足轻重的作用。一般来讲,国家、省关于大学生就业政策只是大方向,对大学毕业生普遍适用。而各高校可以根据自身的办学性质、专业设置,针对本校实际,将政策更加细化,这样也更加具有针对性和实效性。

(二)提供就业需求信息

各级毕业生就业工作部门以及学校主管毕业生就业工作部门通过各种渠道对毕业生的需求信息进行搜集,经过汇总、分析、分类,向毕业生发布。同时,举办不同类型、不同区域、形式多样的毕业生供需双向选择见面会,为毕业生提供多层次、全方位的就业需求信息。

(三)思想教育和政策指导

对毕业生进行思想教育和就业指导是毕业生就业工作的重要一环。学校承担着对毕业生进行思想教育和就业指导的主要任务。对毕业生进行思想教育和就业指导,重点是加强对毕业生在就业形势政策、素质培养、心理调适和求职技巧等方面的指导。

(四)创业教育和职业生涯规划教育

大学生创业教育不同于以往的适应性、守成性教育。创业教育是解决和应对大学生就业压力和挑战,提高大学生就业能力的一种有效手段。在大学生中开展创业教育,可帮助大学生转变就业观念,提高创业能力,从而增加其获得工作岗位、实现自我就业的机会。

大学生职业生涯规划,既是大学生应该树立的世界观,同时也是一种方法论。大学生职业生涯规划教育,除了帮助和引导大学生树立基本的职业生涯规划意识之外,还应引导他们掌握职业生涯规划的基本方法和步骤。大学生通过职业生涯规划的训练,能帮助大学生避免学习的盲目性和被动性,循着自己的理想,努力提高自己各方面的综合素质,构建合理的知识结构和能力结构,激发学习、实践的动力,不断为实现各阶段的目标而努力进取。

(五)就业网站的维护

学校就业管理服务部门要开发面向用人单位和本校学生的网站。学校的就业网站是学校为用人单位和毕业生搭建的平台。

(六)就业市场开拓

就业市场开拓的主要范围是校内就业市场,同时也可以建立校际合作就业市场,主要功能是为毕业生提供更为便捷的择业场所。就业市场的开拓主要有:就业市场的开拓和培育;就业基地的建设;各类招聘活动的组织、安排;组织毕业生调查和就业工作调研分析;开展就业市场调研,进行就业市场的动态分析和预测等。

(七)办理就业手续

毕业生的择业期为两年,自毕业生毕业当年的6月30日至两年后的6月30日。我们这里讲的办理就业手续指的是离校前和择业期内相关手续。各学校在完成全部教学计划后,一般在 6 月份,根据毕业生就业协议和毕业生生源名单,形成毕业生就业建议方案,报省毕业生就业工作主管部门办理就业报到手续。

第二节　就业协议书和劳动合同的签订

一、就业协议书的签订

全国普通高等学校毕业生就业协议书(简称就业协议书),是对毕业生、用人单位、培养学校均有约束力的文书契约。现行的就业协议书是由教育部高校学生司统一制表、省毕业生就业主管部门统一印制。按照《普通高等学校毕业生就业工作暂行规定》和教育部的有关规定,为维护毕业生就业工作的严肃性、公正性和公平性,就业协议书明确规定了毕业生、用人单位和培养学校三方在毕业生就业工作中的权利和义务。凡被用人单位正式录用的毕业生均需要签订就业协议书。凭就业协议书办理全国普通高等学校本专科毕业生就业报到证(简称就业报到证)。

(一)就业协议书的填写要求

1.毕业生基本信息

就业协议书要如实填写,其中毕业生情况及意见栏中的填写条目内容,填写时要注意以下要求:姓名以学籍档案上为准;专业名称应为所学专业的全称,不得简写,以免造成不必要的麻烦;应聘意见应简洁、明确,以 1～2 个岗位为宜,并签署个人姓名。

2.用人单位基本情况

(1)单位名称,要与单位公章一致,不能简写、误写或写别名。

(2)单位所有制性质及单位性质,用人单位要如实填写,以便于学校及时掌握毕业生签约流向。

(3)单位联系人和联系方式,包括单位法人代表或毕业生接收部门负责人以及有效的联系方式,以便于及时沟通。

(4)档案转递详细地址,用人单位要准确填写人事档案接收单位的全称和地址,用于学校转寄毕业生档案。无人事档案保管权的单位应填写委托保管单位的名称及详细地址。

(二)就业协议书的签订要求

1.使用就业主管部门统一印制的就业协议书

就业协议是一式三份,毕业生、用人单位和学校就业部门各一份。毕业生与用人单位如有其他约定,应在就业协议书"备注"栏中注明。"备注"栏内容视为就业协议的一部分。就业协议经各方签字盖章后生效,无正当理由不得单方面违约。若有一方提出变更或解除就业协议,需征得另外两方的同意。如果毕业生和用人单位事先约定有违约赔偿责任,则违约方要按照约定履行违约赔偿责任。

2.签订就业协议书必须合法

在毕业生和用人单位双向选择过程中,就业协议书的签订必须在国家就业方针、政策指导下进行。对不符合国家有关就业政策规定的签约行为,政府就业主管部门将不予以认可。

3.签订就业协议时的注意事项

(1)签订就业协议书时要通过正常渠道进行。其主要渠道是以就业洽谈会、招聘会为主的有形市场和以信息网络为主的无形市场。

(2)查明用人单位的主体资格。签订就业协议书的当事人必须具备合法的主体资格。一般而言,用人单位必须具有从事各项经营或管理活动的能力,单位应有录用指标和录用自主权。

(3)按规定的程序签订协议。毕业生凭学校发放的就业协议书,在与用人单位签约后,用人单位留存一份、毕业生自存一份,另一份交学校就业指导部门。

(4)有关条款的内容必须明确。毕业生与用人单位在签约时,尽量采用示范条款。如确有必要进行变更或增加,亦必须在内容上明确。

(5)注意与劳动合同上的衔接。由于毕业生就业协议书的签订在先,为了避免在日后订立劳动合同时产生纠纷,应尽可能将劳动合同的主要内容体现在就业协议的约定条款中,并明确表示在今后订立劳动合同时予以确认。

(6)对合同的解除条件做事先约定。毕业生就业协议书一经订立,就对当事人具有约束力,不得随意解除,否则应承担违约责任。

(三)就业协议协议书的管理及审核

1.就业协议书的管理

(1)在择业过程中,毕业生与用人单位达成需求意向后,均须签订由学校统一发放的就业协议书。

(2)就业协议书是办理就业报到证的依据,任何单位和个人不得复印、复制就业协议书。

(3)就业协议书不得挪用和转借,一经发现,所发放的就业协议书作废,并追究当事人的责任。

(4)就业协议书因污损或损坏不能正常使用时,毕业生可向所在院(系)提出申请并由学生工作负责人签署意见后,凭原就业协议书和申请到学校就业主管部门更换新的就业协议书。

(5)考取研究生的毕业生,如未签订就业协议,毕业生离校时必须将就业协议书一式三份交回就业主管部门。如已签订就业协议,办理相关手续。办理相关手续时须向学校就业主管部门递交用人单位的退函及就业协议书。

(6)毕业生和用人单位在就业协议书上签署意见并加盖公章后,应及时将就协议书上交学校就业指导服务部门。若因私自滞留就业协议书引发用人单位和毕业生之间纠纷的,由当事人承担责任。

2.就业协议书的审核

学校持已签订的就业协议书到省就业主管部门办理全国普通高校本专科毕业生就业报到证须对其进行审核,审核不合格的将无法办理就业报道手续。毕业生应认真了解有关要求,主要包括:

（1）毕业生回生源地自主择业，可不签订就业协议书，经申请后可直接办理。

（2）到省辖市管或区管单位就业的，需经省辖市毕业生就业主管部门（非师范类专业需经市人事局，师范类专业的经市教育局）盖章同意；到县或县以下单位就业的，只需经县毕业生就业主管部门的盖章同意。

（3）到省直、中央驻省单位就业的，须经主管部门盖章同意。其中进省直事业单位的须携带省人事部门核发的年度机关事业单位进人审核卡；中央驻省单位主管部门系指在省的主管部门；在省工商局注册的无主管企业接收毕业生，须经省毕业生就业办审核备案或到人事部门人才交流中心办理人事代理。

（4）在省外落实就业单位的，按照有关省、市（地）、县（区）毕业生就业主管部门的规定办理。原则上到省外各省区直或部属单位就业的，经省毕业生就业主管部门盖章同意；到市（地）以下单位就业的，经市（地）毕业生就业主管部门盖章同意；到直辖市单位就业的，须经直辖市就业主管部门同意。

（5）到在京中央单位就业的，须经国家人力资源和社会保障局同意；部分省、市（地）、县（区）特殊除外（可到相关省、市（地）、县（区）毕业生就业网站查询）。

就业协议书样式

备　注：

编号：

全国普通高等学校毕业生就业协议书

毕　业　生 ……………………

用人单位

学校名称 ……………………

教育部高校学生司制表

（四）报到证说明

1.报到证说明

报到证以前也称为"派遣证"，其全称为《全国普通高等学校本专科毕业生（毕业研究生）就业报到证》，由国家教育部授权地方毕业生就业主管部门审核签发（特殊情况可由国家教育部直接签发）。报到证是毕业生就业派遣的书面依据，是毕业生人事关系正式从学校转移到就业单位的证明。毕业生在签订完就业协议后，须经过学校就业主管服务部门到省毕业生就业主管部门办理就业报到证，用人单位凭就业报到证接收毕业生。

（1）报到证的作用

一是到接收单位报到的凭证，毕业生就业后的工龄由报到之日开始计算；二是证明持证的毕业生是纳入国家统一招生计划的普通全日制毕业生；三是接收单位凭就业报到证予以办理毕业生的接收手续和户口关系；四是人才服务机构存档的凭据。

报到证目前仍在中国人事管理体制中扮演着重要的角色，因此，毕业生们应注意保管好自己的报到证，不要丢失。毕业生如不慎遗失报到证，须及时向原毕业院校报告遗失过程，由学校报请省毕业生就业主管部门核准后予以办理新证。

报到证只能一人一份，由其他部门印制或签发的就业报到证无效。凡自行涂改、撕毁的就业报到证一律作废。

（2）报到证的形式和内容

一份报到证由正副两联组成：正联（本科生为蓝色，研究生为粉红色）由学校就业主管部门发放给学生个人，副联（白色，也叫通知书）连同档案由学校就业主管部门寄至报到证开具的用人单位或省市地县毕业生就业主管部门(如人事局或教育局)。

2.报到证签发说明

(1)回生源地就业

未签订就业协议的毕业生,可申请回生源地就业,报到证签发到生源所在地人社局(师范类毕业生签发到教育局)。

(2)非生源地就业

①提供用人单位盖章的协议书或接收函,且该单位能够帮助毕业生解决户口、人事关系,该生可直接签发到用人单位。

②到非生源地的单位就业,但该单位无法解决户口和档案等人事关系,按规定派遣到当地的毕业生就业主管部门。如生源地为郑州市的毕业生,郑州某电脑公司从事市场销售工作,但公司无法落实户口、人事等关系,则需郑州市人力资源和社会保障局同意接收,该毕业生的就业报到证将开至郑州市人力资源和社会保障局。

(3)到省直单位或中央驻省单位就业

到省直或中央驻省单位就业的毕业生,就业报到证上的接收部门为省直或中央在省主管部门。

(4)外省就业

到外省就业的毕业生,一般就业报到证开至地市一级的毕业生就业主管部门。(特殊情况根据该省、自治区、直辖市要求办理。)

(5)灵活就业

灵活就业指的是非全日制、临时性、劳务派遣、弹性工作等灵活形式的就业。灵活就业的毕业生,可被派遣回生源地,接收部门为生源地毕业生就业主管部门,也可实行人事代理。

(6)其他情况

①申请出国(出境)的毕业生:申请出国(出境)的毕业生,要在学校规定的期限内提出申请,学校可将其档案、户口关系转至生源所在地就业主管部门或人才中心托管。

②结业生:如果落实到就业单位的结业生,凭单位证明可签发就业报到证,但必须在就业报到证上注明"结业生"字样;择业期内无接收单位的,由学校将其档案、户籍转至家庭所在地,自谋职业。

③外籍学生(仅限外国国籍)、港澳台学生:这类学生不归属我国教育系统管理,但愿意留在我国大陆工作的,学校可根据国家有关规定提供必要的帮助。

报到证样式（以河南省为例）

全国普通高等学校本专科毕业生就业报到证

郑州市人力资源和社会保障局：

　　按照国家制定的 2013 年高等学校毕业生就业方案，现有 ×××大学（校）毕业生 张三 性别 男 到你处报到。

高校毕业生调配部门章

2013 年 7 月 1 日

专　　业	市场营销		
学　　历	本科生毕业	修业年限	4
报到地址	河南省郑州市		
档案材料	转		
报到期限	自 2013 年 7 月 1 日		
	至 2013 年 8 月 1 日		
备　　注			

（　豫教　）毕字第 ×××××××× 号

全国普通高等学校本专科毕业生就业通知书

郑州市人力资源和社会保障局：

　　按照国家制定的 2013 年高等学校毕业生就业方案，现有 ×××大学（校）毕业生 张三 性别 男 到你处报到。

（超过报到期限，如该生未去报到，请速通知学校，以便查明。）

高校毕业生调配部门章

2013 年 7 月 1 日

专　　业	市场营销		
学　　历	本科生毕业	修业年限	4
报到地址	河南省郑州市		
档案材料	转		
报到期限	自 2013 年 7 月 1 日		
	至 2013 年 8 月 1 日		
备　　注			

（　豫教　）毕字第 ×××××××× 号

（五）毕业生就业报到证办理须知

各地对毕业生就业报到证办理所需材料不尽相同，下面以河南省为例详细说明毕业生就业报到证的办理情况。

1.毕业生首次办理就业报到证需要材料

(1)学校毕业生就业主管部门上报的毕业生个人就业信息数据库;

(2)有具体接收单位的,须携带经上级主管部门盖章的《就业协议书》或接收函;

(3)没有接收单位的,可申请回生源所在地就业;到非生源地省辖市管或区管单位就业的,需经省辖市毕业生就业主管部门盖章同意;到县及县以下单位就业的,需经县毕业生就业主管部门盖章同意;

(4)直接到中央驻豫单位或省直单位的毕业生,须携带接收单位盖章同意的协议书或接收函;进省直事业单位的,携带河南省人事厅核发的《机关事业单位进人审核卡》。

2.毕业生二次办理就业报到证(改签)需要材料

(1)由学校就业主管部门上报的毕业生个人就业信息数据库;

(2)已经签发的就业报到证;

(3)已签订过就业协议的,需有原接收单位同意改签的证明;

(4)与新接收单位签订的《就业协议书》或接收函,请参照首次办理就业报到证所需材料中的(3)和(4)。

3.毕业生就业报到证遗失补办所需材料

(1)毕业证原件;

(2)毕业生个人申请;

(3)毕业学校就业主管部门的证明;

(4)单位证明;

(5)提供当年经生源地省级招生部门盖章审批的新生录取名册复印件并加盖学校公章。

4.超过择业期的毕业生就业报到证办理

毕业生改派需在择业期内办理,逾期不再办理改派手续。超过择业期的毕业生需按在职人员有关规定办理人事调动或直接到相关人才交流中心办理〔参照豫人才(2006)11号文件〕。

二、劳动合同的签订

(一)劳动合同的基本内容

根据《劳动合同法》的规定,劳动合同的内容可以分为两个部分:必备条款和普通条款。必备条款也叫法定条款,就是在劳动合同中必须具备的内容,不可缺少;法定条款又分为一般法定条款和特殊法定条款。

1.一般法定条款

一般法定条款包含七个方面的内容。

(1)劳动合同的期限。即合同开始的时间和结束的时间,如2009年3月20日被录用开始工作,工作时间为10个月,那么合同的期限一般规定为:本劳动合同从2009年3月20日生效,到2010年1月20日结束。

(2)工作内容。这条规定就业者在该单位做什么工作,如在装修公司做木工,那么合同中应该注明工作的内容是"木工",具体承担木制家具制作、装修工作和一些木工活等。

（3）劳动保护和劳动条件。如建筑工人应该发放安全帽,高空作业有哪些保护措施等。

（4）劳动报酬。如工资给多少,怎么算,什么时候发工资等。

（5）劳动纪律。如上班时间不得私自外出,如何请假等。

（6）劳动合同终止条件。如合同到期终止,或者就业单位出现破产停业等情况终止合同,或者就业者出现特殊情况要求终止合同等,以及终止合同时双方应该承担的责任。

（7）违反劳动合同的责任。这一条规定了签约双方的任何一方违反了合同中的规定应该怎么办等。

2. 特殊法定条款

由于某些劳动合同的特殊性,法律要求某一种或某几种劳动合同必须具备的条款。例如,中外合资经营企业和私营企业的劳动合同中应该包括工时和休假的条款。如果因为用人单位的原因签订了不完整的劳动合同,之后对就业者的权益造成了侵害,用人单位应该承担法律责任。

3. 补充条款

也叫做商定条框,可有可无,是双方当事人在签订合同时互相商定下的条款。补充条款是法律赋予双方当事人的自由权利,但是,补充条款的约定不能与国家的法律法规相抵触,不能危害国家、其他组织或个人的权益。

（二）签订劳动合同的基本原则

劳动合同是劳动者与用人单位确立劳动关系、明确双方权利和义务的协议。建立劳动关系应当订立劳动合同。《劳动合同法》规定,签订劳动合同要遵循平等、自愿、协商一致的原则,不违反法律和行政法规的规定。劳动合同依法订立即立即具有法律效力,当事人必须履行劳动合同规定的义务。

1. 平等原则

是指订立劳动合同的双方当事人法律地位平等。因此,毕业生应该依据《劳动合同法》的规定,理直气壮地要求与用人单位签订劳动合同。在合同上签字前要仔细阅读合同内容条款,对内容含混的条款要坚持改写清楚,对不合法的内容要据理力争,以维护自己的合法权益。

2. 自愿原则

是指劳动者要完全出于自己意愿签订劳动合同,用人单位不能强迫或欺骗劳动者签订劳动合同。

3. 协商一致原则

是指劳动合同的各项条款是经过平等协商取得一致的意见。

4. 合法原则

是指签订劳动合同的双方不得违反法律和行政法规的规定,也就是说,订立合同的主体和内容必须合法。

（三）签订劳动合同的重要作用

劳动合同是劳动者与用人单位确立劳动关系、明确双方权利和义务的协议,是劳动者与用人单位依据《劳动合同法》建立劳动关系的书面法律凭证。劳动合同也是稳定劳动关系、用人单位强化管理、劳动者保障自身权益、双方处理争议的重要依据。

《劳动合同法》规定,建立劳动关系都要签订劳动合同。签订劳动合同主要有以下三个方面的重要作用:

1.签订劳动合同可以强化用人单位和劳动者双方的守法意识

以劳动合同的形式明确劳动者和用人单位双方的权利和义务,双方之间就有了一个具有法律约束力的协议。在劳动过程中,用人单位依据劳动合同管理职工、行使权利和履行义务。

2.签订劳动合同可以有效地维护用人单位和劳动者双方的合法权益

劳动合同都要规定一定期限,在合同期限内,用人单位和劳动者都不能随意解除劳动合同。合同期满后,用人单位和劳动者可以就是否续签合同等重新进行协商,这就维护了用人单位和劳动者的求职灵活性。

3.签订劳动合同有利于及时处理劳动争议,维护劳动者的合法权益

如果没有签订合同,劳动者可能会在工资收入、工作时间长短、工作条件等方面与用人单位发生争议时,由于没有有效证据而遭受损失。

(四)签订劳动合同的注意事项

1.签订劳动合同前应熟悉相关法律

劳动合同是用来约束劳动者和用人单位行为以及处理纠纷的重要法律依据。劳动合同的每个环节,都需要劳动者有一定的法律常识,所以劳动者在签订劳动合同之前最好先了解一下都有哪些法律可以保护劳动者的合法权益。我国有关保护劳动者合法权益的的法律规定有很多,其中以《中华人民共和国劳动法》及劳动部《关于贯彻执行〈中华人民共和国劳动法〉若干问题的意见》的规定最为全面,是规定劳动关系的主要法律。此外,有关劳动合同的法规主要有劳动部《关于实行劳动合同制度若干问题的通知》、《违反和解除劳动合同的经济补偿办法》、《违反〈劳动法〉有关劳动合同规定的赔偿办法》等。

2.合同形式、内容要合法

一份具有法律效力的劳动合同,首先签订合同的程序应该符合法律规定,并且应当用书面的形式予以确认。合同至少一式两份,双方各持一份。劳动者应妥善保管自己的劳动合同。在劳动合同的内容上,劳动者一定要先确定自己签订的劳动合同是否具备产生法律效力的条件,包括:用人单位应是依法确立的劳动组织,能够依法支付工资、缴纳社会保险及提供劳动保护条件,并能承担相应的民事责任等。

典型案例

43岁的车女士18年前就到泸州市公交总公司从事售票工作,她对公司也寄予了深厚的感情,可是,刚刚发生的一件事却使她觉得这份感情打了折扣。

2003年11月20日上午,她在25路公交车售票时,因为失误,收了5张票的钱,却给了乘客4张票,被公司以"票务违纪"解除了劳动关系。她不服,就把企业告上了泸州市劳动争议仲裁委员会,得到的结果是:维持被诉人泸州市公共交通有限公司对申诉人车女士解除劳动合同关系的决定。

　　记者就此事走访了有关人士,他们的观点是:劳动合同的附件是不容忽视的。因为,在法律上,带有附件的劳动合同是被认可的。依照我国劳动政策相关规定,这些附件也可以作为劳动争议处理的有效证据。所以,劳动者在签订劳动合同时一定要认真研究这些附件。

　　在这一事件中,哪些是劳动合同的附件呢?

　　据记者了解,2002 年 1 月 6 日,车女士所在的公司改制后,企业经过职工代表会议审议,通过了泸州市公共交通有限公司《运营管理规定》(泸公交【2002】97 号文)。在其第六章中规定,售票员收钱不撕票或少撕票,收售废票(回笼票)、假票是侵占行为,一经查实,解除劳动关系。

　　车女士与泸州市公共交通有限公司签订的劳动合同(2003 年 9 月 5 日~2004 年 9 月 4 日)中明确规定:凡达到《劳动法》中规定解除劳动合同条款的,可依法提出解除劳动关系;同时,乙方违反甲方制定的规章制度中应解除劳动关系的条款的,甲方有权解除乙方的劳动合同。这里,泸州市公共交通有限公司《运营管理规定》就是车女士与企业签订劳动合同的附件。

　　可以看出,车女士没有认真研究劳动合同的具体约定,没有吃透劳动合同附件的精神。我国《劳动法》第 25 条明确规定,劳动者有下列情形之一的,用人单位可以解除劳动合同:严重违反劳动纪律或者用人单位规章制度的。

　　由此看出,劳动合同是劳动者与用人单位确立劳动关系、明确双方权利和义务的协议,一经签订就要履行,谁违约谁就要承担责任。即使是劳动合同的附件,也可以成为双方维权的有效证据。

3. 警惕合同陷阱

　　部分用人单位为了实现自己的利益最大化,千方百计地在劳动合同中设立各种陷阱,侵害劳动者的合法权益。主要包括:在合同中设立押金条款;准备了至少两份合同,一份是假合同,内容按照有关部门的要求签订,以对外应付有关部门的检查,但真正执行的是另一份合同等。

三、就业协议和劳动合同的共性与区别

(一)就业协议与劳动合同的共性

1. 合同的性质一致

　　毕业生与用人单位签订就业协议,毕业生就应该按照协议要求的时间去用人单位报到上班,用人单位要为毕业生安排相应的工作。从实质上说,这就是确定了一种劳动关系,确定这种劳动关系的依据就是就业协议,从这一点来看,就业协议和劳动合同的性质是一致的。

2. 当事人双方自愿下签订

　　无论就业协议,还是劳动合同,都是双方在平等协议、充分表达主观意愿的情况下签订的,双方对协议或者合同中订立的权利、义务都是完全认可的。无强制、胁迫等因素的影响。

3. 法律依据一致

　　由于就业协议是确立劳动关系的一种协议,具有与劳动合同相同的性质,因此,在订

立就业协议时,也应遵守《劳动合同法》中的有关规定,发生争议纠纷,应该依照《劳动合同法》有关规定加以解决。

(二)就业协议与劳动合同的区别

1.主体不同

就业协议适用于应届毕业生与用人单位、学校三方之间,学校是就业协议的签约方,就业协议对用人单位的性质没有明确规定,适用于任何单位;而劳动合同只适用于劳动者(含应届毕业生)与用人单位(不含公务员和比照实行公务员制度的组织和社会团体以及军人系统)之间,与学校无关。

2.内容不同

就业协议的主要内容涉及毕业生如实填写自己的情况,表达愿意到用人单位就业的意向,用人单位表示愿意接收毕业生,学校同意毕业生与用人单位意见,并列入就业方案。至于毕业生到用人单位后享有什么权利,应承担哪些义务,就业协议并未作出强制要求。劳动合同的内容涉及劳动期限、工作内容、劳动保护和劳动条件、劳动报酬、劳动纪律、劳动合同终止条件、违反劳动合同的责任等内容。由此可见,劳动合同的内容较就业协议的内容更为具体,更为齐全,双方权利义务表达更为明确。

3.时间不同

一般来说,就业协议签订在前,它是在毕业生就业之前签订的,而劳动合同是在毕业生到用人单位报到上班后才签订的。当然,也有用人单位要求在毕业生报到之前签订劳动合同的,但程序上也是先签订就业协议,再签订劳动合同。

4.目的不同

就业协议是毕业生和用人单位关于将来就业和招聘录用意向的初步约定,是双方的基本条件以及即将签订的劳动合同部分基本内容的大体认可。就业协议书一经毕业生、高校、用人单位主管部门签字盖章,即具有一定的法律效力,是编制毕业生就业方案和毕业生、用人单位将来双方签订劳动合同的依据。

5.适用法律不同

若对就业协议书发生争议,除协议书本身内容外,主要依据现在有的毕业生就业政策和法律对协议的一般规定来加以解决,尚没有专门的一部法律对毕业生就业协议加以调整。而劳动合同发生争议时,应依据《劳动合同法》来处理。

6.适用的人员不同

就业协议只适用于普通高校毕业生与用人单位、学校之间,而劳动合同适用于各类人员与单位之间。凡是中华人民共和国的公民,只要符合法律规定的条件,一经录用都可以与用人单位签订劳动合同。

第三节　离校、报到的程序

一、毕业生离校程序

(一)毕业生鉴定工作

毕业生鉴定是对毕业生在校期间德、智、体综合情况的一个总结,是毕业生质量的一个重要体现,是用人单位录用毕业生的重要依据。因此,毕业生鉴定至关重要,要切实做好这项工作。

1.毕业生应认真做好自我鉴定

自我鉴定是毕业生对自己在校期间的一次全面认识、评价和总结。那么,如何做好毕业离校前的自我评价呢?

(1)自我分析

在动笔之前,要认真、全面、客观地自我剖析,将自己在校期间品德思想、学习、工作和生活等方面进行认真总结,力求做到客观、全面、精准。在肯定成绩、总结经验的基础上进行自我认识和自我评价。

(2)他人分析

一般来说,一个人要达到客观地认识、评价自己,实属不易。为此,不妨多听听老师和同学的意见。同学之间几年的朝夕相处,情同手足,相互了解,临别之际,能讲出许多有益的肺腑之言。老师则从师生角度对所教的学生有所观察、了解和认识。注意吸取他人的意见,对写好自我鉴定无疑会更有帮助和启示。

(3)写实为主

有些毕业生进行自我鉴定时往往落入空话连篇的俗套,甚至优缺点都和别人差不多。这样的自我鉴定材料,用人单位看了毫无印象,甚至置之不理。所以,自我评定应该以写实为主的方式,简要而又具体地概括出自己的主要优缺点,坦率地写出自己的长处和缺点会显得你诚实可信。

(4)态度认真

有的毕业生对做好自我鉴定思想上不重视,态度上不认真,写出的自我鉴定材料马马虎虎、字迹潦草、文不成体。自我鉴定材料实际上就是很好的"自我推销广告"。凡是自我鉴定材料写得马马虎虎、字迹潦草,甚至错字连篇、语句不通者很难被录用。自我鉴定的内容代表了一个人的过去,而自我鉴定的态度则是预示着一个人的未来,希望每个毕业生都能以认真的态度对待自我鉴定。

2.学校对毕业生应给予实事求是、恰如其分的鉴定

学校在毕业生的个人鉴定的基础上,根据国家有关规定和要求,按照培养目标,组织同学、老师进行认真评议。既要充分肯定成绩,也要指出不足,提出努力方向,力求做到实事求是、恰如其分、准确无误。同时,要注意突出特点,切忌千篇一律。

(二)普通高校毕业生登记表的填写

《毕业生登记表》包括毕业生基本情况、个人总结、组织鉴定等内容,是毕业生综合情况的记载,是毕业生身份的重要标志,是毕业生档案的重要材料。因此毕业生要按照每个栏目的要求,用实事求是的态度认真填写。学校要仔细核实《毕业生登记表》的各项内容,要以对国家负责、对毕业生负责的态度严肃对待。

(三)毕业生离校手续的办理

办理离校手续一般要在毕业生离校前的一周内,按照各自学校的有关规定进行。一般来说,程序如下:

1.毕业生到所在院系领取毕业生离校通知单,认真填写自己的系别、专业、班级和姓名。

2.毕业生到学校的图书馆或图书资料室归还自己借阅的图书、报刊、资料等,并交还资料借阅证。如若将学校的图书、报刊、资料损坏或丢失,应该按照学校的有关规定予以赔偿。

3.毕业生到学校财务部门核对、结清自己应缴纳的一切费用。

4.毕业生到学校的总务后勤部门退还自己使用的坐凳等公共用品,归还体育器材等。若有损坏按学校规定予以赔偿。

5.毕业生到学校的党委组织部门或者团委办理自己的党团组织关系转移手续。

6.毕业生到学校的有关部门交还自己的学生证和校徽等有关证明学生身份的证件。

毕业生按照以上程序办理完手续,并且以上每个部门都加盖公章后,方可领取《就业报到证》。

(四)就业报到证的办理和领取

根据《普通高等学校毕业生就业工作暂行规定》,毕业生必须使用由省毕业生就业主管部门统一审核、打印、签发的由教育部统一印制的《全国普通高等学校毕业生就业报到证》;厅(局)和各省辖市所属普通中等专业学校毕业生到省辖市就业的,由厅(局)和各省辖市负责打印、签发由省教育厅印制的《××省普通中等专业学校毕业生就业报到证》(以下简称《毕业生就业报到证》)。用人单位凭《毕业生就业报到证》接收毕业生。公安部门凭《毕业生就业报到证》办理户口迁移手续。

1.毕业生就业手续一般由学校到省毕业生就业工作部门办理,采用集中办理和分期分批相结合的方式进行。毕业前联系到就业单位的,由学校集中到省毕业生就业主管部门办理,集中办理时间一般在6月份到8月底。在毕业后国家规定的择业期内,毕业生签订就业协议书交到学校,由学校定期到省就业主管部门办理。

2.到省直事业单位就业的毕业生,在办理就业手续时,同时应持省人事部门核发的《机关事业单位增人计划卡》。到省直非国有单位就业的毕业生,由省毕业生就业工作部门介绍到接收单位。需要实行人事代理的,由用人单位到省、市、县、人才交流中心办理相关手续。

3.从普通高等院校选调到乡镇机关的应届优秀大中专毕业生的就业手续,凭省委组织部省选调生录用通知办理;考取省直机关公务员的毕业生,凭接收单位证明和国家公务员录用手续办理。

4.每个毕业生办理完全部离校手续后,应根据学校规定的时间到学校毕业生就业主管部门领取《毕业生就业报到证》。

5. 毕业生领取《毕业报到证》后,到学校的有关部门领取户口迁移证,方可到用人单位报到。

6. 毕业时未落实就业单位的毕业生,可以将《毕业生就业报到证》直接开回生源地自主择业,也可以在国家规定的两年择业期内继续择业。择业期满仍未落实就业单位的,可将《毕业生就业报到证》开回生源所在地自主择业。

(五)特殊情况处理

1. 结业生

结业生通常是指在校期间未按学校规定完成制定课程学分,不能取得毕业资格,只能由学校发给结业证的学生。《普通高等学校毕业生就业工作暂行规定》中规定:结业生可由学校推荐或个人自荐,落实了工作单位的可以办理就业报到证手续,但必须在《毕业生就业报到证》备注栏上注明"结业生"字样;在规定时间内无接收单位的,由学校将其档案、户籍关系转至家庭所在地政府人事部门的人才交流中心,自谋职业。

2. 肄业生

肄业生是指具有正式学籍的学生未完成教学计划规定的课程而中途退学者(被开除学籍除外)。肄业生由学校发给肄业证或学业证明,但不具备办理《毕业生就业报到证》资格。从学校准退学之日起,学生办理离校手续,其户籍关系等转回入校前户籍所在地。

3. 提前完成学分的优秀学生

在实行学分制的学校,少数学生在读完规定的学分后,提出申请,经学校有关部门审核后,报省毕业生就业工作部门批准,列入当年毕业生就业计划。

4. 报考研究生的毕业生

由于全国研究生录取通知、录取时间不一致,有些晚于全国高等院校毕业生第一批办理就业报到时间。因此,要求报考研究生未确定是否被录取的学生,与其他毕业生一样办理就业报到手续。学校推荐或毕业生应聘时,应向用人单位说明已报考研究生。若被录取为研究生,已纳入研究生招生计划,应通知用人单位,应将已办理的《毕业生就业报到证》退还给毕业生就业工作部门。若未被录取,毕业生到该单位工作。

二、毕业生报到程序

(一)毕业生到用人单位报到有关规定

根据《普通高等学校毕业生就业工作暂行规定》,国家对毕业生到用人单位报到规定如下:

1. 毕业生持《毕业生就业报到证》到用人单位报到,用人单位凭《毕业生就业报到证》予以办理接收手续和户籍关系。

2. 毕业生报到后,用人单位应根据工作需要和毕业生所学专业及时安排工作岗位。

(二)毕业生到用人单位报到注意事项

1. 离校前,毕业生应检查离校手续是否办理完毕。首先,要看报到证、户籍关系、党团组织关系、毕业证书、学位证书是否已领取(有些学校将这些证件随档案发到用人单位,让毕业生到用人单位领取);其次,要认真核查这些材料、证件上的姓名、性别等栏目填写准确无误后,方可离校,以免给报到时带来不便。

2. 报到途中一定要注意保管好自己的行李物品,尤其是上述证件,一旦丢失,将带来许多麻烦。

3. 毕业生应按《毕业生就业报到证》上开具的报到地点、单位,在报到期限内前去报到。确因特殊原因不能去报到者,要主动向用人单位发函说明并请假。

4. 报到后,按用人单位的规定,一般要经过一段适应期考察,签订劳动合同,即已成为该单位的正式职工。毕业生应按其规章制度严格要求自己,服从组织安排。

(三)对用人单位拒绝接收的处理办法

在毕业生到用人单位报到过程中,有个别毕业生可能遇到用人单位拒绝接收的情况,这时切忌急躁,应该详细询问用人单位拒绝接收的原因。

如果因为报到时给用人单位提出一些过分的要求,引起了用人单位的反感和不满,或者言行失当引起用人单位不快,就应该主动承认错误,进行自我批评,以取得用人单位的谅解。

如果是用人单位将要被撤销、合并等,则要其解释并请单位与上级主管部门取得联系,以求妥善解决问题的办法。

总之,毕业生在遇到上述情况时,应持冷静、耐心的态度,力求取得用人单位的理解和支持。因为无论用人单位以何种原因将毕业生退回学校重新办理就业报到手续,对毕业生个人来说都是一件不愉快的事情。

如果经过努力,用人单位仍拒绝接收时,不宜与对方争吵。因为争吵无助于问题的解决,甚至会把本来可以解决的问题复杂化。这时应主动与学校毕业就业工作部门联系,说明情况,请学校出面交涉。

三、毕业生户籍关系的迁转

(一)择业期内落实就业单位的毕业生

毕业生在毕业时已落实就业单位且已办理就业报到证者,如毕业生户籍关系已转到就读学校所在的城市,由学校或毕业生本人到学校所在地公安机关办理户籍关系迁出手续;如毕业生在入学时未迁转户籍关系,由毕业生本人持就业报到证到入学前户籍关系所在公安机关办理户籍迁转手续。户籍关系迁转完毕后,由毕业生携带着相关资料到就业单位所在地公安机关办理入户手续。

(二)未落实就业单位的毕业生

可以将户口暂存于学校或生源地继续择业,其间落实就业单位的可随时办理迁转手续。择业期满仍未落实就业单位的,由学校或本人将户籍关系转至生源所在地县(市)人事部门。

办理人事代理的,户籍关系迁至人事代理部门。

毕业生改派需在择业期内办理,逾期不再办理改派手续。超过择业期的毕业生需按在职人员有关规定办理人事调动或者直接到相关人才交流中心办理,户籍关系随转。

四、毕业生学籍档案的转递

(一)学籍档案的整理

在毕业生毕业前,由学校统一整理毕业生学籍档案,为转移档案做好充分准备。毕业生学籍档案的主要包括：

1. 学生登记表

2. 选拔、报送学生登记表

3. 毕业生登记表

4. 毕业生就业通知书

5. 入党(团)材料

6. 奖学金登记表

7. 在校期间奖励、表彰及惩罚处分

8. 军训鉴定表

9. 新生入学体检表和毕业体检表

10. 在校期间辅修课成绩表

11. 在校期间成绩表

12. 学年鉴定表

13. 参与社会实践登记表

14. 中考或高考成绩单

15. 学生在校期间参加社会实践活动的证明书

16. 毕业研究生档案中需要有研究生毕业登记表、研究生学籍和在校成绩表、研究生学位申请表、研究生毕业论文评阅意见和体检表

17. 出席团代会、党代会登记表

18. 其他可提供组织参考的有保存价值的材料

(二)毕业生学籍档案的转递

对于毕业时联系到就业单位的毕业生,其档案应在毕业生就业手续办理后 15 日内,由学校负责将毕业生档案寄送到接收单位。

根据国家大中专毕业生就业工作的有关政策规定,在规定的择业期内,学校可以根据毕业生申请将档案存放在学校,学校不得收取任何费用。如违反规定,要追究有关责任人的责任。择业期内就业的,学校根据毕业生就业情况将档案发往其就业单位人事部门;对超过择业期仍没有落实就业单位,户口仍留在学校的,由学生将户口和档案转往其生源地人事部门人才交流中心。

(三)学籍档案的转递注意事项

1. 档案材料的转递必须经过机要交通或者派专人送取,原则上不准自带。

2. 转出毕业生档案时学校要再次审核,必须保证完整齐全,不得扣留材料或分批转出。

3. 转递毕业生档案必须按"学生档案转递通知单"的项目详细登记,严密包封。

4. 在转递过程中,对违反规定,涂改、伪造毕业生档案材料的要追究责任,严肃查处。

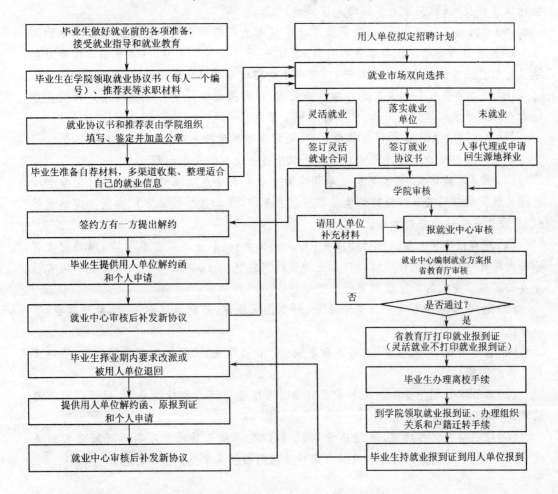

毕业生就业的一般程序（图）

1. 省外院校毕业生办理就业报到手续须知

以河南省为例,根据《河南省大中专毕业生就业指导工作领导小组办公室关于2008年接收河南省外院校毕业生有关问题的函》的规定,需要到河南省就业或回原籍落户的大中专毕业生,必须先到河南省大中专毕业生就业指导工作领导小组办公室(简称"河南省就业办")审核有关材料,合格后才能办理就业报到手续。

所需材料:

(1)《毕业证书》原件。

(2)《户口迁移证》原件(落过户的,携带落户后的户口本原件)。

(3)专科以上学历毕业生需持由教育部印制并由各省、自治区、直辖市毕业生就业主管部门签发到河南省就业的《全国普通高等学校毕业生就业报到证》或《全国毕业研究生就业报到证》,省外中专毕业生须持各省、自治区、直辖市毕业生就业主管部门印制并签发的《普通中专毕业生就业报到证》原件。

(4)有具体接收单位的,还需携带经接收单位主管部门盖章同意的协议书;没有接收单位的,可申请回生源所在地就业;直接到中央驻豫单位或省直单位的毕业生,需携带接收单位盖章同意的协议书办理报到手续(进省直事业单位的,携带河南省人力资源和社会保障厅核发的《机关事业单位增人审核卡》)。

(5)非河南省生源毕业生,还需携带当年经考生所在地省级招生部门审批盖章的入学年《XX省普通高等学校新生录取名册》复印件,并加盖学校公章。(新生录取名册可在毕业生所在院校招生办或档案馆查找,或考生所在地省级招生部门查找。)

(6)在省外参加专升本考试的本科毕业生,还需携带院校所在地省级招生部门盖章的专升本新生录取名册复印件,并加盖学校公章。

(7)在外省参加高考的河南籍毕业生,还需携带高考前户籍迁到外省的证明。

2.省外院校毕业生在办理就业报到手续中可能出现的几个问题

(1)保送生或体育、艺术类院校单招毕业生。此类毕业生须持当年入学时由考生所在地省级招生部门盖章审批的新生录取审批表复印件(加盖学校公章),由我办审核通过后,办理毕业生就业报到手续。

(2)对口招生毕业生。此类毕业生(包括技工学校、职业中等专业学校)须持河南省招办同意此院校在河南省进行对口招生的审批文件复印件,以及当年入学时由河南省招生办公室盖章审批的新生录取审批表复印件。

(3)定向、委培毕业生。此类毕业生,根据国家规定,应到原定向、委培单位就业,不办理改派手续。

(4)自学考试、成人教育、网络教育毕业生。此类毕业生,根据国家政策规定,不办理就业报到手续。

(5)非国家计划毕业生。凡入学没有通过省级招生部门审批的学生,根据国家有关政策,不办理就业报到手续。

(6)按照有关文件规定,超过择业期(2年)的,河南省就业办不再办理就业报到手续,有关就业手续到相关的各级政府人事行政部门所属人才交流中心办理。

第四节　人事代理

人事代理是市场经济发展中所产生的一种新型人事管理制度。具体是指政府人事部门所属的人才服务机构接收单位或个人委托,依据法律、法规,运用社会化服务的方式,对人事业务实行代理,解决人事管理方面所遇到的问题。毕业生人事档案代理是指国家本着充分尊重毕业生自主择业的原则,高效、公正、负责地为各类高校毕业生解决在社会主义市场经济条件下所遇到的人事档案管理方面的有关事宜。它是一种新型的人事档案管理方式。它的实行。对深化我国人事制度改革,实现人才社会化管理和服务具有重要意义。

一、人事代理的功能

(一)保护人才的合法权益

我国正处于经济体制改革的转型时期,经济发展迅速,人才在不同体制单位中频繁流动。而在不同的体制单位中,其人事劳动政策却有着显著的区别。人事代理业务对人才流动中心的档案保存、工龄的连续计算、社会保险的接续、职称问题都能起到很好的衔接功能,使个人在流动后的合法权益得到有效的保护,实现了单位人向社会人的转化。

(二)企业与政府的衔接桥梁

人事代理业务是政府劳动人事管理职能的延伸,一方面可将政府在劳动人事管理上的政策和规定向企业传达和解释,让企业更快捷地了解政府劳动人事政策;另一方面企业在人事管理中需要面对人事、劳动、公安、教育等多个政府部门,而人事代理业务可以集中企业的各种需要,通过各个处理平台和专门的渠道为企业对口办理各项业务,让企业享受一站式服务。

(三)帮助企业从繁琐的事务中解脱出来

人事代理业务实现了企业人力资源管理中事务的社会化,是市场经济条件下新型劳动分工的一种体现。企业把档案、社保、职称、办理招用工手续、人才引进等具体事务外包给人事代理的专业机构代理,从具体繁琐的人事管理事务中解脱出来,全身心投入到企业经营和发展战略规划中去。同时减少了人事机构设置和人员成本,使企业整合利用外部最优秀的专业化资源来达到降低成本、提高效率、增强核心竞争力和对环境的应变能力。

(四)提升员工的满意度和忠诚度

企业实行人事代理,员工可以充分地享受到社会保障、人事管理方面的政策。同时,人事代理机构可以为员工迅速办理各项与其息息相关的福利及劳动人事事务。个人的后顾之忧能够得到解决,员工能和睦相处、专注工作,对企业的满意度和忠诚度就会不断地得到提升,有助于企业塑造良好的企业文化。

二、人事代理的对象及形式

中共中央组织部、人事部关于《流动人员人事档案管理暂行规定》(人发〔1996〕118号)明确规定,下列流动人员的人事档案必须由县以上(含县)党委组织部门和政府人事行政部门所属的人才流动服务机构管理,其他任何单位不得擅自管理流动人员的人事档案。

第一,辞职或被辞退的机关工作人员,企事业单位专业技术人员和管理人员的人事档案;

第二,与用人单位解除劳动合同或聘用合同的专业技术人员和管理人员的人事档案;

第三,待业的大中专毕业生人事档案;

第四,自费出国留学人员的人事档案;

第五,外商投资企业、乡镇企业、区街企业、民营企业、私营企业等非国有企业聘用的专业技术人员和管理人员的人事档案;

第六,外国企业常驻代表机构的中方雇员的人事档案;

第七,其他流动人员的人事档案。

除国家规定的上述七种类型流动人员外,下列情况也予以代理:

第一，被单位除名和自动离职者；

第二，国家规定以外的单位委托代理；

第三，以管理、技术人员为主体的代理单位的职工；

第四，异地代理。

三、人事代理内容

根据目前的人事代理政策，毕业生办理人事代理可以解决以下几个方面的问题：

1. 本人档案的保管、转移；户籍关系的挂靠；党、团组织关系的挂靠、接转。

2. 代办养老保险、医疗保险和社会保险项目。

3. 见习期满后转正、定级、专业技术职务资格评审。

4. 出具因公、因私出国、出境等政审材料。

5. 代理期间工龄连续计算，负责档案工资的核定调整。

6. 为毕业生办理改签手续。

7. 对未找到就业单位的毕业生，人才服务中心可以为其办理求职登记并提供就业岗位。

8. 办理人事代理后，不论流动到任何单位，其工龄、身份、职称、社会保险、档案等方面，都由人才交流服务机构提供配套服务。

四、人事代理的程序

根据毕业生的不同情况，毕业生人事代理手续办理程序也有所不同，具体程序分别是：

（一）择业期内已联系到接收单位的毕业生

凭接收单位签章的就业协议书到省、市人才中心，由省、市人才中心审核后签署人事代理意见；毕业生将就业协议书送交所在学校，由学校统一到有关部门办理就业报到证、户口迁移证，并将毕业生档案转交省、市人才中心；毕业生持就业报到证、户口迁移证、身份证等到接收单位办理户口迁入手续，接收单位无集体户口的，可直接落入省、市人才中心集体户口。

（二）择业期内暂未联系到接收单位或准备复习考研的大专以上毕业生

持就业协议书到省、市人才中心，由省、市人才中心审核签署人事代理意见（学校也可以集中为毕业生办理人事代理手续）；毕业生将就业协议书交给所在学校，由学校统一到有关部门办理就业报到证、户口迁移证，并将其档案转交省、市人才中心；毕业生持就业报到证、户口迁移证、身份证等材料到省、市人才中心报到，签订人事档案管理合同，户籍落入省、市人才中心。

（三）择业期内已就业，按要求到省、市人才中心实行人事代理的毕业生和由省外院校到本省二次择业的毕业生

持就业报到证（改签的还须提供原接收单位或省辖市人事部门统一改签的证明）到省、市人才中心，由省、市人才中心出具接收函；凭省、市人才中心的接收函和原就业报到证直接到省毕业生就业办办理改签手续，并凭新的就业报到证将毕业生档案转交省、市

人才中心;持新的就业报到证、户口迁移证、身份证等材料到省、市人才中心报到,签订人事档案管理合同,户口迁入省、市人才中心集体户口。

五、人事代理应该注意的事项

人事代理是一项非常重要的档案管理托管方式,其中有许多细节问题需要在进行毕业生档案人事代理的时候注意:

第一,不是任何一个职业介绍机构都能够从事人事代理事务,只有政府人事部门批准的人才交流服务中心才能够从事人事代理事务。所以,在选择人事代理机构时一定要看该机构是否具备人事代理资格。

第二,是否需要人事代理还要看用人单位是不是人事代理单位,需不需要人事代理。

第三,根据就业的方式和途径,应按照人才交流服务中心的要求办理有关手续。

第四,在与人才交流服务中心签订代理协议后,要严格按照协议条款执行,同时要用好代理政策,保障自己的合法权益。

第五,主动并及时与人才交流服务中心沟通信息,保证信息畅通。

典型案例

某证券公司进行改制,委托省人才交流服务中心为其员工计算工龄,用于买断职工工龄,为改制做准备。中心人事代理部工作人员在清理其公司员工档案并计算工龄的时候发现,该公司员工有的档案居然还是学生档案(即毕业后没有办理参加工作手续或没有就业报到证的档案)。根据政策规定,这类员工不算参加工作,亦即是没有工龄。造成这样结果的原因是一些学生在毕业时认为这个社会只要有本事、能力,就不受人事关系的束缚。因此,毕业后没有重视自己的档案,有些将档案放在学校一直到单位要求将档案找出来计算工龄时才想起档案没有托管;另有一部分人员参加工作后跳槽,并且将档案放在家里,自行保管了好几年,也是公司要求才想起来托管。而现在来办理代理手续,想弥补几年的工龄,为时已晚了,给自己造成了本可以避免的损失。

【政策提示】

除县以上(含县)党委组织部门和政府人事行政部门人才交流服务机构外,其他任何单位及社会职业中介组织均不得保管流动人员的人事档案,并明确规定,严禁个人保管本人或他人的人事档案。

离开原单位的大中专毕业生,在一年之内,要及时将新进入单位的相关证明材料存入本人档案,否则不再保留其干部身份,不再连续计算工龄。

典型案例

"同志,我想申报中级职称,不知道如何办理?"在人事代理部的柜台前,一位中年男子向工作人员咨询。

"请问您是什么学历,什么专业,哪年毕业的,取得初级职称了吗?"

面对工作人员一连串的问题,该男子纳闷了半天,最后才吞吞吐吐地说:"我是本科学历,1997年毕业的,还没取得过什么职称,现在我能申报中级吗?"

"当然不能，"工作人员委婉地说，"从你的情况看，你都还没有办理转正定级，怎么能申报中级呢?"

听完工作人员的解释，该男子懊悔不已，唉声叹气地说都怪当初太过轻率，不重视档案托管。

据了解，该男子毕业后曾在一个国企工作，但那时适逢大学生南下创业的热潮，他也像许许多多的年轻人一样，在原单位工作不到一年便辞职。由于新单位不对档案做任何要求，而且他认为档案转接比较麻烦，所以几年来一直对档案置之不理。可是去年他发觉，许多有职称的同事的工资待遇比他好，才萌生了申报职称的念头。

【政策提示】

本科毕业生见习满一年后就可办理"助师"级职称，四年后就可以申报中级职称；大专毕业生见习满一年后办理"员"级职称，或再从事专业技术工作两年后可直接办理"助师"级职称；中专毕业生见习满一年后可办理"员"级职称。

第五节　毕业生常见问题的处理

一、就业报到证的改签程序

毕业生已落实就业单位且办理就业手续后，原则上不得改签。如因特殊情况、确需改签就业报到证的，在择业期内，可以申请改签。超过择业期，不得办理就业报道证的改签。改签就业报到证须提供以下材料：

原接收单位同意解除协议的证明；

与新接收单位签订的就业协议书或接收函；

原就业报到证。

省内普通高等学校毕业生改签到省辖市、省直(含省直非国有单位)、部属单位和省外的，由省毕业生就业主管部门负责办理改签手续；在省辖市范围内改签的，由省辖市毕业生就业主管部门负责办理改签手续。

二、就业报到证的丢失补办程序

1. 补办所需的材料

毕业生就业报到证不慎遗失的，须由毕业生本人提出补办申请，同时由毕业生就业单位出具"遗失证明"。注意：因用人单位不慎遗失的，须用人单位出具"遗失证明"；因毕业生本人不慎遗失的，由个人提出申请，不需要用人单位开具"遗失证明"。

2. 补办程序

毕业生凭补办申请或就业单位的遗失证明，到学校就业指导服务部门办理。

3. 补办期限

在择业期内，由学校统一到省就业办办理，重新补发新证，并在备注栏内注明"遗失补证"；超过择业期的，省就业办不再补发新证，只开具遗失证明。

三、毕业证书丢失补办程序

按照国家规定,高校毕业生毕业证书遗失后,可以申请补办学历证明书,不能补发毕业证书。学历证明书具有毕业证书同等效力,出国使用者可由公证处公证。补办学历证明书一般应遵循下列程序:

第一,毕业证书丢失后,应登报声明原毕业证书作废,并向毕业学校申请补办,写出书面材料,写清自己的入学时间和毕业时间,以及所学专业、年龄、性别和现工作单位等;

第二,毕业学校对其情况核查无误后,将上述材料和录取审批表等一同报省教育主管部门申请补办学历证明书;

第三,省教育主管部门对其情况核准后,可补发学历证明书;

第四,由原毕业学校具体办理并加盖公章。

四、户籍关系遗失

第一,本人写出书面申请,写清证件丢失原因,证件迁出和迁往的地点及编号,申请补办;

第二,由迁往所在地乡镇户籍关系管理部门及县以上户籍关系管理部门出具未入户的证明;

第三,到学校户籍关系管理部门申请补办,并填写户籍关系补发审批表;

第四,由户籍关系迁出部门依据迁出原始材料,核对无误,给予审批补发,并在补发证件上注明原号码的证件作废。

五、学籍档案丢失

第一,本人提交书面申请;

第二,出示毕业证书原件及单位介绍信;

第三,到校招生部门复印录取花名册并加盖招生办公章;

第四,到校教务部门办理学籍材料手续并加盖学籍管理章;

第五,到校就业指导服务部门领取高等学校毕业生登记表并办理相关手续;

第六,到毕业时所在院系办理有关材料等。以上手续办理完毕后,由校档案管理部门密封后按规定转递到毕业生所在就业单位。

思　考　题

1. 大学生如何签订就业协议书?

2. 什么是人事代理? 人事代理的功能和内容有哪些?

3. 签订劳动合同的原则是什么? 签订劳动合同时应注意哪些事项?

第五章 成功实现角色转变

第一节 职场蘑菇期

心态的调整对于每个用人单位的初入者,尤其是对于那些象牙塔里走出来的大学生们来说非常重要。现在有许多刚大学毕业的新人,放不下大学生或研究生身份,委屈地做些不愿做的小事情,如端茶倒水、收发传真、跑腿送送报纸,他们忍受不了做这种平凡或平庸的工作,从而态度消极,甚至想跳槽。这也就是现代年轻人所流露出的眼高手低的陋习。

象牙塔中的天之骄子,满怀理想抱负,对未来充满信心,但"一屋不扫,何以扫天下",连小事都不愿意做,怎么能成就大事业呢?"不经历风雨怎么见彩虹,没有人能随随便便成功",想一口吃成大胖子更是不切实际。新人需要像"蘑菇"一样在恶劣的环境中锻炼自己。

一、蘑菇定律

蘑菇期的说法来源于"蘑菇定律"。什么是"蘑菇定律"呢?蘑菇定律本意是20世纪70年代由国外的一批年轻电脑程序员总结出来的。它的原意是:长在阴暗角落的蘑菇因为得不到阳光又没有肥料,常面临着自生自灭的状况。只有长到足够高、足够壮的时候,才被人们关注。

蘑菇定律通常是指初入世者常常会被置于阴暗的角落,不受重视或打杂跑腿,就像蘑菇培育一样还要被浇上大粪,接受各种无端的批评、指责、代人受过,得不到必要的指导和提携,处于自生自灭过程中。蘑菇生长必须经历这样一个过程,人的成长也肯定会经历这样一个过程。这就是蘑菇定律,或叫萌发定律。

管理中的蘑菇定律是指:一个组织,一般对新进的人员都是一视同仁,从起薪到工作都不会有大的差别。无论你是多么优秀的人才,在刚开始的时候,都只能从最简单的事情做起。"蘑菇"的经历,对于成长中的年轻人来说,就像蚕茧,是羽化前必须经历的一步。所以,如何高效率地走过生命的这一段,从中尽可能汲取经验,成熟起来,并树立良好的值得信赖的个人形象,是每个刚入社会的年轻人必须面对的课题。

古人云:"吃得苦中苦,方为人上人"、"天将降大任于斯人,必先苦其心志,劳其筋骨、饿其体肤"。吃苦受难并非是坏事,特别是刚走向社会步入工作岗位,当上几天"蘑菇",能够消除很多不切实际的幻想,也能够对形形色色的人与事物有更深的了解,为今后的发展打下坚实的基础。"蘑菇"经历对于成长中的年轻人来说犹如破茧成蝶,如果承受不起这些磨难,就永远不会成为展翅的蝴蝶,所以平和地走过生命的这一"蘑菇"阶段能够汲取经验,尽快成熟起来。当然,如果当"蘑菇"时间过长,有可能成为众人眼中的无能者,自己也会渐渐认同这个角色。

从该定律的意义可见,我们关注磨菇的生存环境,适当给予关怀,不要过分施压,才能让其有良好的成长空间。

初入职场的大学生,刚从象牙塔中走出来,踌躇满志,期望干出一番事业。但是当人职之后遭遇"蘑菇定律",就感觉才能被埋没,许多职场新人抱怨"吃的是杂粮、干的是杂活、做的是杂人",因此很容易产生跳槽的想法。但是当你蜻蜓点水似的换过几次工作之后才发现"天下乌鸦一般黑",这种问题几乎到哪里都存在。就在你牢骚满腹、感觉怀才不遇,或者是频繁跳槽的时候,一两年很快就过去了,你一点也没有改变,仍然在原地踏步、继续打杂,而与你一起来的可能早已青云直上。就算比你迟来一年的学弟学妹们,也可能已经被安排在重要岗位上,而你之后的职业生涯呢,很可能是一步跟不上,步步跟不上。

蘑菇管理定律的意义与思考:

首先,"蘑菇管理"是一种较为普遍的社会现象。我国古代的学徒工,在刚开始学徒的时候,就是如此:师傅并不马上教你什么,只是安排学徒工做一些跑堂之类的杂事,不管学徒喜不喜欢,都必须做,而且必须做好。徒弟没有选择的权利,如果做不好杂事,也就没有了学徒的资格。现在虽然大多数行业已经没有学徒制度了,但是,"蘑菇管理定律"却还在许多单位根深蒂固地存在着,大部分"初出茅庐"的年轻人都有过一段被"蘑菇管理"的经历。

其次,"蘑菇管理"有一定的积极意义。许多初出茅庐的年轻人刚到一个新单位,对工作、对业务、对人事、对环境都不熟悉,不太可能马上胜任重要工作(个别优秀者除外)。这时候,经历一段"蘑菇管理"无论对单位还是对个人都是有意义的。对单位来说,不会因为初学者对业务的不熟练而给企业带来损失。对个人来说,正是积累经验、熟悉工作、历练和成长的好机会。但是,作为刚刚走出大学校门,雄心勃勃的大学毕业生来说,应该如何对待"蘑菇管理",这是一个值得思考的问题。

案例一

卡莉·费奥丽娜从打杂到惠普CEO

卡莉·费奥丽娜从斯坦福大学法学院毕业后,第一份工作是在一家地产经纪公司做接线员,她每天的工作就是接电话、打字、复印、整理文件。尽管父母和朋友都表示支持她的选择,但很明显这并不是一个斯坦福毕业生应有的本分。她毫无怨言,在简单的工作中积极学习。一次偶然的机会,几个经纪人问她是否还愿意干点别的,于是她得到了一次撰写文稿的机会,就是这一次,她的人生从此改变了。这位卡莉·费奥丽娜就是惠普公司前CEO,被尊称为世界第一女CEO。一个组织,一般对新进人员都一视同仁,无论你是多么优秀的人才,都只能从最简单的事情做起。"蘑菇"的经历,对于成长中的年轻人来说,就像蚕茧,是羽化前必须经历的一步。

如今就业形势非常紧迫，刚出校门的毕业生由于没有从业经历，很难找到满意的工作，于是有些人选择了先就业后择业的道路。在社会上工作和在学校里生活有天壤之别，首先需要的就是磨去棱角，适应社会，把年轻人的傲气和知识分子的清高去掉，摆正心态，放低姿态。这些社会新人如果明白"蘑菇管理"的道理，就能从最简单、最单调的事情中学习，努力做好每一件小事，多干活少抱怨，更快进入社会角色，赢得前辈们的认同和信任，从而较早地结束"蘑菇时期"，进入真正能发挥才干的领域。

案例二

所罗门王的礼物

故事：一次，所罗门王把一个小女孩带到稻田跟前说："你不是想要一件贵重的礼物吗？我可以赏给你，但你要替我做一件事情：把这片稻田里最大的稻穗选出来，拿给我。"小女孩高兴地答应了。

"但是，我有一个条件，"所罗门王接着说，"你在经过稻田时，要一直向前走，不允许停下来，也不能退回来，更不能左右转弯。你要记住，我给你的礼物，是与你选择的稻穗大小成正比的。"结果这个小女孩从稻田里走出来后，什么礼物也没有获得，因为她一路上总是嫌所看见的稻穗太小了。

故事说明什么？眼高手低，一无所获！

所以，要将蘑菇定律落于实处，要从两方面着手：一是企业；二是个人。

(一)企业(Enterprise)

1. 避免过早曝光：他或她还是白纸，有理论难免会纸上谈兵。过早对年轻人委以重任，等于揠苗助长；

2. 养分必须足够：培训、轮岗等工作丰富化的手段是帮助人力资源转为人力资本的工具。

(二)个人(Individual)

1. 初出茅庐不要抱太大希望：当上几天"蘑菇"，能够消除我们很多不切实际的幻想，让我们更加接近现实，看问题也更加实际；

2. 耐心等待出头机会：千万别期望环境来适应你，作好单调的工作，才有机会干一番真正的事业；

3. 争取养分，茁壮成长：要有效地从做"蘑菇"的日子中吸取经验，令心智成熟。

总之，"蘑菇管理"是一种特殊状态下的临时管理方式，管理者要把握时机和程度，被管理者一定要诚心领会，早经历早受益。"蘑菇经历"是事业上最为漫长，也是最痛苦的磨练之一，它对人生价值的体现起到至关重要的作用。经过这个阶段的磨练，你就会熟练地掌握当前从事工种的操作技能，提升一些为人处世的能力，以及挑战挫折、失败的意志，这也是最重要的。诸多能力的具备，为你将来职业的顺利发展铺平了道路。从这个意义上来说，"蘑菇经历"是人生的一笔宝贵财富。职业道路上的磨练，不是舞台上的演出，不仅需要进入角色，还要承受现实生活的种种不幸，经历事业上屡挫屡败的痛苦。事业中总有种种不如意，但一个意志坚强的人，却能将逆境变成顺境，能在挫折中找到转机。相反，有许多人，因为缺少生活的磨练，一旦遭遇突如其来的挫折或不幸，一次输给了自己,就永远地输给了自己。所以说,一帆风顺的人很难取得超常的成就。

二、初涉职场易犯的错误

要想顺利融入职场,就要尽量避免犯一些低级错误。当然,对于刚毕业的大学生,找到第一份工作后,由于工作经验欠缺,是比较容易犯错的。现把初涉职场的年轻人易犯的错误简要总结,希望初涉职场的新人避免行之。

(一)急于做事

有些事情能做,有些事情不能做,要学会区分才行,有的事情毫不费力但非常讨好,有的事情费心费力却极不讨好;学会选择做什么之后,还要思考做事的方法,有时怎么做比做什么更重要。如果不能做到以上两点,做再多的事情也不会得到认可。

(二)把事情想得极为简单

事情可能很简单,但要意识到做事需要跟人打交道。凡是跟人打交道的事情就没有简单的,你需要照顾到每个人的利益和感受,稍有不慎就会得罪人,所以必须多想才行。你或许不喜欢把事情弄得很复杂,但客观规律不是由你的个人倾向决定的。

(三)做事时不考虑人的差异性

人有个性,想法可能千奇百怪,所以职场混久了的人从不主动表明自己的态度,等别人先说,自己后发言。但这种人都是"老油条",年轻人自然要发挥年轻的优势,不受传统观念的束缚,但是考虑他人的个性是必需的。你可以不认同,但不能一棒子打死,要注意尊重,即便你确实不喜欢。

(四)轻率地向别人提出要求

作为初入职场的年轻人,不能随意地向上级领导、老员工提出要求,别人不是你的父母,不是你的监护人,没有义务直接答应你的要求。即使你需要别人配合你,也要以合适的方式表达出来。

(五)强调自己在工作方面的能力

部分年轻人认为自己上学时做过学生干部,有很强的工作能力,在职场中过度强调自己的工作能力,想尽快得到别人的认可。其实,这种做法恰恰相反。工作能力不是说出来的,而是通过日常工作体现出来的,你的能力是由他人来判断和评价的,不是你自己。

(六)缺乏团队精神

在大学里,你通过独自的努力取得好成绩。但在职场中,你的忠诚也应该延伸到你的工作团队中去,年轻人需要适应公司的文化并使其融入自身。高校鼓励学生独立思考以帮助青年们成长以及心理成熟,但在工作中,员工的贡献是按照公司的大部分和最佳利益来进行评估的。

(七)好高骛远

初涉职场最常见的问题是择业的盲目性。一些大学生特别是名牌大学的毕业生,只单向考虑自己的就业理想,对自身缺乏正确定位,抱着好高骛远的就业心态进入职场。其实在市场经济的大环境下,人才作为一种特殊的商品,首先是要从自身来适应社会,以自身条件为前提,合理地选择相应的对方。

案例

到心理咨询中心倾诉"心病"的小吴认为自己被单位"大材小用"了。小吴是一所名牌大学的硕士研究生,在学校是有名的"才子",可他到了新单位后,发现自己没有那么"吃香"了。工作近一个月来,除了接电话、开会、收发传真等基本工作,他没有得到任何展示自己的机会。小吴认为,部门里很多同事不过是本科生,论学历、才华根本比不过自己,因此他很烦恼。

小吴公司的领导则指出,刚进单位的所有新人必须从基层做起,一方面是让新人充分了解单位的运作情况,熟悉各项业务;另一方面也是单位考察新人、锻炼其能力。但现在很多新人往往自视甚高,一进单位就想身居要职,这种想法太好高骛远。

(八)唯利是图

一些初涉职场者自恃各方面的条件都不错,在薪酬问题上却很难有合理的定位,做出了有失偏颇之举,如在工资、福利、住房等方面要求过高等等。作为初涉职场者,应更多地看到自身的弱势,理性地看待薪酬标准,不能惟利是图,没必要因为薪酬问题与适合自己的职位失之交臂。

(九)盲目攀比

一些大学生在选择就业岗位时,不是实事求是地根据自身实际情况来选择,而是都喜欢往热门行业、热点岗位上挤,有的甚至互相盲目攀比。其实对于初涉职场者来说,重要的是能调整好心态,从一个最佳起点步入职场,不要一味地眼睛向上看,甚至互相攀比地去选择自己能力所不及的职位。

(十)心理失衡

对于大多数初涉职场者来说,无论是在求职过程中,还是在步入职业岗位后,都会或多或少地遭遇一些挫折。遇到这种情况,一定要保持良好心态,切不可产生不平衡的心理,更不能一味地怨天尤人,满腹牢骚,甚至做出对人对己对事都不利的行为。

案例

某传播公司人力资源部经理肖先生称,单位对今年新招聘的几个大学生很不满意,几个大学生都是"90"后,平时聚在一起喜欢"唧唧喳喳",对领导也很会讨好,但对布置的工作却没有时间概念,经常拖拉。结果有两次被经理训斥,几个女孩子当场就委屈地大掉眼泪,怎么劝也打不住。现在经理再给她们布置工作,只能这样说:"小李,你乖一点,今天5点下班前一定要完成任务,可以早点下班。""小徐,你不要再和小李说话啦,让她快点做。"简直就是"连骗带哄"。

肖经理认为,现在的一些新大学生虽然功课学业都不错,但由于被家庭过分娇宠,往往心理承受能力很差,对待工作的责任心也不强。他们公司的重要岗位,以后情愿招聘三四十岁有工作经验的人,他们更有责任心,吃得起苦。

(十一)目光短视

只看现状,而对单位发展和个人发展的前景等至关重要因素甚少考虑,这可能会使你得到一些眼前的利益和满足,但从长远发展看并非明智的选择。

（十二）骑马找马

因为找工作难,再加之日常生活的种种压力,会令一些人产生骑马找马的想法,即先随便找一家公司干着混口饭吃,等熟悉环境后再在短时间内跳槽。抱着这种心态的人不仅无法安心于本职工作,一旦离开还会对单位造成损失。

案例

"我是不是该换份工作?"

自从决定来广州闯一闯之后,2013 年大学毕业生陈然(化名)的生活开始变得戏剧化。陈然毕业于内地一所普通大学,大四时在广州找到了一个不错的实习单位。之后,又机缘巧合找到了一个不错的工作机会,五六月间,别人还在忙着拍毕业照的时候,她已经入职了。工作很轻松,都是一些上传下达的活儿,偶尔写点文字,布置个会场,也不是难事。虽说工资 3000 有点低,但相对于她的学校,这已经是一份"高配"的工作,前途看好,保准没几年跳个槽,工资翻个倍也是可能的。

但这份"美差"在陈然眼里,却是个"闲差"。由于单位是个半公半私的企业,上上下下都是上了年纪的人。部门有个主管是年轻人,可最近也听说要辞职了。主管跟她说了单位的众多"不是",她也跟着动摇了:"我是不是该换份工作?"

陈然私底下再去投递简历,并得过面试机会,甚至还有一家薪水相当高的公司,答应给她一个实习机会,只是一番打听下来,所谓"薪水"也只是想当然而已,现实离理想挺远。现在,陈然按捺住跳槽的欲望,决定先好好工作一段时间再说。

（十三）环境障碍

一些人事先对新环境、新岗位估计不足,期望值定得过高、不切实际。当他们按照这个过高的目标接触现实环境时,往往会产生一种失落感,感到处处不如意、不顺心。特别是一些初出校门的大学生,很多想法都是理想化的,与现实有不少差距。因此,初涉职场者在踏上工作岗位后,要能够根据现实的环境调整自己的期望值,尽量把期望值定得低一些、现实一些。

（十四）贪逸享受

一些大学生认为,经过十几年的寒窗苦读终于学业有成,接下来就该是享受的时候了。这样的心理定位是非常错误的。大学生初涉职场,在明确自己的职业发展目标和方向的前提下,最重要的是对自己有效的工作经验的积累,学会从一个"学校人"变成"职业人",逐步提炼自己的职业含金量和竞争优势。只有这样,才是保证职场顺利发展的有效手段。

第二节　转变角色适应社会

每年都有几百万的全国普通高校毕业生走出校门、步入社会,接受人生新的洗礼与考验。对于这些刚刚迈出大学校门、走向社会、开始新的职业生涯的毕业生来说,如何尽快转变角色、适应职业的需求、适应社会、做好自我心理的调适、树立良好的职业形象、建立和谐的人际关系,是他们职场取胜的关键所在。

一、调整心态,转变角色

青年心理学之父霍尔(Hall,G. S)称大学期是一个"疾风怒浪"的时期,这个时期的特点是动荡、起伏,可能出现一些非常显著的相互对立的冲动。青年人的这种本性加之面临一系列生理、心理、生活环境的变化,使大学生处于一生中心理变化最为剧烈的时期。由于心理不成熟、情绪不稳定,心理矛盾时有发生。如果矛盾冲突过于激烈和持久,则容易导致压抑感,从而感到失落。可以推知,失落心态是一种畸变了的不良情绪,并不是真正意义上的心理疾病,但如果放任下去,就很可能发展为心理疾病。面对失落这个关键的心理转折点,同学们要正视自己的失落心态,首先要做到公正地自我评价,探求病根,认清失落的真正原因,采取刻意"忘我"、认知控制、转移注意力等方法平复失落,坚决拒绝陷入失落的泥潭。

(一)如何调整心态、转变角色适应新生活、新角色

1.公正的自我评价

人的失落心态总是在动机冲突难以解决的情况下才会出现。怀有失落的心态的人,始终贯穿着的就是现状和预想之间矛盾的剧烈冲突。这种无法控制外界世界的无力感与梦想的破灭感交织形成相互加强的效果,心理漩涡反复出现,消耗的心神能量超越限度,自然而然就会激发严重的失落感。不论产生这种失落心态的直接原因是什么,真正让人产生这种情绪的却是不正确的心理定位。

解决的办法是要放掉思想包袱。悲观的人,先被自己打败,然后才被生活打败;乐观的人,先战胜自己,然后才战胜生活。对自我有一个充分、全面、正确的了解,这样有利于对自我情绪的有效控制和调整。例如,你如果能够客观地将自己分类为急躁型,那么你就能因自我暗示或是有意识的控制而保持一颗平和的心,从而不容易再因别人跟不上自己的步调而失落生气了。又比如,你的入学考试成绩不如别人,你不要过于责备自己,断言自己不如从前了,其实现实是"人外有人,天外有天"。你到了一个更大的环境,高手如云,所以就显得相对弱,但只要经过自己的刻苦努力,情况是可以得到改变的,不要过分纠缠于结果,而是着手做应做的事。公正的自我评价的主要优点是,一旦领悟,就可以有效地进行相应的防范,从而减少问题发生的几率。

2.探求病根

在遇到不顺时,既要从自身找原因,看看引发失落的是不是自己过去的经验少,缺乏分析事情的冷静与理智等原因;又要从周边环境中寻找原因,例如天气、自然、地形、文化因素等。如果是不以自己主观愿望而改变的客观因素占主导,那么就没有必要去为它忧伤失落。毕竟人不能胜"天",凡事讲究"天时地利人和","天"与"地"的因素明显是排在人之前的。

3.刻意"忘我"

人对事物的不同认知会导致情绪的极大不同。情绪常常是取决于人对事物的看法,换个角度心情会迥然不同。相同的半杯水在有的人眼中是"只剩下半杯,挨不了多久了",而有的人看到的是"还有半杯呢,希望还在"。因此,在受到情绪困扰的时候,可以通

过调节自己的认知方式来调节情绪,就是将自己从原有的思维方式中抽离出来,试着从另一种层面思考。

不要总是执着于"我"如何如何,换一个角色看,从别人的角度看"我"。设想一下如果是你的朋友遇到现在的问题,你会怎么办,你是怎么安慰开导他的。或者可以自问为什么别人可以有这样的失败记录,自己就不可以呢。当局者迷,旁观者清。你需要不时走出"此山"之外看看"此山"的真面目。

4.认知控制

政治课中屡屡强调:认识是一个不断发展的过程。对于自我认知要不停地重新审视是否合理,适时做出调整。对于相同的刺激,不同的评价会带来不同的情绪反应。失落也许并不是因为事情真的非常糟糕,而仅仅是因为你认为它很糟糕,所以它就"无奈"地变得糟糕了。例如有些同学总是怀疑老师的批评是在故意找他麻烦,然后他会"发现"老师上课时总是在密切关注自己的一举一动,就像是在等待着他犯错,等待着再次给他难堪,其实事实可能并非如此。

认知控制是指当一个人出现不适度、不恰当的情绪反应时,理智地分析和评价所处的情境,分析形势,理清思路,冷静地做出应对,其关键是控制与即时情绪反应同时出现的认知和想象。就如上面的例子,如果在你产生这种消极想法前,你可以将老师的批评当作一种关爱,或者是在产生了怀疑以后不断告诉自己老师并没有针对你,你就会发现情况与你想象的全然不同。

5.转移注意力

心理学研究表明,在发生情绪反应时,大脑皮层上会出现一个强烈的兴奋中心。这时,如果另外找一些新的刺激,引起新的兴奋中心,就可以抵消或冲淡原来的兴奋中心。所以,当你失落时最好采取行动,分散自己的注意力。

转移也是有技巧的,消极转移到抽烟、酗酒上只会让失落感加强,自暴自弃下去。而积极的转移则是将时间、精力从消极情绪中转向有利于个人未来发展的方向上来。

体育运动就不失为一种积极的转移方法。体育运动可以松弛紧张情绪,又可以消耗体力,使消沉者活跃,激愤者平静,达到平衡的目的。而且体育运动有助于身体健康,为今后的学习生活的顺利进行打下基础。

6.自助与助人为乐

失落往往伴随着挫败感,而挫败感是可以由成功后带来的自信抵消的。所以找出一个你认可的长处,不论大小,在失落的时候,就做自己擅长的事,从中得到成就感,并且告诉自己:"你看,我不是也可以做得很好嘛!既然我可以做好这件事,那么当然也能做好其他的事。"

另外,也可以去为别人做事,施者比受者有福。这样不仅可以将烦恼忘记,而且可以从中体验到自己的存在价值,在别人的感谢和夸赞下奠定信心,并且能收获友情。

(二)学生角色与职业角色的联系与区别

1.学生角色与职业角色的联系

学生角色是职业角色的基础和前提;职业角色是学生角色的发展和归宿。

2.学生角色和职业角色的区别

(1)社会责任不同。学生角色的主要责任是努力学习文化和科学知识,使德、智、体全面发展,掌握为人民服务的本领。而职业角色的责任是以特定的身份去履行自己的职责,完成社会赋予的工作任务。

(2)社会规范不同。学生规范多从教育的角度出发,促使其以后能顺利成长为合格的人才。而职业工作者的社会规范就严格得多,范围也广得多,背后的处罚也严格得多。

(3)社会权利(力)不同。学生角色的权利主要是依法受教育,并取得经济生活的保障或资助。职业角色则是依法行使职权,开展工作,并在履行义务的同时获得报酬。

案例

王强大学毕业进入了一家私营企业,而他的个人梦想是进入世界五百强公司,为此他打算通过在这家私营企业锻炼,加强自己的英语和管理能力,为实现以后的目标做准备。

可到工作岗位后,王强发现自己被公司安排进行销售方面的培训,他认为这与自己的个人目标相违背,于是对销售业务培训心不在焉,而是看一些英语和管理类的书,把精力集中在个人目标的努力上。由于阅历不深,王强还经常在同事面前炫耀自己的个人目标和职业理想,并说自己已经开始为进入外企而努力了。后来单位领导知道了王强的想法后,一些比较核心的工作都不再交给他,在培训和福利方面他也总被排在后面。

像王强遇到的问题,在刚刚参加工作的毕业生身上时常发生,他们的个人目标往往过于远大,有的只能用梦想来形容。在个人目标与企业目标有很大冲突的情况下,毕业生务实的做法应是先以企业目标为主,得到企业的认可,获得核心工作,得到锻炼,学到更多的经验,而企业才可能会赋予新人更多的机会、培训、资源和金钱,为以后的梦想打基础。

二、建立良好的职业形象

在职场上,职业化员工往往能给我们一个非常好的印象,这种好印象往往是来自于他们展示的良好职业形象。良好的职业形象包括,着装规范、注重礼仪和独特气质。当我们同具有良好职业形象的人接触或打交道的时候,他们总能够给我们留下深刻的印象。

着装规范能彰显职业化员工的素质,注重礼仪能折射职业化员工的修养。在工作中,那些注重礼仪的员工(如在同他人沟通时,注意聆听,不打断他人的说话等),总能够与领导、同事和顾客建立良好的人际关系,赢得他人的关心、支持和帮助。

独特气质能表现职业化员工的魅力。当我们乘座飞机的时候,我们总能为航空小姐热情、端庄、文雅的独特气质所折服,可见独特的气质也是建立良好职业形象的一个重要元素。

建立良好职业形象对于促进员工职业发展具有重要作用。一是有利于赢得他人的尊重、支持和帮助。在职场上,有"礼"走遍天下,无"礼"寸步难行;二是有利于打造个人职业品牌。个人职业品牌,需要良好的职业形象做支撑;三是有利于提高员工综合素质。建立良好职业形象,不仅要注重外表,更要提高内在的修养,如品德、知识、情商等,所谓"腹有诗书气自华"。一个员工要体现独特气质仅有着装是不够的,更需要提高内在的修养。前者是表象，后者是根本。要建立良好职业形象，要从着装讲究规范、注重礼仪修养和培养独特气质三个方面着手。

（一）着装讲究规范

着装讲究规范是说，员工在工作的时候，应按企业的要求着职业穿，如公安民警、银行的职员和航空小姐等。穿着职业装，不仅能展现职业化员工的外部形象，同时，更有利于自己工作的展开。譬如，一个公安民警身着便装执行公务，是很难得到市民的信任、配合和支持的。

（二）注重礼仪修养

员工职业化需要良好礼仪修养做后盾。员工在职场上，有很多礼仪需要遵守，如握手的礼仪、说话的礼仪、聆听的礼仪、开会的礼仪、电话的礼仪和道谢的礼仪等。员工注重礼仪修养，一是要在一言一行、一举一动符合职业规范上下工夫；二是要在培养良好的礼仪习惯上下工夫。礼仪习惯的优秀才是真正的优秀。

（三）培养独特气质

建立良好的职业形象既需要通过外在着装和礼仪来诠释，更需要借助内在独特的气质来彰显。相比较而言，员工讲究外在着装和礼仪修养比较容易做到，而独特气质的培养需要更长时间，难度也更大一些。譬如，一个军人要培养军人的气质，比着军装、行军礼要难得多。因此，培养独特气质是员工建立良好职业形象的关键环节。

案例

小许是90年代出生的新新人类，在一家科技公司负责游戏项目。小许是追赶时尚、跟随潮流的城市大男孩，一会儿跟随韩流，扎着花色头巾，穿着肥大宽松的韩装；一会儿又是街舞男孩的超酷打扮，戴一个耳环，戴粗大的手链，好端端的牛仔裤子剪了好几个破洞，要不就是一边裤脚高，一边裤脚低。总之，什么流行玩什么，什么时尚跟随什么。幸好科技公司环境宽松，同事大多是年轻人，也是着休闲装，小许也认为这是自己的个性、自己的风格，没什么不妥。

一天，董事长不打招呼忽然而至，看到小许这一身超酷打扮，脸色十分难看，说到：我还当我们公司来了夜总会歌手，或是街头艺术家呢。小许尴尬得恨不得马上换了身上这套行头。

"90后"的人玩的就是个性、耍酷，这是个人喜好，无可非议。然而，工作则不同了。所以，新潮男生应注意，酷装就留在休闲时间穿。上班时间，还是穿正式点。其实男生只要一件白衬衫，深色裤子，打领带，鞋子光亮点，气质就出来了。

三、树立责任意识

在社会生活中，人们在享受权利的同时，还必须承担相应的社会责任，履行相应的义务。责任既是使社会规则有序的保障，又是保证个人有所成就的可靠基础，也是为人处世所必备的基本要素。责任是一切良好美德的表现和基础。因此，责任意识是建立一切优秀品质，培养一切美好行为的首要因素。当前大学生犯罪日趋严重，成为困扰人们的一个十分严重的问题，人们也对此进行探讨，试图找出其中的原因和对策。笔者认为造成大学生犯罪日趋严重的原因十分复杂,但其中首要因素当属一些大学生责任意识较差。一个人没有责任感就不值得信赖,不能托以大事,更不足以立身。一个没有强烈责任意识的民族是没有希望的民族。为此,大学生必须树立正确的责任意识。那么,如何培养自己的责任意识呢?

(一)要培养自省意识

要有责任感,首先须学会对自己负责。自省是建立一切良知与自我约束的基本要素。一个人缺乏自省,他就永远不能求得良好的发展和完善。曾子讲"吾日三省吾身,为人谋而不忠乎?与朋友交而不信乎?传不习乎?"曾子无时无刻不在反思自己是否有什么不完善之处。曾子正是以这种自省意识,奠定了他在中华民族历史上卓越的地位。人要有自省意识,随时地反省自己,才能使自己少犯错,不断地发展完善自己,才能认真履行自己的职责,也才能有所成就。大学生之所以容易犯错,且不能正确对待自己的错误,除了其世界观尚待完善之外,另一重要原因就是他们缺乏必要的自省意识。故而他们与同学发生矛盾或利益冲突时,或做事不成功时,总是寻找别人的错误和缺点,却很少反思自己,因此也就常常做出不明智的举动,犯下错误还理直气壮。因此,大学生必须培养自己的自省意识,以具备必要的责任意识。

培养自省意识与培养自尊心、自信心和奋进意识并不矛盾。因为人要有所成就需要自尊、自信,需要顽强进取,但这并不等于可以自高自大,把个人意志凌驾于他人之上,甚至以侵犯或牺牲他人利益为代价来满足自己的欲望。当今一些大学生犯罪的一个重要原因就是他们当中一部分人个人主义极端膨胀,常以侵犯他人利益来满足自己私欲。人只有学会自省,自尊、自信才会使他沿着正确道路前进,才会养成正确的责任意识,否则就会导致以个人为中心的结局,甚至走上犯罪的道路。

(二)要培养正确的自主意识

人要能够对自己负责,须首先学会把握自己的言行。在社会生活中,人们要正确认识自己,正确履行自己的职责,光有自省是不够的。如果他不能摆正自己的位置,遇事没有什么主见,人云亦云,随波逐流,就不能正确指导自己的言行,也就不能承担任何责任。有许多大学生走上犯罪道路往往只是由于追随"朋友",讲哥儿们义气。这充分显现出了他们自主意识的薄弱,以致不能把握自己的责任,为自己的行为负责。

正确的自主意识是需以正确的道德意识及正确的人生观为支撑,再辅以自省意识、自律自强来完成的。要培养正确的自主意识,以树立做人的责任感,除了要培养自省意识,增强自尊心、自信心之外,还需有正确的人生观,建立正确的道德意识,从而为明确正确的做人责任打下良好的基础。

(三)要培养纪律意识

强烈的责任感在人们的日常生活中常表现为具有严明的纪律性。因为一个人在社会生活中既享受着他应有的权利,又必须承担应尽的义务和责任,这是保证他本人和别人能够充分享受权利的必要条件。而要使人们能够履行责任,承担相应的义务,就必须靠纪律来维持。严明的纪律性常常是许多高尚行为和英雄举动产生的最基本的条件。从个人角度来讲,每个人都有私欲,面对危险与恐惧都有逃避的欲望,面对诱惑也常常会有非分之想。但有责任感的人,却严守纪律,约束自己的欲望及行为,使自己不犯错误,正确履行自己的职责,这需要人具有坚强的自制力。一个人若把纪律性作为他行动的指导,他就会以纪律约束自己,坚定不移地履行自己的职责,遵守规则和纪律,并在一定情况下做出高尚的举动,表现出英雄行为。邱少云的事迹,其本质就是人民军队严明的纪律性化成坚定的责任感而产生的感人的壮举。而当今的大学生多受父母师长的溺爱,其欲望情感鲜受拂逆和束缚,故而他们身上一般都有放纵自己欲望、较为任性的特点,且做事常以自己为中心,较为自私,纪律意识差,只想享受权利,却不情愿遵守纪律及履行他们应负的职责,所以一些人就在"忽然"之间走上犯罪道路。学习遵守纪律是人在社会上必不可少的经历。只有这样,学生身心的成长才有可能是全面的,他们才能有良知,才能学会负责。

(四)要培养敬业精神

敬业精神本质是强烈责任意识在人们工作中的一个重要表现。古人讲"在其位谋其政",既然承担了某一项工作任务,就要尽心尽力地把它干好。在这一点上,雷锋的钉子精神就是一个典型的表率,雷锋的"挤"和"钻"是为了干好自己的本职工作而顽强地学习,他出差一千里好事做了一火车,尽到了人民子弟兵应尽的职责。要养成敬业精神须从日常生活做起,学会承担一定的责任,学习履行自己应尽的职责。从家庭劳动到班级值勤,从学习知识到校外活动,都可以逐步培养敬业意识。大学生敬业意识一旦培养起来,就会把学习当成自己的职责,顽强而执著地前行,厌学、辍学现象就会大大减少,品德及意志就会得到很好的发展。

同时我们也应从以下六个层次着手树立大学生的责任意识,培养他们的责任心。

第一层次是对自己的责任意识,这是个体存在的基本意识与要求,也是立身之本。如果一个人没有了对自己负责任的意识,他(她)也就失去了生命存在的价值,他(她)本人也就不会珍惜自己的生命。这种情况轻者是对生活的自暴自弃,重者就结束了自己的生命。校园中学生自裁而酿成的悲剧大多属于如此情况。

(1)我们活在世上,免不了要承担各种责任,小至对家庭、亲朋,大至对国家、社会。这些责任多半是应该承担的。不过,不要忘记,除此之外,我们还有一种根本责任,便是对自己的人生负责。

(2)生命对于人只有一次,我们对自己的人生怎能不产生强烈的责任心呢?从某种意义上说,人世间其他的责任都是可以分担或转让的,唯有对自己人生的责任,每个人都只能完全由自己来承担,一丝一毫依靠不了别人。

(3)不止于此,对自己人生的责任心还是其余一切责任心的根源。一个人唯有对自己的人生负责,树立了真正属于自己的人生目标和生活信念,才可能由此出发,自觉地选择和承担对他人和社会的责任。正如歌德所说:"责任就是对自己要求去做的事情有一种爱。"因为有这种爱,所以尽责任本身就成了生命意义的一种实现,就能从中获得心灵的满足。相反,一个不爱自己人生的人怎会爱他人,爱事业?一个在生活中随波逐流的人怎会坚定地负起人生的责任?这样的人常常把尽责任看做是纯粹的付出而索求回报。

(4)一个不知对自己的人生负有什么样责任的人,也就无法弄清他对这个世界负什么责任。现实中,有些人虽然正承担着一些责任,但完全是被动的。譬如说,教育孩子要对自己的学习负责。要让孩子懂得学习是他的责任,学习不是为父母、为他人,是为他自己,把被动学习变为主动学习。从小要养成阅读、讲述、观察、思考等良好的学习习惯,养成独立写作业,独立收拾文具、学具等习惯。

(5)一个人如果能对自己的人生负责,那么在一切社会活动中,就会对自己的行为持一种负责的态度。一个社会如果由这些对自己的人生负责的成员组成,那么就必定是高质量高效率的社会。

第二层次是对家庭的责任意识。从某种意义上说,个体关心家庭及家庭中的成员是负责任的体现。具体体现在学生的身上,如关心父母的生活,理解生计的艰辛,不向父母提出过分的要求,分担父母的家务,做一些自己力所能及的事等。

第三层次是对他人的责任意识,比如不影响别人,不侵犯他人。可能"他人"与个体之间存在某种关系,但这种"关系"是非物质性的,也是非回报性,所以具有这一层次责任意识的学生特别"体谅别人",自我中心意识几乎不存在。

第四层次是对集体的责任意识,这是二十一世纪人才具有的基本素质之一。包括维护集体的荣誉,为集体做一些力所能及的事,不损坏公共物品,不影响公共卫生等等。

第五层次是对民族与国家的责任意识。从民族主义或国家主义来讲,这种责任意识是最高级的,最没有"功利性",体现的是一个人真正的民族主义情结及爱国主义思想的高尚品质。

第六层次是对全人类的责任意识,这是最高级的意识,它没有国界的限制,没有民族的差别,没有种族的隔阂,没有利益的要求。像世界上一些著名人物关注和帮助其他国家贫困地区人民的生活而身体力行去奔走呼号的行为就是这种意识的体现。

把一个信念播种下去,收获的将是一个行动;把一个行动播种下去,收获的将是一个习惯;把一个习惯播种下去,收获的将是一种性格;一种性格关系到一个人的命运;具有了责任心的性格,就会收获一个金色的人生。愿我们所有的孩子都有这样的责任心,愿我们所有的人都把责任之心携带在人生的道路上,让人生散发出淡淡的、金子般的光辉。

案例

公益天使——奥黛丽·赫本

奥黛丽·赫本(1929 年 5 月 4 日－1993 年 1 月 20 日),英国知名音乐剧与电影女演员。赫本 18 岁涉足影坛,因《罗马假日》而获得奥斯卡最佳女主角奖。从上世纪八十年代开始,奥黛丽·赫本逐渐淡出影坛。1988 年,奥黛丽·赫本出任曾经在二战中救济过她的联合国儿童基金会的爱心大使,开始不遗余力地唤起社会对落后国家儿童生存状况的关注。奥黛丽·赫本全身心地投入到这份仅有一美元薪金的工作中,她利用自己的影响力不时举办音乐会等募捐活动,在公开场合发表演讲,并不顾战乱和传染病的危险,看望一些贫穷地区的儿童,足迹遍及埃塞俄比亚、苏丹、萨尔瓦多、危地马拉、洪都拉斯、委内瑞拉、厄瓜多尔、孟加拉等亚非拉许多国家。甚至在 1992 年底,奥黛丽·赫本还以重病之躯赴索马里看望因饥饿而面临死亡的儿童,在当地展开考察并实行救援。

她挺身为全世界弱小无助的儿童说话,为那些因战争而伤残、因饥荒而奄奄一息、因缺乏饮用水而衰弱、因缺乏维生素而失明、因社会不公正而流浪的亿万儿童说话。她在为女作家莫海德的《背叛——关于今日世界中儿童暴力问题的报告》一书所作的序言中这样写到："当我们走向 21 世纪,还是有很多的问题值得我们反思。我们环顾四周,发现那些过去作出的承诺依旧没有兑现。还是有很多人生活在贫困之中,忍受饥饿,苟延残喘。在这些人中我们看见的还有孩子,他们胀大的胃部,他们忧伤的眼神,还有他们痛苦的表情……当今天整个世界被更多地联系在一起时,我们也发现一个讽刺的事实——无论这个国家是贫是富,那里总会有或多或少的儿童在受苦受难。全球化之后统一起来的反而是我们对于他们的忽视、虐待和缺少关爱。联合国儿童基金会的任务就是让全世界都来关注这些孩子,呼吁人们不要忘记这些儿童,不要让他们成为政客空谈的牺牲品,帮助他们更好地活下去。"

1993 年 1 月 20 日,奥黛丽·赫本因阑尾癌病逝,享年 63 岁。2002 年 5 月,联合国儿童基金会在其纽约总部为一尊 7 英尺高的青铜雕像揭幕,雕像名字为"奥黛丽精神",以表彰赫本为联合国所做的贡献。她是获此殊荣的唯一一人。

四、乐于奉献

古往今来,许多人都在传承着奉献,他们用自身的故事留给了后人丰厚的精神财富。每当提起这个主题,耳边总回荡着美妙的语句,诸如"先天下之忧而忧,后天下之乐而乐"、"横眉冷对千夫指,俯首甘为孺子牛"。它们涤荡着人的心灵,教育着人们要懂得奉献,要身体力行地去奉献。作为大学生,要想成功实现角色转变,必须要做到乐于奉献。

首先,要有乐于奉献的精神。精神属于上层建筑,它对经济和人的发展起到很大的影响。崇高的精神是人生的精神支柱,它犹如人的灵魂,轮船的航标。失去它,人如行尸走肉,轮船失去了航向。没有追求的人的一生是毫无意义的,就像一棵中空的大树,是成不了栋梁的。我们不仅要为自己活着,更应为国家、为人民而活。我们要有奉献的精神,活出我们的尊严和风采。所以,不管我们是从事哪个行业,都要端正态度,摆正思想,做到爱岗敬业、无私奉献。从古至今,乐于奉献的人和事不胜枚举。古人不用多说,他们深受儒家思想的教诲,大多数都能做到为人民服务、奉献社会。如今,经济转型时期,改革开放得到进一步的深化,人们的思想正在接受着来自各方面的考验。有些人抵挡不了金钱的诱惑,干了一些有悖人民利益的事情,媒体报端来自这方面的报道也不少。某些领导贪污受贿、生活极为奢靡,人们潜意识中已有这样的认识:是官都贪,是人都自私。但事实并非如此,许多人仍在践行着为人民服务和无私奉献的精神。

丛飞,一个远去的歌手,向社会捐款 30 多万,多次救助失学儿童,成为 186 个孩子的爸爸,而自己已是胃癌晚期却因无钱救治延误了病情。5·12 特大地震中所涌现出的英雄人物再次向世人证明人性自私论是错误的。其中德阳中学的谭千秋老师、年轻的向倩老师用自己的生命换回了学生的平安。长江大学 3 名风华正茂的大学生为了两个素不相识的孩子献出了自己年轻的生命,用生命谱写了一曲舍己救人、见义勇为的英雄赞歌,而年纪最大的方招才 20 岁。谁说"80 后"、"90 后"的孩子不懂为人处事,他们在大是大非面前同样让人尊敬。这样的事例不计其数,他们之所以能虽死犹生、永垂不朽,原因在于他们有着为国家、人民奉献的伟大信念。这种无私奉献的精神,成为他们人生的强大支柱,有了这种精神,人生才有意义。

其次,还应该提高自身的业务素质。人的素质包括许多方面,如果思想素质是树的主干,而专业素养则是树叶,没有一年年树叶的发芽生长,也就长不成繁茂的大树。无知便是无能,无能怎能谈得上奉献。"活到老,学到老",时代在变化,知识在更新,我们只有不断充电,才能紧跟时代的步伐,为现代化建设做出应有的贡献。这种默默无闻的付出,其实就是乐于奉献,奉献给个人、奉献给国家。

最后,乐于奉献,还应该落于实处。纸上谈兵终不要,古人尚且明白这个道理,今人更应如此。口头喊得再好,如果不付诸行动,一切都是竹篮打水一场空。

张正祥,一位来自昆明市西山区碧鸡街道办事处富善村的普通农民,以其对"母亲湖"滇池、西山深深的感情,三十年一如既往地保护家乡生态环境的感人事迹,登上了2009年感动中国十大人物的领奖台,感动了十三亿中国人。人们把他称作孤独的守望者。凭着他的执拗与坚持,家乡的环境有了一些新的变化。

朱邦月,帮朋友照看家的一位老人,他的事迹感动了许多人。让我们看一下他的故事:40多年前,朱邦月的朋友临终时,将两岁的儿子以及怀着5个月身孕的妻子托付给他。朋友恳求的眼神让朱邦月做了一个他至今未悔的决定:迎娶朋友的遗孀,并将朋友的两个儿子养大。1986年5月,朱邦月单腿残疾后病退。随后,妻子和两个儿子又都得了绝症——"进行性肌营养不良症"。1991年,母子三人的病情开始加重,生活不能自理,吃喝拉撒全靠单腿的朱邦月照料。每天起床后,朱邦月先装上假肢,然后开始打扫卫生,洗米做粥,帮母子三人起床,帮他们洗脸刷牙,喂早饭。随后,他还要上街买菜,为全家人准备午饭。傍晚,他要轮流给三个人擦洗身体。晚上,还得想着夜里起床给他们逐一翻身。一晚上起床数次。这样的日子,朱邦月过了近20年。但他始终坚持,因为他知道,他是一家人生命的烛光,点燃着一个家庭的希望。2009年度感动中国人物评选组委会授予朱邦月的颁奖词:这个奇特的家庭,集中了世界上最多的苦难,也凝聚了人间最真的情感。头发花白,面带微笑,这个温和而坚定的老人,胸中盛满四十年的艰难。他这支拐杖,是一家人的翅膀。他这双肩膀,扛住了生命的重量。这些人,他们默默地奉献着,无怨无悔。我们要学习这种精神,也就是拓荒牛精神。

只要人人都献出一点爱,世界将变成美好的人间。让我们脚踏实地的工作,为祖国的繁荣昌盛贡献自己的力量吧!

五、职场新人如何展现自己的能力

初踏职场,将会面临一系列的问题和困惑,如何以正确的心态面对工作? 如何展现自己的能力获得赏识?

(一)不要好高骛远,自恃清高

职场新人要从小事着手。机遇对任何人都是平等、公正的,就看谁抓得准。为什么很多人总觉得没有机会? 很大一部分原因是他们对机会的要求太高、欲望太奢,而忘记了无论多么伟大的事业都必须从小处着手,所以对很多小事不愿意或根本不屑于去做。而表现一个人素养的,恰恰是一些细小之处。当我们和周围人的知识、能力相当时,惟一能让我们胜出的就是素养。有了较高的素养,机会自是水到渠成。

(二)积极学习是适应新环境的关键

作为刚进入社会的应届毕业生来说,要有一个准确的自我认知能力。自我认知的广度关系到你是否能够顺利上岗,其深度直接决定了你上岗的适应性。新人面对新工作和环境都会有一段不适应的阶段,产生恐惧心理。职场新人要调整好心态,积极向有经验的同事请教学习,并在工作中善于总结经验,尽快适应新的环境,这样才能获得企业和个人同步发展的钥匙。

(三)价值由自己创造

部分毕业生刚进企业就追求待遇,提出要提高工资等要求,不知道先有付出后有回报的道理,也不知道企业和社会根本不会为他的学历或专业买单,而只会为他的付出与创造买单的基本道理。还有部分毕业生缺乏技能和专业知识,8个小时完成不了工作任务,用超时工作来面对技能培训和完成工作任务,因而怨声载道。

职场新人要懂得付出。要明白工作的目的并不仅仅在于报酬,斤斤计较的人是不会有大的发展的。一个没有长远眼光的人,成天只想着解决温饱,那他便永远只能达到温饱。也就是说先让自己的付出超过报酬,然后报酬才会超过你的付出。实际上,我们的工资和待遇是自己发放和创造的,不是企业或老板,更不是法律或法规。

(四)主动承担重任才有发展

部分毕业生由于受家庭环境的影响,从小娇生惯养,以致于进入社会后"体质"太弱,缺乏职场竞争力,难以在企业立足。殊不知企业是用人而不是养人、企业不是慈善机构的道理。

有时候主动承担重任,并且克服困难完成好工作,能够得到领导的赏识。职场新人要拿得起责任,放得下架子。一个人的信用度和他的责任感成正比,能担当大事的人,才能赢得更多人的帮助,也才有广阔的发展空间。

(五)以"适宜"的状态展现自己

一句"您好,请多指教"对初入职场的新人来说,能拉近与前辈之间的距离。言谈举止是职场新人要注意的礼仪的重点。但是,凡事必有个度,职场新人如何把握好初入职场的"热情度"很重要。职场新人要以"适宜"的状态展现自己:

1. 注意职场的最基本的礼仪

当你还在大学的时候,那时身边接触的大多是自己的室友,生活中,说话、做事相对比较随意。但是到了职场,绝对要改掉那些随意的习惯。比如称呼老员工不能直呼其名,或者使用一些时尚的简洁语,比如:"刘儿,你的鞋子很漂亮啊……"之类的话。这样会显得你年少轻狂不懂事,会让人有被轻视的感觉。在老员工面前,要表现出与人最起码的尊重。不过,相对于一些性格比较冷淡的职场新人来说,一个对工作和同事满怀热忱的人要更容易管理。因此对于他们,职场前辈要多一些耐心。

2. 低调展现自己,不要出风头

小李是一个网络公司的职员,在上家公司辞职后,找了好几个月的工作让他疲惫不堪。后来小李开始大面积撒网,在一些招聘网站上面申请了很多职位,最后终于面试到了自己满意的工作。这份工作的来之不易,对小李显得尤为珍贵。为了更好地融入他的新工作,小李每天早早地来到公司,看见有前辈进办公室,就立即迎上去。热情地跟人打招呼,为同事倒水挂外套。但是小李的这些做法反而让大家觉得很做作。同事们的桌面虽然是整洁干净了,但是大家也越来越疏远小李。因为他的热情让大家很不自在。

3.和同事共进午餐拉近距离

午餐时间,大家都很放松,可以让你在享受午餐的同时不知不觉地拉近和同事之间的距离。建议不要在午餐时间谈及跟工作有关的话题,因为工作了整整一上午,中午休息时间还要讨论工作的话,无形中就会让人情绪紧绷起来。关于买单,如果想通过这种方式拉近同事之间的关系,不是不可取,但是也要注意适可而止,把握一个度。

(六)如何做到有目的地宣传自己

我们每个人都想做一个出色的人,希望获得他人的好评,希望自己在他人心中树立高大的形象。而要想受人欢迎,必须先让人了解自己。

很多年轻人,非常害羞,不给别人了解自己的机会,更谈不上宣传自己了;也有很多年轻人,认为表现自己便是好出风头,于是他们选择默默无闻。一个人,如果不"现"出自己的才华,别人就不了解你的能力,你也就不免产生"大材小用"或是"怀才不遇"的感愤。虽说是金子总会发光,但是在人才辈出的今天,你敢肯定你的光芒不会被别人掩盖吗?

适当地表现自己,会让自己充满信心和力量,这种力量又会促进我们更加地完善自己。20多岁的年轻人,不仅仅要表现出自己的才能让众人知道,更需要有目的地宣传自己。美国人力资源管理学家科尔曼说过:"职员能否得到提升,很大程度不在于是否努力,而在于老板对你的赏识程度。"可见,得到他人的欣赏有时候比能力更重要,而你要得到他人的赏识,必须首先给他人一个赏识你的理由。那么,如何做到有目的地宣传自己呢?

首先,要对自己充满信心。

自我宣传,首先就是对自己能力的肯定。任何时候,都要视自己为主角。在任何时间、任何地点,都要告诉自己"我是最风光的,没有人可以抢走我的风头",这样不断地暗示自己,为自己加油助威。

小李和小张在一家公司做实习生,实习期为三个月,最终只留下一个人。两人到公司一个月,就分出了胜负,小李留了下来,小张被人事部提前通知不被录取。

有一天,经理给他们两人布置了一项任务,以他们的能力和经验,这项任务是很难完成的。小张看了一眼项目方案,觉得经理是有意为难他们,所以也没当一回事;而小李却不这样认为,他认为经理是在考验他们的能力。他想,既然经理给他们安排了这个任务,就说明他们有可能完成,否则经理是不可能难为他们的。于是,小李虚心请教部门的老同事,熬夜查找资料,给经理交了一份报表。虽然报表不十分完美,但也充分显示出了小李的各项能力。于是,小李被留了下来。

从这里,我们能看到信心的力量。一种积极的思想可以引领你获取成功,而一种消极的思想在你付出行动之前就已注定了你的失败。许多成功者的成长轨迹中都有自信心的推动。信心能转化为一种积极的动力,它能够激发潜意识,释放出无穷的热情、精力和智慧,进而帮助我们获得巨大的财富与事业上的成就。

其次,懂得包装自己。

就像我们在买某种商品的时候,对于一些同类产品,在无法对比其功能强弱的时候,我们都会注重其包装。看包装本身的质量如何,上面的图案印刷是否清晰,哪个名人代言,等等。伪劣产品常常在包装上也比不过正品;大牌厂家生产的产品在包装上常常也优于小厂家生产的产品。通过这些简单的辨别,就可以决定该选择哪个商品。

个人形象是一个人出门在外的一张名片,包装成功与否与你的前途息息相关。无论工作还是爱情,包装得好,你就会比不注重包装的人获得更多的机会。

包装自己又包括外在的包装和内在的包装。外在的包装就是指一个人从外部的形象上包装自己,让人喜欢与你亲近。现在很多企业的招聘人员都注重应聘者的外在形象。笔者所接触的一些老板在选员工时也比较注重外在形象。

当然,这里所说的包装自己,绝不意味着可以弄虚作假,所以一个人不仅仅要注重穿着得体、有品位、吸引人,更要注重自己内在的气质修养,这也就是所谓的内在包装。比如自己的诚实可靠,自己的渊博知识,或是自己的稳重大方,这些都应让别人从你的一举一动中切实地感受到。当然,这需要你不断地充实自己,做个富有内涵的人。

最后,经常给自己寻找机会。

有些人总是说什么"真人不露相",非常低调地做人、做事,结果一辈子也没有找到自己的"用武之地"。与有机会但没能力的人比起来,那些有能力却没有机会的人,心中更是愤愤不平。

伯乐相马的故事告诉了我们伯乐的重要性,而韩愈在《马说》中则进一步指出:"千里马常有,而伯乐不常有。"一方面我们苦于找不到良马;另一方面真正的良马又被埋没。既然世上"伯乐"稀少,那么,"千里马"们为何不来个"毛遂自荐"呢?

经过地下通道的时候,经常看到一些流浪歌手捧着吉他,唱着辛酸的歌曲,面前的吉他包里,有路人施舍的零钱。有人说:"这些年轻人长得挺帅,但面子挺厚的,这么多人过来过往,他们一天能讨几个钱啊,还不如找份正经工作去做。"其实,他们的目的不是要钱,而是要机会。这些歌手值得我们敬佩。我们知道的很多歌手最初都在地下通道磨练过,寻找过机会。

道理很简单,你不把自己的能力亮出来,谁知道呢!如今这个时代,是需要向社会展示自己才能的时代。只有展示自己的才能,并以此宣示自己在社会上定可有所作为,才能实现自己的人生价值。年轻人应该充分发挥自己的聪明才智,充分表现自己。

六、正确处理人际关系

如何正确处理人际关系是一个技术的问题,在说明该问题之前,先要讨论的是为什么要搞好人际关系。如果没有必要,技术上的讨论也就没有了价值。从心理上讲,不管身份高低,每个人都希望受人欢迎,因为受人欢迎意味着对自我价值的肯定。老师希望受学生的欢迎,学生同样希望老师喜欢自己。一个人可能一时不在乎别人是否喜欢他,但是他不可能所有的时候都不在乎。人们之所以要追求受人欢迎是在我们一出生时就注定了的,因为我们总是不能离开他人而独立地生存。在人际关系问题上,许多人共同存在认识上的两个误区。一是对人际关系持无所谓的态度,二是在人际关系上过分讲究谋略。

(一)正确处理人际关系的重要原则

处理好人际关系的关键是要意识到他人的存在,理解他人的感受,既满足自己,又尊重别人。

1.人际关系的真诚原则。真诚是打开别人心灵的金钥匙,因为真诚的人使人产生安全感,减少自我防卫。越是好的人际关系越需要关系的双方暴露一部分自我,也就是把自己真实想法与人交流。当然,这样做也会冒一定的风险,但是完全把自我包装起来是无法获得别人的信任的。

2.人际关系的主动原则。主动对人友好,主动表达善意能够使人产生受重视的感觉。主动的人往往令人产生好感。

3.人际关系的交互原则。人们之间的善意和恶意都是相互的,一般情况下,真诚换来真诚,敌意招致敌意。因此,与人交往应以良好的动机出发。

4.人际关系的平等原则。任何好的人际关系都让人体验到自由、无拘无束的感觉。如果一方受到另一方的限制,或者一方需要看另一方的脸色行事,就无法建立起高质量的心理关系。

最后,还要指出,好的人际关系必须在人际关系的实践中去寻找,逃避人际关系而想得到别人的友谊只能是缘木求鱼,不可能达到理想的目的。受人欢迎有时胜过腰缠万金。

(二)如何正确处理人际关系

人际关系是职业生涯中一个非常重要的课题,特别是对大公司企业的职业人士来说,良好的人际关系是舒心工作、安心生活的必要条件。如今的毕业生,绝大部分是独生子女,刚从学校里出来,自我意识较强,来到社会错综复杂的大环境里,更应在人际关系方面调整好自己的坐标。

1.对上司——先尊重后磨合:任何一个上司(包括部门主管、项目经理、管理代表),干到这个职位上,至少有某些过人之处。他们丰富的工作经验和待人处世方略,都是值得我们学习借鉴的,我们应该尊重他们精彩的过去和骄人的业绩。但每一个上司都不是完美的,所以在工作中,唯上司命是听并无必要,但也应记住,给上司提意见只是本职工作中的一小部分,尽力完善、改进、迈向新的台阶才是最终目的。要让上司心悦诚服地接纳你的观点,应在尊重的氛围里,有礼有节有分寸地磨合。不过,在提出质疑和意见前,一定要拿出详细的足以说服对方的资料计划。

2.对同事——多理解慎支持:在办公室里上班,与同事相处得久了,对彼此之间的兴趣爱好、生活状态都有了一定的了解。作为同事,我们没有理由苛求人家为自己尽忠效力。在发生误解和争执的时候,一定要换个角度、站在对方的立场上为人家想想,理解一下人家的处境,千万别情绪化,把人家的隐私抖了出来。任何背后议论和指桑骂槐,最终都会在贬低对方的过程中破坏自己的大度形象,而受到旁人的抵触。同时,对工作我们要拥有诚挚的热情,对同事则必须选择慎重地支持。支持意味着接纳人家的观点和思想,而一味地支持只能导致盲从,也会滋生拉帮结派的嫌疑,影响公司决策层的信任。

3.对朋友——善交际勤联络:俗话说"树挪死,人挪活"。在现代激烈竞争社会,铁饭碗不复存在,一个人很少可能在同一个单位终其一生,所以多交一些朋友很有必要,所谓朋友多了路好走。因此,空闲的时候给朋友挂个电话、写封信、发个电子邮件,哪怕只是片言只语,朋友也会心存感激,这比邀上大伙撮一顿更有意义。

4.对下属——多帮助细聆听:在工作生活方面,只有职位上的差异,人格上却都是平等的。在员工及下属面前,我们只是一个领头带班而已,没有什么了不得的荣耀和得意之处。帮助下属,其实是帮助自己。因为员工们的积极性发挥得愈好,工作就会完成得愈出色,也让你自己获得了更多的尊重,树立了开明的形象。

而聆听更能体味到下属的心境和了解工作中的情况,为准确反馈信息、调整管理方式提供了详实的依据。美国一家著名公司负责人曾表示:当管理者与下属发生争执,而领导不耐心聆听疏导,以致于大部分下属不听指挥时,我首先想到的是换掉部门管理者。

5.向竞争对手——露齿一笑:在我们的工作生活中,处处都有竞争对手。许多人对竞争者四处设防,更有甚者,还会在背后冷不防地"插上一刀、踩上一脚"。这种极端,只会拉大彼此间的隔阂,制造紧张气氛,对工作无疑是百害无益。其实,在一个整体里,每个人的工作都很重要,任何人都有可爱的闪光之处。当你超越对手时,没必要蔑视人家,别人也在寻求上进;当对手超越你时,你也不必存心添乱找茬,因为工作是大家团结一致努力的结果,"一个都不能少"。无论对手如何使你难堪,千万别跟他较劲,轻轻地露齿微笑,先静下心干好手中的工作吧! 说不定他仍在原地发怨气,你已完成出色的业绩。露齿一笑,既表现了大度开明的宽容风范,又拥有一个豁达的好心情,还担心败北吗? 说不定对手早已在心里向你投降了。

案例一

迷茫——与领导之间远近两不宜

小华刚参加工作时,他抱着走"群众路线"的想法,尽量远离领导,和同事打成一片。他以为只要认真做事,就能在公司立足。可是3个月试用期还没到,小华就被炒鱿鱼了,因为领导觉得他"表现平平"。不久他又找到另一份工作,吸取上次的教训,小华频频在领导眼前晃悠:开会时总抢着坐在他旁边,隔三岔五主动汇报工作……同事们的鄙视早在小华的意料之中,可让他没想到的是,有一次他无意中听到领导说自己"太爱出风头"……

分析:古语云"伴君如伴虎",在现代职场上,领导就是每个普通职员心中的那只"老虎":离得太远,怕被忽略;离得太近,怕被伤着。其实关键要看领导愿意与你保持多远的距离。"领导"也分很多种:亲和的、严肃的;传统的、前卫的……不同的性格,决定了领导与你之间"距离"的远近,弄清这点很重要。不要害怕流言蜚语,我们不可能让每个人都满意,凡事做到问心无愧就好。

案例二

愤怒——被最亲密的同事出卖了

大学同学小诺和阿梅同时进入一家公司,又在同一个部门工作,关系一直很好。出于信任,小诺和阿梅无所不谈,从个人隐私到对公司的种种看法。可让小诺没想到,有一天多年的好姐妹会反目成仇:前些日子,部门主管辞职了,公司决定在小诺和阿梅之间选一个接替这个职位。论资历和实力,姐妹俩不相上下。可最后,小诺落选了,后来才知道,是阿梅找人到领导那儿告了小诺一状,说小诺对公司有诸多不满……

分析：职场上，最可能出卖你的那个人，往往就是知晓你秘密最多的"密友"。要知道，很多时候，同事之间除了合作伙伴关系，还是潜在的竞争对手：当你们目标一致时，同事是你最亲密的战友；当你们利益发生冲突，这种关系就变得摇摇欲坠。言多必失，在与同事保持安全距离的同时，务必管好自己的嘴。

案例三

为难——客户提出非分之请

李健是一名销售顾问，与客户保持良好的关系至关重要。几年来，他与一些重要客户成了很好的朋友，经常一起吃饭、打球，感觉如鱼得水。这种状态让李健的同事们羡慕不已，但他却是有苦说不出：一是为了维护这种"朋友"关系，李健的日常开销大增；二是一些熟客户会请他"看朋友面子"，为他们提供一些"便利"，而这些"便利"是以损害公司利益为代价的……

分析：没有任何显性的或隐性的利益冲突，是成为"朋友"的必要条件之一。而你与客户，本来就是因为利益走到一起的，而且这种利益时常会发生冲突。所以，客户注定难以成为你真正意义上的朋友。与客户之间保持适当距离，务必要记住"吃人嘴软，拿人手短"这句话，守住与人交往的心理底线，坚决不做违反原则的事——这是你与客户保持平等对话权利的前提条件。

建言——职场关系5点备忘录

想建立良好的职场关系，距离不是问题。不妨从以下几方面着手努力吧：

1. 弄清自己的角色。不同的角色有不同的职责，决定了你的立场和处事方式。

2. 相互尊重。要想赢得别人的尊重，首先要学会尊重别人，包括尊重对方的隐私和劳动成果等等。

3. 遵守规则。每个游戏都有规则，职场也不例外。

4. 大局观念。与同事发生矛盾时，要站在大局的角度考虑问题，学会忍耐和包容。

5. 保持距离。与领导、同事和客户都要保持适当距离，不搞小团体。

（三）初入职场的大学生处理人际关系

1. 初次遇到坏性格的同事。不得不承认，有的同事的确可能因为性格的原因让你不舒服，但是只要不会在你的工作中对你落井下石，他们都是你的普通同事而已，而不是你的敌人，采取正确的态度面对他们的坏性格是很有必要的。遇到坏脾气、小心眼的同事，不要对他太在意，最好的处理方式就是冷静、冷静、再冷静。遇到性格懦弱、常常愁眉不展的同事，你可以用良好的工作态度来影响他。

2. 初次遭遇谣言。谣言就像职场上的一大杀手，要引起足够的重视，有多少人一不小心就因谣言陷入万劫不复的境地。当然，这也可能与此人平时的行为有关，给了别人捕风捉影的机会。当同事们对某人颇有微词的时候，谣言一出来，大家都是"宁可信其有，不可信其无"了。你要建立好人缘，用强大的群众基础抵抗少数破坏分子，并且谨言慎行，不给谣言滋生创造温床。

3. 初次与同事结怨。与同事意见不合，一定不要发狠"压他一头"。有时候，仅仅是意见不合，完全没有必要争吵，不要非占上风不可。实际上，争吵中没有胜利者。即使你滔滔不绝,口头胜了,但与此同时,你也树立了一个对你心怀怨恨的敌人。所以,抨击他人只是出于证实自己的能力,但收获的却往往是冲突和敌意。"让人三分不为懦",愿意承认对方的长处将为你赢得一个朋友。

4. 初次坐老板的"冷板凳"。是谁把你推到了冷板凳上?你的回答一定不要是老板、领导、同事,或者任何其他人。有一句话叫先做人、后做事,不同的人面对不同的事处理方法是不同的。一个能力强的人,就在于任何事情都不会成为他发展的桎梏,他有能力扭转局势。什么原因让你把一件事情做糟糕了?只有你自己知道答案,多想想做这件事情时别人的感受,尤其是为何你的行为伤害到别人的利益。既然坐上了"冷板凳",就要"冷静思考"。

5. 初次见客户。要见客户,在家中对着镜子说一万遍"我不害怕、我很自信"是不管用的,不如多参加几次与客户的应酬,努力克服自己心中的畏惧感,最不可取的就是因为害怕而逃避这样的应酬。对此,你需要事先做好准备并且随机应变。

6. 初次被同事排挤。有句话叫"不遭人妒是庸才"。你刚刚到一家公司上班,就有着令人羡慕的优越条件,包括高学历、有背景、相貌出众等,这些都有可能让同事妒忌。还有升职、加薪甚至领导一句口头表扬都是同事们想获得的奖励,争夺也在所难免。虽然大家非常努力地工作,但彼此心照不宣,谁都想获得一种优先奖励权。对此,你要适时示弱并培养自己的聊天魅力。

七、学会主动请示汇报

在"60后"、"70后"领导的眼里,"80后"、"90后"的员工不爱开口,不做反应,工作态度很成问题。可冤屈的"80后"、"90后"自己明白,工作累得像老黄牛,领导却一点都不知道。在实际工作中,很多刚步入职场的大学生经常会苦恼于如何向上级汇报和请示工作——"说多了,不是;说少了,也不是",经常陷入无名的苦恼。

(一)实际工作中要做到:多汇报,会请示

1. 多汇报,特别是要主动、及时汇报

要知道,每一个上级最苦恼的事情之一就是不知道下级在干什么、干得如何。如果上级总是直接问下级,下级就会认为上级不信任他,上级也会担心给下级造成不必要的压力和误解;如果上级不问,下级也不主动汇报,上级也会担心下级是否认真执行到位,是否有什么需要上级帮助解决的重要问题,以防在过程中出现措手不及的事情而影响最终的结果,甚至是对工作的全局造成不利的影响。

于是,作为称职的下级,就必须主动、及时地向上级汇报自己的工作。要知道,汇报是下级的义务,听不听是上级的选择。一定不要担心上级没时间听而不主动汇报。汇报时,要着重两个方面:一是,做了什么,有什么结果或者成果,不必讲细节;二是,还要打算做什么,怎么做,为什么这么做,也不要讲细节。既不要在汇报中夹带请示事项,也不要把汇报当成请功,领导心里自有一本账。而且不仅要报喜,更要报忧。

如果上级关注具体细节的话,他自然会问你;如果上级有什么具体要求或建议的话,他自然会提出来。切记在上级面前,一定要让自己的工作透明,让上级随时知晓下级在做什么、做得如何、有什么需要支持或者指导的地方。等到上级直接问下级的时候,往往

是因为下级汇报晚了,上级实在等得不耐烦了,这时再汇报,往往会造成自己工作的被动。

另外,随时有"主动、及时汇报"的心理准备,也会让自己经常在头脑中梳理工作、思考工作,养成良好的工作思维习惯和职业作风,以备上级的随时询问与沟通。

2. 会请示

对于超越自己的管理权限和审批权限的事项,下级必须请示,不能先斩后奏,越权办理。请示时,必须要给出上级至少两个可供选择的建议,而且必须有自己明确的主张。绝不能只把问题抛给上级,自己却没有任何主见,要让上级做选择题,而不是做问答题。对于属于自己管理权限和审批权限之内的事项,特别是日常的、例行的工作,自己只要依照权限主动去做就行了,只需及时向上级汇报结果即可。如此,上级会认为下级是一个有主见的人,有魄力的人,有领导力的人。如果出于对上级的"敬畏"而事事请示,上级就会对下级的工作主见、工作魄力甚至领导力产生疑问。

总之,汇报要经常,请示要偶尔。如此,就会让自己尽享工作中的乐趣。否则,就会自寻烦恼,进退维谷。

案例

王维在一家小型的销售公司做文员。公司规模不大,二三十个人,销售的是健身器材百货。在高高的写字楼里,有一层的几间办公室就是公司的场地。

虽说文员是一个闲职,但王维并不轻松。她每天早上六点起床去上班,晚上七点多才能下班。整个办公室里,就只有她和经理两个人坐守着,其他都是业务人员出去跑业务了。

王维每天要接听很多的电话,有打电话要来面试的,有打电话说要订货的,当然也有打电话说买的东西坏了要来换一个的……这些事她都会向经理汇报。虽然经理说找他有事的电话跟他说一下就可以了,但王维想着公司里的事,经理有必要有一个大体的了解,就一直坚持在不打扰经理的情况下粗略地汇报一下。经理见她做事这么认真、积极,就没有说什么,只是刚开始觉得会烦她,后来才发现这样也不错,自己对公司的运转情况了解得更多了。

有一次,经理刚好出去了,办公室里就剩下她一个人,有一个顾客打来电话说是买的健身器材坏了,要亲自来换一下,并且还要再来买两台。王维心中很忐忑,她没有帮顾客提货的权限,就向顾客说了公司的地址,顾客有空的话可以过来一下。

打完电话后,王维立马联系经理,可经理的电话一直都没有接通,她不知道怎么办才好,只有在那里等经理回来。经理出去的时候,交代过她说一会儿回来。半个小时过后,经理和顾客同时出现在了门口,经理不明白是怎么回事,径直走进了自己的办公室。

王维让顾客坐下来,倒了一杯茶,让顾客稍等。她先是去了经理办公室向经理说明顾客的来意,等待经理的答复。经理说:"怎么不早说,我要是回来晚了,你就要自作主张把事情处理了吗?"王维说:"没有联系到你,只能等了。也没想到顾客来得这么快。"经理本想批评她,说她自作主张,可又想平时她规规矩矩向自己汇报相关的事情,就没有再说什么。得到经理的批示后,她去仓库取来了健身器材交给了顾客。这件事最后总算是顺利地解决了。

分析:什么是上级? 上级的标志就是有高于下属的权利。下属超越权限的行为在职场中是最忌讳的事。如果一切事情下属都可以作决策,那还要上级做什么? 这样做的下属究竟有没有把上级放在眼里? 王维做事有不周到之处,才会招来经理的不满和反问。王维平时就是勤汇报、多请示,这才没有招来"杀身之祸"。做了逾矩的事就像是要在老虎嘴里拔牙,是很危险的事。

在职场中,还要牢记的一点是:在汇报和请示中,千万不要添油加醋,掺入自己的判断和主观的猜想。一切要从实际出发,尊重事实,这样才会成为一个诚实、可信又敬业的下属。

(二)开展工作,坚持多请示、多汇报

1. 端正心态,坦诚相待,在与上级沟通上下工夫

有的人可能以前会有这样两种心态:一是存在对领导的畏惧心理,尤其担心在工作中出现纰漏或错误,惟恐领导责备,害怕见到领导。大都是迫不得已才找领导沟通。二是慑于周围人际环境的压力,认为多向领导请示、汇报会被别人误认为是在打小报告。这些心态极不利于自己的成长和发展。事实上,任何人都难免会犯错误,犯错误本身并不要紧,要紧的是做到主动尽早与领导沟通,以期得到领导的批评、指正和帮助,尽快改正错误。同时我们也要清晰地看到,打小报告是出于私心,主要目的是维护个人或小团体的利益;而汇报工作是出于公心,主要目的是维护组织整体的利益。只要抱有这样的心态对待正常的请示、汇报工作,身正不怕影子歪,也就不会过多在意一些人的看法。

"要当好管理者,首先当好被管理者"。我们作为下属就要时刻保持主动与领导沟通的意识,具体方式就是我们常说的多请示,多汇报,勇于表现,善于表现。摒弃"不叫不到"的被动做法,打破"无事不登三宝殿"的保守态度,在恰当的时间、恰当的地点通过恰当的话题和方式与上级领导进行融洽的沟通,使上级领导了解我们的工作进展,掌握存在的困难和问题,在工作、生活上给予更多的支持。通过向领导主动请示工作,能及时纠正自己工作中出现的偏差,保证上级的决策及时不打折扣地贯彻执行;通过向领导主动汇报工作,让上级领导及时了解、掌握工作的进展情况,为下一步的工作调整作出决策。能让上级以及同事了解自己的工作,减少误会的发生,同时使自己取得展示才华、取得成功的机会。

2. 在高质量履行自己的职责上下工夫

把对工作的注意力放在第一位,履行好自己的职责,尤其需要减少由于不领会上级意图而造成的工作失误,减少走弯路,遇事多请示、多汇报。但这并不等于事无巨细都请示,遇事没有主见,大小事不做主。作为基层的年轻干部以高度的责任心在自己职权范围内大胆负责、创造性工作,是值得倡导的,也是为领导所欢迎的。该请示、汇报的必须请示、汇报,但决不要依赖和等待。在向领导请示、汇报时要能在自己的职责范围内提出自己的主见,这种主见就是一种参谋,是为领导提供决策的依据。同时经常换位思考,时常想到如果我是领导我该如何处理此事而寻求对上级领导处理方法的理解!

3. 在请示、汇报技巧上下工夫

上级领导由于负责的工作比较全面,时间是非常宝贵的,他对基层的各项工作不可

能都去实地了解,但又必须掌握各项工作的进展情况以及存在的问题,以便对整个单位的工作进行宏观的把控。

第一,在请示、汇报之前,做好充分的准备。要将相关的材料准备齐全,避免在请示的过程中返回办公室取需要说明的文件。尽可能地将事情考虑周全,将上司可能需要的跟工作汇报密切相关的材料放在一起。要事先在脑中将请示、汇报的重点过一遍,理清楚请示的主线,不要让上司听得一头雾水。理清自己的思绪,最好拟定一份汇报提纲,并且预想出上司可能会提出的问题,准备好应对措施。

第二,要跟上司预约汇报时间。在请示、汇报之前,一定要先了解上司最近的工作安排。不要跟上司的其他工作发生时间上的冲突,可以直接和上司预约时间,也可以通过上司的秘书安排。总之,千万不要没有预约就贸然地跑到上司办公室,这个时候或许他在接待客户,或许正遇上他情绪不好,这样唐突汇报工作是非常失礼的,也有惹火上司的危险。

第三,要有明确的时间观念。在向上司请示、汇报的时候,不是越早越好。因为上司在你来之前可能安排了其他的事情,提前到达很有可能打扰上司正在进行的工作。如果早到了,可以在上司的办公室外稍坐一下,理理思绪。迟到也是不允许的。一个没有时间观念的人很难让人信任。准时到达是最好的选择。如果在到了之后,上司仍然有尚未处理完的工作,可以示意上司自己可以稍等片刻,最好是离开上司的视线稍等。因为在上司眼前晃,会让上司产生一种时间压迫感。而善解人意地在外头等待,给上司留有足够的环境和空间,是最让上司舒服的做法。如果因为有其他的事情而耽搁了时间,一定要提前跟上司打招呼,让上司决定稍后进行或是延期汇报。

第四,在汇报的过程中需要注意。在汇报的时候,先简单地介绍一下自己的想法和思路,听取上司的兴趣和意见之后再针对重点问题做详细的汇报,不要不分轻重地直接巨细无遗地汇报。在汇报的过程中,不管上司对你的工作意见是否赞同,都要保持尊重上司的基本态度,就事论事地沟通问题,不要用过激的语言来强调自己的坚定,也不要唯唯诺诺只会附和,更不要固执己见,不分尊卑。汇报的目的,是为了让你的工作想法被上司认可,而想要说服领导,只能依靠严谨而谦虚的态度。在汇报的时候一定要保持冷静,适当的时候稍作停顿,听听上司的意见。

当请示、汇报的内容得到上司肯定的时候,要予以感谢,并且明确表达自己认真实践的决心。当请示、汇报的内容被上司否定的时候,应该在尊重上司意见的前提下用委婉的方式陈述理由说服对方。如果上司一时难以决定,也不要过于催促,千万不要逼上司作决定。

在汇报的过程中,也要注意控制时间,以免耽误上司的工作安排。如果上司有进一步探讨的意愿,可以在征询上司同意之后继续与之交流。即便你还有工作,也应该让上司把话说完之后再表明自己之后的工作安排,询问今日的汇报是否可以告一段落。在离开的时候一定要有告辞之言:"耽误您的时间了"、"麻烦您了"、"那我告辞了"。将自己手头的资料整理带走,包括自己用过的稿纸和一次性水杯等,不要给上司留下一个亟待清理的凌乱环境。

案例

钱弘毅大学毕业后应聘到一家大公司工作,刚开始她被分配到总部的行政部门工作,每天处理一些零星琐碎的公司事务。就是在这样一个看上去并不怎么起眼的部门,却云集了许多硕士甚至博士等高学位的尖端人才,这让钱弘毅感到压力很大。

渐渐地,钱弘毅发现部里的许多员工都很傲慢,架子也似乎一个比一个大,他们都仰仗着自己学历高、资历深而忽视了身边一些实质性的工作。大多数人整天不是寻思着怎样享乐,就是热衷于"第二职业",并不把自己的工作当回事,甚至在出现工作失误时也从来都不汇报。当钱弘毅问及此事,很多人都回答:"这种失误算得了什么啊? 明天上班再解决也不迟,告诉领导那简直是愚蠢至极。"

而钱弘毅却觉得工作中有失误并不是什么大不了的事情,即使这失误再小,失误终归是失误,自己必须要承担起来并及时向领导汇报。

一天,钱弘毅要复印一份文件,当她摁动机器的复印按钮时,纸卡在了机器里出不来了。这种情况在其他同事使用时,也经常出现,但钱弘毅并没有像其他同事那样将纸硬拽出来,而是跑到老板的办公室报告了自己的"失误",并说明卡纸的问题经常出现。她说自己咨询过有关人士,认为是这台复印机有问题才会经常出现卡纸的现象,所以请示老板是否可以请复印机厂商的客服人员过来彻底检查一下。如果有问题修好了,大家就不必在复印文件上浪费太多时间了,而可以把时间利用到工作中去。

领导一听是复印机的事,本来还觉得钱弘毅小题大做呢,结果听他这么一说,觉得有理,就听从了钱弘毅的意见。当复印机厂商客服认真地检查后,果然发现复印机出了问题才导致经常卡纸的现象出现。领导见此,不禁对钱弘毅有了较为重点的关注。

钱弘毅正是凭借这种劲头,一头扎进工作中,从早到晚埋头苦干,因为自己的汇报还经常被领导要求加班加点。但过没多久,钱弘毅却成了部里的"顶梁柱",并逐渐受到领导的重用。如今,钱弘毅已经是该公司某一大区的主要负责人之一。

分析:聪明的下属善于主动向领导请示和汇报,善于征求领导的意见和看法,把领导的意见融入到工作中去。这样既可以避免工作中犯错,又可以博得领导的欢心。而且工作中遇到关键的问题,多向领导汇报和请示是下属主动争取表现的好办法,也是下属做好工作的重要保证。

职场中普遍存在一种错误的认识,很多人认为自己有工作失误时不必及时向领导汇报,只要自己事后弥补了失误就没什么大不了的。话虽这么说,但是你如果能在出现工作失误时不仅仅只是在想办法弥补,而是能够做到第一时间就让领导知道你的失误,或许你处理失误的过程中就会轻松得多。因为你也会在第一时间得到领导的帮助,而不仅仅是批评指责。所以,即便是你的工作出现了失误,你也要及时向领导汇报。

及时汇报自己在工作中的失误,能够充分地体现出你对待工作的责任感。要知道世界上没有不必承担责任的工作,工作就意味着责任。职位越高、权力越大,你肩负的责任也就越重。如果你随时都能承担起自己工作的责任,自然会得到领导的赏识和公司的认可。

所以,千万不要担心工作中的失误让领导知道了会批评指责你,只要让自己在领导心中留下勇于承担责任的好印象,你就一定能够获得更多表现自己的机会。

思 考 题

1. 结合个人谈谈自己初入职场应注意哪些事项。
2. 初入职场,应从哪些方面搞好人际关系?
3. 职业工作中请示和汇报应注意哪些方面?

创　业　篇

第六章　创业概述

随着高校毕业生规模逐年扩大,我国就业形势日趋严峻,大学生就业问题日益凸显。因此,大学生创业不仅是解决目前就业难的有效途径之一,而且也是大学生实现自我人生价值的一种重要方式。

第一节　大学生创业

开展大学生创业教育是市场经济发展的必然要求。培养具有创新精神和创新能力的优秀大学生,是大学教育的首要目标;为每一个有梦想的大学生提供系统、全面的创业教育,使其具备创业精神、创业知识和创业能力,帮助大学生成功创业,是大学教育的现实任务。

一、大学生创业概述

(一)创业的概念及特征

创业是一个跨学科的概念,其涉及的范围包括经济学、社会学、管理学、心理学等,是一个多领域综合性的概念。"创"从构字上看由"仓"和"利刀"组成的,从而引申出两层含义,一指创造、开创等意义,一指收获、积累和储藏的意义。"业"指"事业、功业",因而在《辞海》中将其解释为"建立基业"。创业在英文中有两种表达方式,一个是"venture",另一个是"entrepreneurship"。"venture"一词表示动词创业,"entrepreneurship"主要表示静态的创业状态或创业活动,是从企业家、创业家的角度理解创业。20世纪创业活动蓬勃兴起后,"venture"比"entrepreneurship"更能揭示创建企业这一动态过程。所以,现代往往用"venture"来指正在呈增长态势的创业活动。

关于创业的定义,至今没有权威统一的说法,最早的创业定义强调创业的经济功能。1775年法国经济学家Richard Cantillo第一次将创业者和经济中承担的风险联系在一起,认为创业(entrepreneurship)代表承担风险,首次提出"创业者"(entrepreneur)概念并将其引入到经济研究中。熊彼特在1911年《经济发展理论》一书中将创新的概念加入到创业的定义中,强调了创业者在创新和应对经济的不连续变化中的作用。美国哈佛商学院创业管理教授Howard H. stevenson等人1999年提出创业是一种管理方法,指无需考虑现有控制的资源去寻找机会。而美国著名创业学教授Jeffry A. Timmons在其所著 *New Venture Creation* 中定义创业是一种思考、推动和行动的方式,它为机会所驱动,需要在方法上全盘考虑并拥有和谐的领导能力。

综合国外的观点,我国学者把创业定义为一种以机会为导向、策略得当和领导有方的思维、推理和行为,一种需要创业者组织、运用服务、技术、器物作业的思考、推理、判断的行为,一种新价值的创造活动。因而,我们可以归纳出创业具有的如下特征:

创新性。创新是创业的最大特征。现代社会要求企业在技术、资源等方面有所创新,才能赢得市场,而创业正是实现创新的过程。

风险性。创业过程伴随着风险。创业者应具备一定的风险承受能力,要敢于冒险。在创业活动中会遇到各种风险,大多时候这些风险是相互联系的。这就需要创业者具有更强的风险承担和化解能力,企业才能生存下去。

决策性。创业是在识别机会和判断风险后作出的一种决策。创业过程往往伴随着风险,具有一定的复杂性,这就决定了创业的成功必然是一个不断探索和试错的过程,需要创业者具备前瞻性和敏锐的洞察能力。

社会性。创业活动都是在一定的社会环境下进行的,无论创业成功与否都会对社会产生一定的影响。创业本质属性是创新,这就意味着创业伴随着产品、服务、技术的创新,增加了社会供给和就业,推动技术的进步,进而推动了经济的发展,所以创业的过程和结果表现出了企业与社会的强烈互动。

收益性。各种创业活动都是为了获取收益而展开的,这种收益不单单包括经济利益,还包括个人价值的体现和实现个人愿望等非经济利益的获取。从早年的以文凭(学历)衡量能力标准,到后来的以综合素质衡量能力标准,到近些年以胜任力衡量能力的标准,直到现在的"创造价值"标准,这一过程充分表明,最终个人的知识、素质、能力、修养,要落实到其为社会或工作机构创造价值上来。

综之,我们认为创业是具备一定素质的创业者通过寻找和把握机遇,组织生产要素创造出新颖的产品或服务,通过市场创建企业或新的产业,实现其潜在价值的过程。

(二)大学生创业的概念

关于大学生创业的概念,一些学者认为大学生创业泛指受过高等教育的人,包括在校大学生和已经毕业的大学生所进行的一些创业活动;另有一些学者认为指在校大学生开创的某项事业。

如果把大学生的身份限定为所有受过高等教育的学生,定义大学生创业显然缺乏现实可能性。所以,我们在这里把大学生创业界定为具有学籍的高等学校学生和毕业两年内大学生、研究生以及回国留学生(留学生按照国家有关规定确认)开展的以满足市场需要为目的,提供社会所需的产品或服务,从而获得经济回报、创造社会价值的过程。也可以通俗地理解为,大学生毕业后不通过传统的就业渠道谋取职业,而是依靠自身的学识智慧、科技发明、专利成果等资源,通过独立或与他人合作创办公司、企业等形式开创自己事业的过程。

(三)大学生创业的类型

(1)创业就是要开创出一番新事业。大学生要勇于打破安于现状、不思进取的消极心态,通过积极拼搏去实现自我价值和社会价值的统一。

创业主要有如下类型:

生存型创业与机会型创业。生存型创业主要指创业者由于就业困难,迫于生计而进行的维持生计的创业活动。比如下岗工人的创业、农民工的创业、退伍军人的创业、残疾人的创业、无法就业或就业不理想大学生的创业。机会型创业指创业者因为自身有较好的创业条件或者遇到较好的创业项目,为了实现自己的理想而投身创业。机会型创业更多地适合理工科大学生,人文经管类的大学生创业一般只能从生存型创业开始。

(2)个体创业与公司创业。个体创业主要指具备就业条件的人放弃眼前的就业机会,依靠自己的能力开展自我创业的一种活动,是为社会经济发展贡献智力、财力的行为。公司创业(corporate entrepreneurship)是指现有的公司为了应对市场环境的变化开发新的产品或者业务,实现提高公司竞争力和盈利能力,甚至进入国际市场等目标,以研发、生产、营销等过程的创新而开展的组织活动。

(3)网络创业。网络创业也称互联网创业,简单地说,是指利用互联网作为平台进行创业的行为。

(4)衍生创业。衍生创业是指在现有组织中工作的团队或个体,脱离服务的组织,凭借在过去工作中积累的经验和资源,独立开展创业活动的创业行为。

总之,大学生创业的形式一般都是个体创业。对于先就业后创业的大学生,则是在获得一定的社会经验之后,通过获取创新成果或者创新的市场营销模式,再进行脱离原单位的个人创业,或者不脱离原单位的公司内部创业。

二、大学生创业的意义

创业是大学生就业渠道多元化的表现。大学生创业不仅可以为社会和个人创造财富,有利于拓宽就业渠道、缓解就业压力,还有助于大学生能力的提高、目标的达成,有利于人才自身的成长。所以,大学生创业对于大学生个体的全面发展,对经济、社会的可持续发展都具有重要意义。

(一)大学生创业有利于改善大学生就业难状况,为自己和他人提供更多的就业机会

近年来,由于我国经济结构调整,全球金融危机影响,特别是从1999年开始的高校大规模扩招导致的毕业生人数激增等因素的影响,我国大学生的就业形势日益不容乐观。全国高等院校平均就业率在70%左右,本科生就业率在80%左右,而这其中还包括回到原籍等待二次就业的学生和考上研究生继续深造的学生。为了促进大学生就业,政府出台了各种相应的政策,比如允许学生将档案留在学校两年,增加研究生录取人数等等,但是都不能从根本上解决问题。而以创业带动就业,不仅可以解决大学生毕业后自身就业问题,而且创办的公司还为社会产生新的岗位,给他人带来新的就业机会,缓解国家就业压力,可以说是"一举多得"。为此,国家各级党政部门,纷纷把"鼓励和支持高校毕业生自主创业"作为化解当前社会就业难的主要政策之一。

(二)大学生创业能促进社会发展和经济增长,有利于促进科技和社会创新

创业是以创新为基础,以创造价值及提高生产力为目的的综合性经济活动。在美国,20世纪90年代以来,科学技术不断推陈出新,大量白手起家的创业者创办企业取得了巨大成功,美国经济也在这些因素的支撑下成功实现了转型,并创造了十多年保持较高增长速度的历史最高纪录。

随着我国社会主义市场经济体制的不断完善,各级政府和社会普遍以开明的态度鼓励创业者开展创业活动,创业者的层次和创业活动的层次随之提升,高科技领域的创业活动开始活跃。创业不仅仅提高了个体的人均产出和收入水平,而且促进新的社会结构和经济结构的形成。尤其我国大学生处在校园环境之内,这里是我国科研活动比较集中的地方,大学生创业可以提高我国落后的知识转化率。另外,大学生创业不论成功与否,都会为社会培养储备一批具有高文化层次和丰富实践经验的人才。这一点,对社会发展的战略意义,远远超过其经济意义。

(三)大学生创业能为社会主义建设培养创新型人才

随着我国改革开放和经济的快速发展,特别是知识经济时代的到来,经济结构的调整和产业升级为大学生创业构建了良好的平台,巨大的市场潜力和市场空间为新时代有志创业的大学生提供了一个前所未有的机遇。另外,大学生作为人力资源中的优质资源,他们掌握了相应的专业知识和专业技能,具备一定的研发能力和创新能力。所以,随着就业结构和就业方式的发展变化,大学生创业将成为我国大学生就业的一种趋势。从政府到社会,从高校到各种组织部门,都表现出鼓励和支持的态度,并在努力营造更好的创业氛围。许多有想法、敢创新的青年从中脱颖而出,在全国范围内,掀起了一浪高过一浪的大学生创业的浪潮,无数的学生公司应运而生,大学生办公司一度成为社会的一个热点。而且21世纪是一个最注重个人发展的时代,也是青年人创业的最佳时机。大学生创业,不仅是一种尝试,也是一种趋势,它不仅有利于大学生个人的成长,也有利于整个社会的进步。

(四)大学生创业有利于大学生实现自我价值

创业过程是兢兢业业、励精图治的过程,创业者往往要面临许多困难和挫折,历经千辛万苦才能取得成功,所以创业过程也是个人意志锤炼的过程,它会使人更加成熟,更加干练。创业的过程也是大学生学习提高的过程,锻炼摸索的过程,自身发展的过程。而创业成功,就可以实现回报社会,为国家做贡献的崇高理想,同时个人也可以获得回报。过去创业英雄多是那些社会上白手起家的大富豪。而现在,创业英雄已经出现在校园里,年纪轻轻靠高科技致富,已不再是可望不可及的事情。所以,创业能更加充分挖掘和调动青年学子的创造力,营造一种商业氛围,锻炼和培养他们交际与协作的能力,创新开拓的能力,敢冒风险、不畏艰难、勇往直前的能力。创业,已成为大学校园里一道亮丽的风景线,也必将成为每一位参与其中的大学生人生中的一幅美丽的图画,他们的人生会因此而不同。

三、当前大学生创业现状

2014年全国高校毕业生总数达到727万人,比被称为"史上最难就业季"的2013年再增加28万人,创下历史新高。同时受我国宏观就业形势面临经济放缓、就业总量持续增加和结构性矛盾突出三重压力,针对高校毕业生的有效用人需求呈下降趋势,当前大学生就业形势复杂严峻,就业压力逐年增大。因此,各级政府对高校毕业生创业的重视程度不断提高,大多数大学生基本认同了创业是实现自身理想与价值的重要途径,越来越多的人投身到创业的大潮之中。

(一)创业成为大学生就业的一种形式,大学生创业热情高涨

创业与就业在本质上都是实现劳动力与生产要素的结合,只是就业是被动接受现有

工作岗位,而创业则是自己开创一些新职位。相对于其他创业群体而言,大学生创业群体具有年轻有活力、知识和技能丰富的特点,具有创业的基本条件和优势。一些优秀的大学生已经创办了自己的企业,说明当代大学生能够在巨大的就业压力下随机应对、做出积极的反应;另一方面,也显示了大学生创业群体的朝气、活力和实力,以及比较强烈的示范作用,激励更多的大学生加入创业行列,成为推动我国创业型经济发展的重要力量。

从 1999 年团中央、中国科协、全国学联举办全国首届"挑战杯"大学生创业大赛以来,在创业竞赛的带动下,大学生创业活动蓬勃兴起,有效地激励了大学生的自主创业行为,再加上国际创业浪潮的兴起,更助长了这种激励效应。特别是比尔·盖茨等创业"英雄"的示范作用,杨致远、张朝阳、马云等人的创业"神话"产生的广泛"明星效应",激发了越来越多大学生的创业冲动和热情。

(二)大学生实际创业比例偏低

2006 年年初,中央电视台曾对大学生创业状况进行过一次调查,对于"你想不想自己创业"这个问题,想去创业的有 79%,不想的有 21%。有将近 80% 的大学生都怀有创业的梦想。尽管这只是一个主观意愿调查,但这个数字很大程度上也确实反映出现在大学生就业观念的变化,越来越多的人不再遵循传统的毕业找工作的就业思路,而是希望通过自主创业体现自己的价值。

但是,大量的调查显示,大学生创业是多数人心动,少数人行动。教育部 2010 年对高校毕业生所作的调查显示:2010 年全国高校毕业生是 630 万人,其中自主创业的毕业生仅有 5 万余人,还不到毕业生的 1%。这种状况一方面说明许多大学生不再好高骛远,创业心态日趋理性和务实;另一方面也说明我国大学生创业能力尚显不足。因为我国大学生创业普遍表现为"生存型",而不是"机会型"。"机会型"创业者把创业作为其职业生涯中的一种选择,体现为抓住市场机遇,主动占领市场。再者,因为专业课程学习与创业时间上的矛盾,使很多大学生感到心有余而力不足,再加上惧怕创业艰难,实际进行创业实践的大学生少之又少。

(三)大学生创业成功率低

纵览最近几年国内各大媒体和网站,有关大学生创业实践活动的报道很多,包括大学生开办公司,某某大学的创业中心、创业科技园、创业实践基地建成,某某大学生创业街开业等等,看起来"形势一片大好"。这些信息反映出社会、学校、学生对创业实践的积极探索,表明社会对大学生创业的热切期待。但是,这表面的风光难掩失败频发的尴尬。

大学生创业在我国目前还处在探索阶段,大学生创业的状态总体上说是成功者少,失败者多,在创业过程中存在着各种各样的问题。比如说对市场的不了解,无法掌握市场信息,难以实现创业;自身素质水平不够,自主创业综合能力不足,难以成功创业。另一方面,创业教育理论体系不完善,创业实践教育缺乏,最重要的一点是大学生创业所需要的社会环境还不是很成熟,同时资金瓶颈也是大学生创业的一大障碍。教育部 2004年的一项报告显示,全国 97 家比较早的学生企业,赢利的仅占 17%,学生创办的公司 5年内仅有 30% 能够生存下去。另外,据不完全统计,我国一般企业的创业成功率达 30%以上,大学生自主创业成功率只有 2%~3%,远低于一般企业的创业成功率。

（四）网上创业成为热门选择

网络的发展,改变了社会的存在方式,也改变了个体的生活方式和谋生手段。电子商务发展速度之快超出了大多数人的预期。网络经济的风生水起,为众多大学生勾勒出实现致富梦想的"捷径"。越来越多的大学生憧憬着成为"人在家中坐,钱从网上来"的SOHO(Small Office & Home Office,家庭办公室、小型办公室办公)一族。

网络的深入普及和网络商业平台的成熟,使得网络创业具有传统创业平台不可比拟的优势。网络销售具有启动资金少、创业成本低、交易快捷等特点,这也是大学生选择网上创业的主要原因。另一方面,在校学生最缺乏的就是工作和社会经验,而用人单位往往最看重这一点。从进货到营销,再到成本核算、完成交易,每个步骤都能使学生把书本上的理论付诸实践。大学生开办的网络商店并不像人们想的那样只是卖卖二手书、文具、光盘或衣物。他们的网上商店里有衣服、家居用品、饰品、电子产品甚至高档物品。个别大学生的月营业额高达10万元以上。许多大学生已经将网上创业与就业作为他们的职场新选择。有关统计资料显示,目前中国高校毕业生供求总量失衡、结构矛盾突出,网上创业无疑让面临就业问题的大学生们多了一种选择。

四、大学生创业的政策

近年来,为了鼓励和引导具备一定条件的大学生自主创业,党和政府根据我国国情制定了一些相关政策和文件,出台了许多优惠政策,主要涉及融资、开业、税收、创业培训、创业指导等诸多方面。对打算创业的大学生来说,了解相关政策,是走向创业成功的第一步。

（一）国家鼓励大学生创业的政策

为了鼓励高校大学生自主创业,无论国家还是地方政府都制定了一系列的政策与措施。

1. 国务院办公厅关于做好2013年全国普通高等学校毕业生就业工作的通知摘要（国办发〔2013〕35号）

各地区、各有关部门要积极完善创业政策,加强创业教育、创业培训和创业服务,大力扶持高校毕业生自主创业,尤其要鼓励高校毕业生创办国家和地方优先发展的科技型、资源综合利用型、智力密集型企业,支持通过网络创业带动就业。各高校要将创新创业教育融入专业教学和人才培养全过程,并将创业教育课程纳入学分管理,鼓励在校生积极参加创业教育和创业实践活动。鼓励高校与公共就业人才服务机构合作开展创业培训和实训,从2013年起,将创业培训补贴政策期限从目前的毕业年度调整为毕业学年(即从毕业前一年7月1日起的12个月)。各地区要对自主创业高校毕业生进一步放宽准入条件,降低注册门槛,创业地应按规定给予小额担保贷款及贴息、税费减免等政策扶持。加大政策倾斜力度,积极推进大学生创业孵化基地建设,为自主创业高校毕业生提供项目开发、开业指导、融资、跟踪扶持等"一条龙"创业服务。

2. 教育部关于做好2014年全国普通高等学校毕业生就业工作的通知摘要（教学〔2013〕14号）

推动完善落实扶持创业的优惠政策。各地要抓住国家推进公司注册资本登记制度改革的契机,积极协调有关部门尽快制定简化创业手续、降低创业门槛的具体办法,加快构建"一站式"服务平台和"绿色通道",使毕业生能够高效、便捷申领证照。要进一步落实好自主创业税费减免、小额担保贷款、创业地落户、毕业学年享受创业培训补贴等优惠政策。

加大创业基地建设和创业资金扶持力度。各地要积极推动地方政府、产业园区、大学科技园、高校建设大学生创业园和创业孵化基地,进一步推进"高校学生科技创业实习基地"、"大学生创业示范基地"建设,为创业大学生提供低成本的生产经营场所和企业孵化服务。积极推动设立国家和省级高校毕业生就业创业基金,进一步扩大资金规模,简化申领手续,扩展资金受益面。高校要设立校级大学生创业资金,开辟专门场地用于大学生创业实践和孵化。

加强创业教育和创业服务。各地各高校要建立和完善创新创业教育课程体系,坚持理论与实践相结合,积极开展创新创业竞赛、模拟创业等实践活动,鼓励更多大学生参与创新创业训练计划和新一轮"大学生创业引领计划",多渠道、多方式培养学生创新意识和创业能力。邀请创业成功人士、企业家担任创业导师,提高创业指导的有效性和实用性。为创业学生提供政策咨询、项目开发、风险评估、开业指导、跟踪扶持等服务,提高创业成功率。

3. 教育部关于大力推进高等学校创新创业教育和大学生自主创业工作的意见摘要 (教办[2010]3号)

(1)加强创业基地建设,打造全方位创业支撑平台

全面建设创业基地。教育部会同科技部,以国家大学科技园为主要依托,重点建设一批"高校学生科技创业实习基地",并制定出台相关认定办法。省级教育行政部门要结合本地实际,通过多种形式建立省级大学生创业实习和孵化基地;同时要积极争取有关部门支持,推动本地区有关市、高等学校、大学科技园建立大学生创业实习或孵化基地,并按其类别、规模和孵化效果,给予大力支持,充分发挥基地的辐射示范作用。

明确创业基地功能定位。大学生创业实习或孵化基地是高等学校开展创新创业教育、促进学生自主创业的重要实践平台,主要任务是整合各方优势资源,开展创业指导和培训,接纳大学生实习实训,提供创业项目孵化的软硬件支持,为大学生创业提供支撑和服务,促进大学生创业就业。

规范创业基地管理。大学科技园作为"高校学生科技创业实习基地"的建设主体,要把基地建设作为园区建设的重要内容,确定专门的管理部门负责基地的建设和管理;加强与依托学校和有关部门的联动,共同开展大学生实习实训和创业实践。有关高等学校要高度重视大学科技园在创新创业人才培养中的作用,出台有利于大学科技园开展学生创业工作的政策措施和激励机制。

提供多种形式的创业扶持。大学生创业实习或孵化基地要结合实际,为大学生创业提供场地、资金、实训等多方面的支持。要开辟较为集中的大学生创业专用场地,配备必要的公共设备和设施,为大学生创业企业提供至少12个月的房租减免。要提供法律、工商、税务、财务、人事代理、管理咨询、项目推荐、项目融资等方面的创业咨询和服务,以及多种形式的资金支持;要为大学生开展创业培训、实训;建立公共信息服务平台,发布相

关政策、创业项目和创业实训等信息。

（2）进一步落实和完善大学生自主创业扶持政策,加强创业指导和服务工作

切实落实创业扶持政策。省级教育行政部门要按人力资源和社会保障部、教育部等《关于实施"2010 高校毕业生就业推进行动"大力促进高校毕业生就业的通知》（人社部发〔2010〕25 号）要求,与有关部门密切配合,共同组织实施"创业引领计划",并切实落实以下政策:对高校毕业生初创企业,可按照行业特点,合理设置资金、人员等准入条件,并允许注册资金分期到位。允许高校毕业生按照法律法规规定的条件、程序和合同约定将家庭住所、租借房、临时商业用房等作为创业经营场所。对应届及毕业 2 年以内的高校毕业生从事个体经营的,自其在工商部门首次注册登记之日起 3 年内,免收登记类和证照类等有关行政事业性收费;登记求职的高校毕业生从事个体经营,自筹资金不足的,可按规定申请小额担保贷款,从事微利项目的,可按规定享受贴息扶持;对合伙经营和组织起来就业的,贷款规模可适当扩大。完善整合就业税收优惠政策,鼓励高校毕业生自主创业。

积极争取资金投入。省级教育行政部门要与有关部门协调配合,积极争取当地政府和社会支持,通过财政和社会两条渠道设立"高校毕业生创业资金"、"天使基金"等资助项目,重点扶持大学生创业。要建立健全创业投资机制,鼓励吸引外资和国内社会资本投资大学生创业企业。

积极开展创业培训。省级教育行政部门要积极配合有关部门,对有创业愿望并具备一定创业条件的高校学生,普遍开展创业培训。要积极整合各方面资源,把成熟的创业培训项目引入高校,并探索、开发适合我国大学生创业的培训项目。同时,高等学校要加强对在校生的创业风险意识教育,帮助学生了解创业过程中可能遇到的困难和问题,不断提高防范和规避风险的意识和能力。

全面加强创业信息服务。省级教育行政部门和高等学校要加大服务力度,拓展服务内涵,充分利用现有就业指导服务平台,特别是就业信息服务平台,广泛收集创业项目和创业信息,开展创业测评、创业模拟、咨询帮扶,有条件的要抓紧设立创业咨询室,开展"一对一"的创业指导和咨询,增强创业服务的针对性和有效性。

高等学校要出台促进在校学生自主创业的政策和措施。高校可通过多种渠道筹集资金,普遍设立大学生创业扶持资金;依托大学科技园、创业基地、各种科研平台以及其他科技园区等为学生提供创业场地。同时,有条件的高校要结合学科专业和科研项目的特点,积极促进教师和学生的科研成果、科技发明、专利等转化为创业项目。

（二）国家鼓励大学生创业的具体优惠政策

《2013 年国家鼓励普通高校毕业生自主创业政策公告》中提出:

1. 放宽市场准入条件

（1）对自主创业高校毕业生进一步放宽准入条件,降低注册门槛,初创企业时,允许按行业特点放宽资金、人员准入条件,注册资金可分期到位。

（2）按照相关规定可将家庭住所、租借房、临时商业用房等作为注册地点及创业经营场所。

2. 享受资金扶持政策

（1）对符合条件的高校毕业生自主创业的,可在创业地按规定申请小额担保贷款;从

事微利项目的,可享受不超过 10 万元贷款额度的财政贴息扶持;合伙经营和组织起来就业的,可根据实际需要适当提高贷款额度。

(2)视当地情况,可申请"大学生创业资金"。

3.实行税费减免优惠

(1)毕业 2 年以内从事个体经营时,自在工商部门首次注册登记之日起 3 年内,可免交管理类、登记类和证照类等有关行政事业性收费。

(2)持《就业失业登记证》(注明"自主创业税收政策"或附着《高校毕业生自主创业证》)的高校毕业生在毕业年度内(指毕业所在自然年,即 1 月 1 日至 12 月 31 日)从事个体经营的,3 年内按每户每年 8 000 元为限额享受有关税收优惠;毕业 2 年以内从事个体经营时,自在工商部门首次注册登记之日起 3 年内,可免交有关行政事业性收费。

4.提供培训指导服务

(1)对高校毕业生在整个毕业学年(即从毕业前一年 7 月 1 日起的 12 个月)内参加创业培训的,根据其获得创业培训合格证书或就业、创业情况,按规定给予培训补贴。

(2)进入"高校学生科技创业实习基地"创办企业,可以享受减免 12 个月的房租、专业技术服务与咨询、相应的公共设施以及公共信息平台服务等。

(3)在办理自主创业行政审批事项时,可以通过"绿色通道"享受联合审批、一站式服务、限时办结和承诺服务等。

(4)各城市应取消高校毕业生落户限制,允许包括专科生在内的高校毕业生在创业地办理落户手续(直辖市按有关规定执行)。

(5)自主创业申报灵活就业的高校毕业生,各级公共就业和人才服务机构按规定提供人事、劳动保障代理服务,做好社会保险关系接续工作。

(三)河南省鼓励大学生创业的具体政策

1.河南省工商局出台《关于支持我省高校毕业生自主创业灵活就业的意见》

2009 年 3 月 20 日,河南省召开全省高校毕业生就业工作电视电话会议,省工商局出台了《关于支持我省高校毕业生自主创业灵活就业的意见》。《意见》规定河南省高校毕业生今后创业,将享受货币出资零缴付、经营场地零成本、创业零收费、首次违规不罚款、专用绿色通道等一系列优惠政策。

(1)货币出资"零缴付"。毕业两年内的高校毕业生投资设立注册资本 50 万元以下的有限责任公司,非货币资产出资额占注册资本的比例最高可达公司注册资本的 100%。创办合伙企业、个人独资企业、农民专业合作社以及个体工商户,无最低出资数额限制,出资方式由高校毕业生自主决定。

(2)经营场地"零成本"。高校毕业生从事动漫设计、电子商务、翻译服务、软件设计开发、网络技术开发等不影响周边环境和公共安全的经营项目,以及机动车运输(含货物运输和旅客运输)、个体演出、个体演出经纪等采用流动经营方式的个体工商户,可用自己的联系地址作为经营场所,实现经营场地"零成本"。

(3)创业"零收费"。对高校毕业生从事个体经营或创办企业的,实行服务创业"零收费"。自登记注册之日起,三年内免收登记类和证照类行政事业性收费。扶持期内,工商系统免费为高校毕业生提供企业基础登记信息查询服务,省辖市工商局网站免费为高校毕业生创办的企业发布设立、变更登记公告。

（4）大学生试营业期内免收各种费用。对于大学生创业，工商部门将放宽登记形式。从事个体经营的高校毕业生，可实行试营业制度，并免费核发有效期为 12 个月、标注有"临时"字样的营业执照，试营业期内，免收各种费用。

（5）对大学生创业登记办照，开通绿色通道。凡法律、法规"未禁入"行业和项目，都允许高校毕业生经营；部门和地方自行设定的企业登记前置许可项目，工商系统将停止执行；高校毕业生申请从事已被社会普遍接受但未被正式认可的新兴一般性经营项目，将依法予以登记。设立高校毕业生创业专用服务窗口，由专人担任"创业联系人"，提供事前指导、跟踪辅导、快速办结的"一条龙"服务，材料齐全符合法定形式的，当场登记、发照。

（6）大学生创业违规情节轻微首次不罚。对高校毕业生实行"首次不罚"制度。凡情节轻微、没有对社会和他人造成危害后果的，可给予行政提示、告诫，并帮助其纠正，不予处罚。

2. 河南省教育厅提出要建立大学生创业服务体系

2014 年我省高校毕业生预计达 48.3 万人，加上往年未就业的毕业生，我省高校毕业生就业形势依然严峻。为此，河南省教育厅针对 2014 年毕业生就业工作专门提出：要加强创业指导，建立健全大学生创业服务体系；加强创业教育，将创业教育纳入专业教学过程，通过举办创业讲座、创业大赛等活动，提高学生创业素质；提供创业服务，积极协调有关部门推动创业教育基地建设，设立创业教育专项资金，建立大学生创业项目库，构建地方、高校、教师、学生协同共建，创业项目研发、推介、孵化与产业化紧密连接的创业服务体系。

第二节　创业需具备的素质

何谓素质？"素"，"白致缯也"。其意为白色生绢，从性质上讲，"素"多指真实的，未经矫揉造作，本色的意思。"质"字有"质地、物质"、"性质、本质"之意，在哲学上指一物区别于他物的规定性。《论语·卫灵公》中"君子以义为质"，其中"质"就是本质的意思。"素质"一词的出现和应用，最早见于《论语·八佾》："子夏问曰：'巧笑倩兮，美目盼兮，素以为绚兮。'何谓也？子曰：'绘事后素。'曰：'礼后乎？'子曰：'起予者商也！始可与言《诗》已矣。'"其中的"素"本意表示绘画中的白色粉底，引申为人的基本素养。由此可以认为，将"素"和"质"用于描述人的状况在先秦时期就开始应用了。至于"素质"一词并用地出现，最初见于（晋）张茂先《励志诗》："如彼梓材，弗勤丹漆，虽劳朴斫，终负素质"。此意借事喻人，指培育的人才，若不勤于修养，终究会影响到已有的良好素质。

现代的素质概念，已成为生理学、心理学、教育学、哲学、人口学等学科的研究对象，它可以分为狭义、广义和泛指三个方面。狭义的素质主要应用于生理学和心理学，它是指个人身体上那些与生俱来的解剖生理特点，主要是指人的神经系统、感觉器官，以及运动器官的结构与功能，是人的后天性格与能力形成和发展的自然基础，也可称为"先天

(人的胚胎时期)素质",与禀赋、天赋相近。广义的素质是对人的性格、毅力、兴趣、气宇、风度等总的概括,它是指一个人在先天的基础上,通过后天的补偿作用形成的基本特征,是一个人与另一个人相区别的基本特点。当素质这个词不仅限于生理学、心理学范围,而广泛应用到其他方面时,就是泛指之意。所谓素质,是指人"在先天禀赋和传统文化影响的基础上,在同期社会的经济、政治、文化制度直接引导下,通过对获得的素质观内化后所表现出来的相对稳定的特质和能力"。其内涵是人在生活、工作和社会活动中所具备的自身条件,以及认识世界和改造世界的能力。

因此,创业素质是指人们在先天禀赋基础上,在后天环境影响和创业教育训练下获得的稳定的、长期发挥作用的基本品质和能力结构,主要包括创业必需的身体素质、心理素质、思想道德素质和科学文化素质等。

创业素质是一个由多个素质要素组成的系统结构,在这个系统结构中,各要素相互依赖、相互作用,共同在创业实践中发挥作用。在这诸多要素中,有些是支配性的中心要素,有些是被支配要素,其中中心要素对创业的成败起着决定性的作用。创业作为一种复杂的社会实践活动,再基于大学生这一群体的特殊性,我们认为心理素质、思想道德素质和科学文化素质是大学生创业素质的中心要素,其余要素比如身体素质等都是被支配的要素。

一、思想道德素质

思想素质是指人对社会善恶美丑以及其他社会现象的认识、行为和做法。包括思想认识、思想觉悟、思想方法、价值观念等方面的素质。道德素质是人们的道德认识和道德行为水平的综合反映,包含一个人的道德修养和道德情操,体现着一个人的道德水平和道德风貌。因而,思想道德素质是指人在一定的社会环境和教育的影响下,通过个体自身的认识和社会实践,在政治倾向、理想信仰、思想观念、道德情操等方面养成的稳定的品质。良好的道德品质和文明行为是思想道德素质的重要内容,也是思想道德素质的具体体现。

创业的过程充满了风险,同时也充满了诱惑。作为涉世未深的大学生,只有具备良好的思想道德素质,才能调节好自身与他人、个人与社会的关系,最终取得创业的成功。

1. 创业精神

创业精神主要指通过兴办实业、追求物质和精神财富增长,推动社会进步的思想意识。作为创业实践的动力和创业中起核心作用的意识倾向,它的缺失是大学生创业素质存在的主要问题。对于在校大学生群体来说,创业精神的缺失主要表现为在职业规划时仍将就业作为第一选择,将创业作为解决就业问题的最后一根救命稻草,创业只是一种迫不得已的选择,缺乏冒险精神。对于那些已经走上创业道路的大学生来说,创业精神的缺失在创业类型的选择上往往表现为以生存型创业为主,机会型创业为辅,缺乏开拓市场的创新精神。他们在创业过程中,创业精神的缺失表现为或好高骛远,或坐失良机,或畏难苟安,缺乏艰苦奋斗的精神。

2. 竞争意识

竞争是市场经济最重要的特征之一,是企业赖以生存和发展的基础,也是一个人立足社会不可缺乏的一种精神。人生如赛场,处处充满了竞争。竞争以取胜为目的,有竞争才有提高。随着我国社会主义市场经济从低级向高级发展,竞争也愈来愈激烈,具体表现为从小规模的分散竞争发展到大集团集中竞争,从国内竞争发展到国际竞争,从单纯产品竞争发展到综合实力的竞争。因此,创业者如果缺乏竞争意识,实际上就等于放弃了自己生存发展的权利。创业者只有敢于竞争,善于竞争,才能取得成功。

3. 诚信

诚信要求人们在行使权利和履行义务的过程中,讲究信用,恪守诺言,诚实无欺,在不损害他人利益和社会利益的前提下追求自己的利益。诚信是市场经济的基本条件,市场经济就是诚信经济。诚信,一是要言出必行,二是要讲求质量,三是要以诚动人。就创业者个人而言,诚信乃立身之本,"人而无信,不知其可也。"创业者在创业过程中,不讲信誉,就会寸步难行。就企业而言,诚信是企业的立足之本、发展之源。只有卓越的产品质量、良好的客户服务,才能赢得消费者的信任,成为企业的核心竞争力。

二、科学文化素质

创业者的科学文化素质对创业起着举足轻重的作用。在知识大爆炸、竞争日益激烈的今天,单凭热情、勇气和经验,只有单一的专业知识,要想成功创业是很困难的。创业者要进行创造性思维,要作出正确决策,必须掌握广博知识,具有一专多能的知识结构。

大学生创业应具备的科学文化素质来自知识的不断学习与积累。首先,应具备扎实的专业知识,如商品交换和商品需求、商品流通等知识。通过这些商业知识,创业者在经济活动过程中才能实现价值的增值。其次,应具备一定的管理知识,如人事管理、资金财务管理、物资管理、生产管理和市场营销管理等知识。通过学习管理知识,改进管理方法,丰富管理经验,不断发掘新的管理资源,努力提高管理水平。再者,应具备相关的法律知识,如工商注册登记知识、经济合同知识、税务知识、知识产权保护等。法律知识对大学生创业必不可少,它可以帮助大学生创业者在创业过程中少走弯路。最后,应具备广博的非专业知识。只有深厚的专业知识和广博的非专业知识相结合,才能正确分析形势和事物的发展趋势,用高远和敏锐的目光,把握事物发展的全局,产生精辟独到的见解和谋略;才能认清事物的本质,把握其规律,树立并实现自己的创业目标。

具体来说,创业者应该具备以下几个方面的知识:

(一)创业相关的优惠政策

1. 正确认识创业政策

创业政策是个人创业的助推剂,但不是个人创业的"万能药"。任何人都不能仅仅依靠政策来创业,任何人也不是为了享受政策而创业,这是用好创业政策必须树立的理念。

2. 选择合适的政策

每个人的创业方向、创业特点各不相同,每项创业政策的适用范围和对象也不同。个人在利用创业政策时,要选择适合自己的政策,即要适合自身的创业条件,要适合自身的创业行业,要适合自身的创业类型,要适合自身的创业过程。

3. 发挥政策的实际效用

在选择了适合自身的创业政策后,要切实发挥好政策的实际效应,使政策的运用能真正降低经营成本,改善经营状况,提升经营能力,对实现企业的发展壮大有实际作用,使企业走上长期发展的道路。

(二)创业领域的专门知识

创业要选择自己擅长的行业。因为在这个行业,创业者具有丰富的专业知识。创业者一旦进入一个行业,就必须尽可能多地掌握这个行业的专门知识。只有对本行业的供需状况、市场前景以及从事本行业的专业知识和技能了然于胸,才能避免盲目性和投机性,争取最大的成功概率。在一个自己完全不了解的行业创业或者不具备所从事行业的专业知识,要想获得成功是不可想象的。

(三)创业相关的商业和法律知识

创业也是一种商业活动,因此在创业过程中对相关商业知识的储备必不可少。其中主要包括:合法开业的知识、营销知识、货物知识、财务知识、服务行业知识、经济法常识、劳动用工及社会保障知识、公关及社交礼仪知识、企业战略知识、企业文化知识等。

1. 合法开业的知识

有关私营及合伙企业、有限责任公司的法律法规;怎样进行验资;怎样申请开业登记;哪些行业不允许私营;哪些行业的经营须办理有关行业管理手续;哪些行业要进行环境影响评估;怎样办理税务登记;纳税申报有哪些规定和程序;如何领购和使用发票;银行开户程序和有关结算规定;成为一般纳税人有哪些条件;应该交哪些税费,如何缴纳;怎样获得税收减征免征待遇;怎样进行账务票证管理;国家对偷漏税等违法行为有哪些制裁措施;增值税率及计征方法;工商管理部门怎样进行经济检查;行业管理部门如何进行行业管理和检查。

2. 营销知识

市场预测与市场调查知识;消费心理知识;定价知识和价格策略;仓储知识;销售渠道的开发知识;营销管理知识。

3. 货物知识

批发、零售知识;货物种类、质量和有关计量知识;货物运输知识;货物保管贮存知识;真假货物识别知识;对有关危险品的管理知识。

4. 财务知识

货币(支票、本票、汇票等)金融知识;信用及资金筹措知识;资金核算及记账知识;证券、信托及投资知识;财务会计基本知识。

5. 服务行业知识

服务行业管理的法律法规;各专业服务行业的行业规则、业务知识。

6. 经济法常识

《合同法》、《公司法》、《反不正当竞争法》、《消费者权益保护法》、《产品质量法》、《税法》、《商标法》等。

7. 劳动用工及社会保障知识

用人单位与劳动者签订劳动合同情况;按照工资支付有关规定支付职工工资情况;遵守最低工资规定及依法支付加班工资情况;依法参加社会保险和缴纳社会保险费情况;遵守禁止使用童工规定以及女职工和未成年工特殊劳动保护规定情况。

8. 公关及社交礼仪基本知识

语言类(语音类、口语类和书面类)礼仪;身体语言(表情语言和动作语言)类礼仪;饰物语言类礼仪;酒宴类礼仪;国内礼仪和涉外礼仪;内务礼仪;公务礼仪;商务礼仪;个人社交礼仪。

9. 企业战略知识

企业战略是对企业中各种战略的总称,其中包括发展战略、营销战略、竞争战略、合作战略、品牌战略、融资战略、技术开发战略、人才开发战略、资源开发战略等。

10. 企业文化知识

企业文化是企业员工所普遍认同并自觉遵循的一系列理念和行为的总和,通常由企业理念文化、企业制度文化、企业行为文化和企业物质文化四个层次所构成的。

三、心理素质

创业非常富于挑战性,成功与失败的可能并存。创业是对人综合素质的检验,尤其是对人心理素质的考验。对于一个涉世未深、刚刚步入社会的大学生来说,处在市场经济条件下的自主创业风险是可想而知的。信息化时代背景下的社会是知识社会,是竞争社会,一切由市场说了算,成功或失败往往发生在一瞬间。面对激烈残酷的竞争,需要具备良好的心理素质。从创业的准备、开始阶段,到创业中的坚持,直至创业的最后成功,都需要良好的心理素质。因此,高校应加强对创业大学生遭遇各种挫折和困难的心理承受能力的培养,使他们具备良好的心理素质。

心理素质是以人的自我意识发展为核心,由积极的、与社会发展相统一的价值观所导向的,包括认知、情感、意志、行为等智力和非智力因素有机结合的复杂系统。心理素质是影响人能否创业的主观前提,也是制约人创业能否成功的关键因素。创业本身内含一定程度的创新,需要非智力因素调动学生在创新方面智力、潜能的发挥;创业有风险,需要人的勇气和胆识;创业有挫折和失败,需要人的意志和毅力,这一切都是心理素质的体现。面对现实,应让涉世未深的大学生坚定信心,有意识地锻炼自己的意志和品质。因此,培养良好的心理素质是创业的前提和关键。它对大学生创业具有导向、调节、推动、强化作用。

当前,大学生创业心理素质不健全主要表现在抗挫折能力差、合作性差等。正因为坚韧性不够,才会导致在困难面前退缩,甚至半途而废,从而被人们形容为"三分钟热度"。合作性差主要是表现在创业团队意识不强。大学生创业时要么单打独斗,要么拉一帮同学,大家的年龄、经历、知识结构都差不多,不能形成互补。另外,同学们之间讲究兄弟义气,不能建立清晰的股权、财务架构,影响创业成功后公司的后续发展。这也是为什么大学生创业势头猛但可持续发展能力不足的原因之一。

因此,要想创业成功,必须有意识地培养如下心理素质:

1. 热情和责任感

创业过程中,创业者是一个自动自发的角色,不能够积极主动、充满热情,拥有强烈的责任感和使命感去工作,事业是不会有起色的。创业者对事业的热情和责任感,势必会感染员工,使得全体员工凝聚在一起,积极面对创业过程中的困难。

2. 克制和忍耐

克制和忍耐力是衡量一个人有无坚强意志的标志。在创业过程中,势必会遇到很多困难和烦恼。如果缺少克制力和忍耐力而经常发脾气,必然会导致在决策过程中丧失理性,或者在企业内部形成紧张的人际关系和工作氛围,影响员工积极性的发挥,这些都有可能导致创业的失败。

3. 务实

创业需要务实的精神。创业者只有积极努力,脚踏实地的奋斗,从长远着眼,从小事做起,才有可能取得创业的成功。

4. 自信心

有志者事竟成。无论做什么事情,我们都应该有恒心,特别是自信心。自信心是一个人事业成功的动力源泉。只有拥有自信,才能自强不息,才能使创业者在艰苦的创业过程中保持必胜的信念,才能使人为了创业成功而努力奋斗。

5. 勇气

在市场经济大潮中,机会与风险共存。当一个机会突然出现的时候,风险肯定也会随之而来。创业者在把握机会的同时,要有勇气承担风险,这种特质在创业转折时刻至关重要。创业过程中,时时刻刻都有风险。创业者不仅要具有承担风险的准备,更要具有化解风险的勇气。只有敢闯敢干,有胆有识,才能变理想为现实。

四、身体素质

身体素质是指身体健康,体力充沛,精力旺盛。现代小企业的创业与经营是艰苦而复杂的。创业者工作繁忙,时间长,压力大,如果身体不好,必然力不从心,难以承受创业重任。"艰难困苦,玉汝于成"。创业不易,难在哪里呢? 对于创业者来说,除了精神上的折磨,还有肉体上的折磨。如果自己有心创业,一定要思考清楚,面对肉体上的折磨,自己有没有充沛的精力和宠辱不惊的定力。对一般人来说,较好身体素质是努力工作的必要条件。对创业者来说,较好的身体素质却是创业成功的前提。在创业的过程中,处处充满着艰辛。因此,创业大学生必须形成良好的身体素质,只有如此才有可能取得成功。不然,在创业的过程中一旦遭遇大大小小的失败和挫折,没有较好的身体素质来承受,必然会导致"有心无力"的悲剧。

第三节　创业需具备的能力

作为复杂的社会实践活动,创业是个人能力展现的重要平台,具有较高的创业能力是创业取得成功的重要条件和保障。创业能力指个人或团体所从事的为了获得利润而承担风险的一项开拓性活动所必须具备的各种能力,是创业者通过整合各种社会资源转化为社会生产力的各种素质的外显。创业能力贯穿创业活动的始终,根据创业的性质、内容、环境以及方式的要求,由多种不同的能力构成了一个复杂的能力系统。

针对大学生创业实践活动的特点,创业能力包括从发现商机到经营公司过程中的多种能力,主要有决策能力、组织管理能力、经营发展能力、交往协调能力、创新能力、自我管理能力六种能力。其中创新能力贯穿于其他各项能力之中,是大学生创业能力的灵魂。

一、决策能力

创业要从纷繁复杂的市场中发现有利的商机,然后通过决策发现合适的创业机会。决策能力正是创业者根据主客观条件,因地制宜,正确地确定创业的发展方向、目标、战略以及具体选择实施方案的能力。决策是一个人综合能力的表现,一个创业者首先要成为一个决策者。

创业者的决策能力通常包括:分析、判断能力和创新能力。

大学生要创业,首先要从众多的创业目标以及方向中进行分析比较,选择最适合发挥自己特长与优势的创业方向和途径、方法。在创业的过程中,能从错综复杂的现象中发现事物的本质,找出存在的真正问题,分析原因,从而正确处理问题,这就要求创业者具有良好的分析能力。所谓判断能力,就是能从客观事物的发展变化中找出因果关系,并善于从中把握事物的发展方向。分析是判断的前提,判断是分析的目的,良好的决策能力是良好的分析能力加果断的判断能力。创业的对象实际就是一项充满创新的事业,所以创业者必须具备创新能力,有创新思维、无思维定势,不墨守成规,能根据客观情况的变化,及时提出新目标、新方案,不断开拓新局面,创出新路子。可以说,不断创新是创业者不断前进的关键环节。

二、组织管理能力

组织管理能力是创业能力中的重要组成部分,是一种在创业过程中起领导和组织管理作用的能力。出色的创业者一定是一名出色的领导者,需要对带领的团队成员具有一定的影响力,能够解决团队组织产生的问题,保证团队的正常运作,带领成员朝着既定的目标奋斗。现在的创业环境下,技术、资金和市场在一定程度上不是根本的问题,最重要的是组建一支运转良好、精神饱满的精英团队。因此,作为大学生创业者来说,首先,要能够有效地领导和管理团队成员,充分调动每位合作伙伴或员工的积极性,有效地对他们的工作进行监督和控制,并及时对团队成员进行培训,不断提高他们的各项技能;其次,要能够制定合理的各项规章,有效地配置组织内部的各项资源,实现对新企业内部各个职能领域的有效组织和管理。

要学会质量管理,要始终坚持质量第一的原则。质量不仅是生产物质产品的生命,也是从事服务业和其他工作的生命,创业者必须严格树立牢固的质量观。要学会效益管理,要始终坚持效益最佳原则,效益最佳是创业的终极目标。可以说,无效益的管理是失败的管理,无效益的创业是失败的创业。做到效益最佳要求在创业活动中人、财、物、场地、时间的使用,都要选择最佳方案运作。做到不闲置人员和资金、不空设备和场地、不浪费原材料,使创业活动有条不紊地运转。

要学会管理资金。首先,要学会开源节流。开源就是培植财源。在创业过程中除了抓好主要项目创收外,还要注意广辟资金来源。节流就是节省不必要的开支、树立节约每一滴水、每一度电的思想。大凡百万富翁、亿万富翁都是从几百元、几千元起家的,都经历了聚少成多、勤俭节约的历程。其次,要把握好资金的预决算,做到心中有数;要把握好资金的进出和周转,每笔资金的来源和支出都要记账,做到有账可查;要把握好资金投入的论证,每一笔投入的资金都要进行可行性论证。有利可图才投入,大利大投入、小利小投入,保证使用好每一笔资金。总之,创业者心中时刻装有一把算盘,每做一件事、每用一笔钱,都要掂量一下是否有利于事业的发展,有没有效益,会不会使资金增值。

三、经营发展能力

如果说组织管理能力是成功创业的保障性能力,那么经营发展能力就是一种动力性能力,直接关系到新创企业的未来发展。作为成功的创业者,必须有总揽全局的能力,能够为新创企业的发展制定明确的发展方向,并作出正确的决策,制定合理的规划。同时还要具备实践的能力,能够带领自己的创业团队朝着既定的目标奋进。那么作为大学生创业者来说,首先,要能够敏锐洞察所处行业的发展趋势,制定明确的战略目标和具体的发展规划;其次,大学生创业者必须具备很强的适应能力,能够对战略规划及时做出适时的调整,保证企业的发展适应市场环境变化的发展;最后,还应具备很强的开拓能力,为企业的发展提供充足的动力,包括开辟新市场的能力、获取更多发展资金的能力和营销管理的能力等。因此,经营发展能力包括制定战略目标和计划与及时调整目标和经营思路两种能力。

四、交往协调能力

交往协调能力是指能够妥善地处理与公众(政府部门、新闻媒体、客户等)之间的关系,以及能够协调下属部门成员之间关系的能力。创业者应该能够妥当处理与外界的关系,尤其是要争取政府部门、工商以及税务部门的支持与理解,同时要善于团结一切可以团结的人,团结一切可以团结的力量,求同存异共同发展,做到不失原则、灵活有度,善于巧妙地将原则性和灵活性结合起来。总之,创业者搞好内联外结,处理好人际关系,才能建立一个有利于自己创业的和谐环境,为成功创业奠定基础。

交往协调能力是一种社会实践能力,需要在实践中学习,不断积累总结经验。这种能力的形成,一是要敢于与不熟悉的人和事打交道,敢于冒险和接受挑战,敢于承担责任和压力,对自己的决定和想法要充满信心、充满希望;二是要养成观察与思考的习惯。社会上存在着许多复杂的人和事,在复杂的人和事面前要多观察多思考,观察的过程实质上是调查的过程,是获取信息的过程,是掌握第一手材料的过程。观察得越仔细,掌握的信息就越准确。观察是为思考做准备,观察之后必须进行思考,做到三思而后行;三是处理好各种关系。可以说,社会活动是靠各种关系来维持的,处理好关系要善于应酬。应酬是职业"道具",是处事、待人、接物的表现。心理学家称:应酬的最高境界是在毫无强迫的气氛里,把诚意传达给别人,使别人受到感应,并产生共识,自愿接受自己的观点。搞好应酬要做到宽以待人、严于律己,尽量做到既了解对方的立场,又让对方了解自己的立场。

五、创新能力

创新是利用已存在的自然资源或社会要素创造新的矛盾共同体的人类行为。创新是一个国家和民族持续发展的源泉和动力。创新是当今知识经济时代的主旋律，是企业化解外界风险和取得竞争优势的有效途径，创新能力是创业素质的重要组成部分。它包括两方面的涵义，一是大脑活动的能力，即创造性思维、创造性想象、独立性思维和捕捉灵感的能力；二是创新实践的能力，即人在创新活动中完成创新任务的能力。创新能力是一种综合能力，与人们的知识、技能、经验、心态等有着密切的关系。具有广博的知识、扎实的专业基础知识、熟练的专业技能、丰富的实践经验、良好的心态的人容易形成创新能力。

大学生的创业实践中，创新能力在创业过程中具有重要的意义。在一定程度上说，创业本身就是一种创新，优秀的创业者一定也是一名成功的创新人才。可以说，创业是创新的载体，创新是创业的灵魂。创新能力不是一种具体的能力，它蕴含在其他各种特殊的能力之中，通过具体的创业活动发挥其作用。大学生创业群体掌握了丰富的科学文化知识，了解当代经济社会发展的前沿，其创业活动与一般的生存型创业相区别，创新性是其突出的特征。因此，努力培养大学生的创新能力是创业教育的关键所在。

六、自我管理能力

大学生要学会自主学习、自我培养，为创业做准备。首先，大学生要增强创业意识和创业精神的自我培养。创业意识和创业精神是创业的前提和基础。愿创业、敢创业，就迈出了成功创业的第一步。因此，大学生在校时要增强做事的主动性，善于发现问题，敢于质疑，充分运用自己的想象力、观察力，发挥自己的创造力，锻炼自己的工作能力和社交管理能力。其次，大学生要参与创业实践活动，积累创业经验，提高创业能力。大学生有了创业意识和创业精神还不够，要积极参加校内外的实践活动来积累经验，培养创业所需的组织、管理、协调等综合能力。例如，担任学生干部，在管理班级、组织活动、上台演讲的过程中就锻炼了自己的领导能力、组织能力、协调能力、合作能力、社交能力等；虽然大部分学生的兼职工作与自己的专业不符，并且多是端盘子、推销之类的简单、重复性工作，但是在这些工作中也锻炼了自己的忍耐力、销售商品、处理问题的能力和交际能力；参加社会实践活动，在这个全面的、系统的活动中能锻炼自己的团队合作能力、策划能力、收集信息的能力等；行业协会，这里有良好的商业氛围，能掌握全面的信息，结识更多志趣相投的朋友，模拟创业，发挥自己的创业能力；参与学校的科研项目，可以提高自己的实际动手能力，提高自己的创业科技水平；进入企业实习，在此过程中，能积累管理企业的经验，为创业做准备。

思　考　题

1. 大学生创业的意义是什么？
2. 大学生创业需要具备哪些素质？
3. 大学生创业需要具备哪些能力？

第七章 大学生创业基本流程

创业是创建一个经济组织以实现个人目标的过程,创业也是一种思考、推理和行动的方案。因此,创业不仅需要脚踏实地地进行学习和积累,更需要客观科学地谋划和实施。

具体地说,创业一般包括创业前准备与创业计划的制定和实施两大步骤。

第一节 创业前准备

创业要获得成功,必要的准备是不可或缺的。也就是说,创业的成功是和其准备成正相关的,准备得越充分,成功的机率就越大。

创业前的准备,主要包括心理、知识和经验三个方面。

一、创业的心理准备

创业准备是大学生创业前所经历的物质力量和精神力量的积聚过程。作为初出茅庐的大学生,虽然拥有创业的激情、充沛的精力、扎实的基础知识等优越条件,但其创业也存在着社会经验不足、抗挫折能力较差等多方面劣势。只有具备了良好的心理素质,才能勇于创业,善于创业。创业路上,充满了荆棘与艰辛,会遇到困难和挫折,可能会出现意想不到的情况和问题,要有充分的心理准备。创业心理准备主要包括创业意识和创业意志。

(一)创业意识

创业意识是指大学生对创业这一实践活动的正确认识、理性分析和自觉决策的心理过程,是大学生从事创业活动的强大内在驱动力。首先,大学生要认清当前严峻的就业形势,突破就业的思维定势,树立正确的创业观念,明确创业是生存和发展的手段之一;其次,大学生能在正确、科学地分析和评价自身是否适合创业的基础上,对自己的未来生涯进行合理的规划,确定创业方向,并为之努力。相对于西方国家迅猛的创业热潮,我国大学生创业人数不多的根本原因就在于创业意识还没有得到深层次的认同和接受。许多大学生虽然对创业有了朦胧的认识,并基本接受这个概念,但是很少有人能够深入自身和突破自我,去思考创业和自我的关系。

1. 正确认识创业

首先,创业是一种永不服输的精神。创业就像逆水行舟,不进则退。古今中外,纵横千年,无论在什么环境下,从无到有,从小到大,从弱到强,创业总是艰难而充满风险的。

但是,有雄心、有抱负的创业者从来不会被失败所吓倒,更不会放弃开创自己所追求的事业。精神的力量是创业成功的首要因素,成功与失败的根本不在于智力的差别,而在于精神方面的差别。其次,创业是一种意识,是一种争取成功的意识。其实,创业就在我们身边,一个好的创意,一个行之有效的方法,经过详细周密的计划与可行性分析,就可以成为立业之本。最后,创业是一种素质,是一种充分整合资源的素质。创业不能仅仅凭借一个创意,而是要兼顾管理、营销、财务、人力资源、成本预算等各个方面,创业活动是对创业者一个全方位的挑战。

2. 明确创业目标

创业作为一种社会实践活动,是在一定的目标意识支配下进行的。创业目标是多元化的,实现自我价值,追求成就感、财富等都是正常的创业目标。对于创业者来说,财富是他们的成绩单,是评价创业是否成功的一个重要指标。但是单纯以追求财富为原动力的创业者,在金钱的享受中容易丧失斗志,缺乏信念,逐步失去创业的热情,因而,我们应该正确处理获得财富和实现自我价值的关系。

(二)创业意志

心理学认为意志是人自觉地确定目标,并根据目标调节、支配自己的行动,克服困难,实现预定目标的心理过程。意志对人的行为具有发动、坚持、制止、改变等方面的作用,是人类特有的一种心理活动。创业意志就是指在创业过程中,创业者自觉地克服多种障碍和困难,进而实现期望目标的心理过程。真实的创业故事都不是一帆风顺的,困难、挫折甚至失败都是在所难免的,能否从挫折与失败中重新站起来,就是对创业者意志的充分考验。压力与挫折存在于社会生活的各个方面,但是作为一名创业者,承担着一个企业的兴衰存亡,掌握着数名员工的生计,承受的创业压力和创业挫折往往比一般人更多,烦恼、困惑、焦虑、惧怕、愤怒等各种负面情绪交织在一起。害怕是解决不了任何问题的,只会加速失败,因而创业者必须具备坚强的创业意志。

一般来说,创业意志包括自觉性、坚毅性、果断性、自制力等。它不是与生俱来的,而是后天培养的。意志在克服困难中表现,并在克服困难中成长。

二、创业的知识准备

大学生创业需要有一个良好的切入点,对于大多数创业者来说,他们更倾向于从自己熟悉的专业和领域入手,逐渐地做大做强。而那种从自己不太熟悉的领域进行创业的大学生,在缺少外力的情况下,要面临着更多的挑战和艰难。他要重新起步,从零开始,需要付出比别人更多的心血去完成别人通过一年甚至是几年才能完成的知识储备。前微软公司的总裁比尔·盖茨,哈佛大学没有毕业就与好友保罗·艾伦开始自主创业,他的切入点就是自己感兴趣的计算机。同样是从大学毕业的阿里巴巴掌门人马云,虽然在缔造电子商务领域不懂什么电脑技术,但马云所率领的团队却设计制造出中国第一家用于商业的网页,随后又开始了向电子商务的强势进军。这些案例都说明创业能力一定程度上与掌握的创业相关知识和创业技能有关系。创业能力的形成和发展依赖于一定知识与技能,同时创业的能力的提升又会促进知识和技能的掌握,它们是一种相互促进的关系。创业的相关知识和技能包括三个方面:与创业领域相关的专业技术知识和技能,与经营管理相关的商业知识和技能,还有与公共关系相关的社会交往知识和技能。作为大学生创业者,学习是他们的第一要务,除了学习与专业相关的知识技能,还应学习与创业相关的知识技能,增强他们的综合素质,才能为以后的创业发展奠定坚实的基础。

大学生要适应经济社会发展变化,只有不断巩固自身的专业知识和提高技能,将自己塑造成知识经济时代创新型国家所需要的复合型人才,提高综合素质,才能顺应时代发展和创业的需要。然而要想成为人才,成为复合型人才,必须要培养自主学习的能力,这是创业的第一竞争资本。能力并非天生就有,是每个人在后天的学习教育中所培养出来的。大学生应重视培养自主学习能力,培养学习兴趣,要善于学习、学会学习,要向成功人士学习、向比自己强的人学习,保持积极向上的心态和奋发进取的精神。只有能学会用的人才有竞争力,才不会被社会所淘汰。

三、创业的经验准备

福特汽车公司的建立者亨利·福特说过,任何人只要做一点有用的事,总会有一点报酬,这种报酬是经验,是世界上最有价值的东西,也是人家抢不去的东西。可见,经验对于创业者具有举足轻重的关键意义。

经验是通过感性认识和实践活动产生的对于客观事物的直接认识,包括直接经验和间接经验两种。前一种是通过自身体验形成的对于客观事物的直观认识,后一种是在接触他人直接经验的基础上,经过思维活动的加工,产生的对于客观事物的理性认识。在创业的过程中两种经验并存,前一种是自己通过真实的创业实践活动形成的创业经验,后一种是通过了解家人及周围人员的创业经历获取的创业经验。这两种经验的积累对大学生创业能力的提高具有明显的影响,它们虽然不是完善的知识体系,但却有助于对创业实践的深刻认识,能更有效地推动创业。

因此,大学生要想创业,必须大胆行动起来,利用大学几年的时间和有利条件,做好未来创业的知识和能力储备。大学生应抓住机会,积极参与创业实践活动,使自己深化理论知识的同时,提高创业能力,积累创业经验。大学生创业者积累创业经验一般有以下两种途径:

(一)通过学习获得初步创业经验

机遇总是垂青有准备的人。对有创业意向的大学生来说,大学期间就应该为以后的创业做一些初步的准备,积累一些必要的经验。一般来说,大学一年级时,就应主动接受职业价值观方面的教育,开始了解自己的兴趣、特长和专业背景,为今后选择创业、确定职业目标奠定基础。大二、大三时,要通过参加社会实践和实习活动,对专业的社会需求和发展前景深入了解,根据实践中自我适应程度的反馈信息,反思和调整自己的职业取向,初步确定与自己能力相吻合的职业选择。例如,要对个人的创业条件进行分析,准确定位。同时看自己是否具备未来的老板气质和心理素质,比如承担风险能力、创新能力、决策能力和领导能力。此外,在学习、工作的过程中,还应做好市场调查和分析,准确掌握市场信息,做好市场预测,建立经营思路,设计市场进入策略,对经营项目的投资、筹资、成本、收益等做出可信的测算,学会常用的财务管理知识。

(二)通过工作实践获取创业经验

大学生参加创业实践活动的方式有很多。一是参加学校的课外实践活动,如创新实验室、创业大赛、创业训练营、大学生创业园区、创业社团等。大学生积极参加这些创业实践活动，可以将所学的理论知识加以运用，实现理论与实践紧密结合，充分体会"理论源于实践又指导实践"的真正涵义。二是参加社会实践活动，如假期实践、校外实习、勤工助学、青年志愿者活动，以及学校与企业等校外组织之间的创新实践活动等。大学生参与社会实践活动，一方面可以加强人际关系，提高自己人际交往能力，为以后自主创业奠定人脉基础；另一方面可以深入了解市场和创业环境，增强创新意识，积累社会实践经验，提高自己创新能力，为将来创业打下基础。

总之，大学生要大胆去争取校内外的创业学习机会。在校内，对学校各级组织开展的创业活动，如创业讲座、企业家讲座、创业大赛、创业训练营、创业指导课程、创业图书杂志读书报告会、企业参观等，大学生不要视而不见，要主动去学、去听、去看、去做。利用大学有利的条件，争取各种机会，培养自己的创业能力。另一方面，要主动走出去，了解社会，观察社会，调查分析社会，锻炼和提高自己的创业能力。机会一定会有，但机会不会那么容易就到你身边，需要发现，需要争取，需要勇气，需要竞争，需要行动。比如，利用课余时间和节假期去做市场调查研究，寻找商业机会，发现社会需求。还可以利用课余时间和节假期尽量到创业实体去打工，去体验生活，去磨练自己，去学习创办实体的管理技巧方法。学以致用，理论联系实际，将自己融入到政府和学校倡导的创业发展计划中去，在实践中学习，在学习的过程中勇于实践，就能够为自己未来成功创业积累丰富的经验。

第二节　创业计划的制定与实施

创业过程是创业者通过机会识别，整合资源并建立企业，合理经营，进而不断创造价值的过程。创业过程是一个动态的概念，通过在创业过程中不断地失败与成功，逐步积累经验，并建立学习曲线，形成学习型组织，积极地应对机会与挑战，根据结果对已有的战略进行调整，以适应企业的长期发展，促进企业在变化中逐渐成长的战略胜利实现。创业过程主要分为如下三个阶段：选择创业项目，制定创业计划，实施创业计划。

一、选择创业项目

创业难，选择合适的创业项目更难。因为良好的开始是成功的一半，只有发掘并甄别出良好的商机，才可能走出成功创业的第一步。

创业者在选择创业项目时应该采取科学的思路与方法，准确识别和把握市场机会，做到有的放矢，这样才能够在很大程度上降低创业风险，有效提高创业成功率。

（一）选择创业项目的原则

一个创业者在创业准备期，要认真思考并接受一些重要的理念和行为准则，这些理念和行为准则可以帮助创业者在选择项目时不犯或少犯错误，最大程度上减少投资风险。

1. 知己知彼原则

创业者在选择项目之前，应该首先对自己的状况有一个清楚的认识和判断。例如自己可以提供多少创业资金，有哪些从业经验和技能专长，自己的兴趣和爱好是什么，社会关系状况如何，自己在性格上有哪些优势和弱点，家庭成员是否支持等等。从创业者本人的角度看，"知己"越深入，越详尽，就越容易扬长避短，找到适合自己创业的项目，越能提高创业成功率。

"知彼"就是要了解创业所在地的社会经济环境。要认真分析当地的发展政策，包括产业结构政策、金融政策、税收政策、就业政策等；要认真了解和分析当地的消费环境，例如居民的购买力水平、购买力投向、购买习惯等；要认真了解和分析当地的自然和人文资源，包括具有市场开发价值的工业原料和农林渔牧产品、传统的生产加工技术、独特的自然和人文景观等；要认真了解和分析当地市场的竞争强度，包括拟选择项目所在行业的竞争者数量、规模、实力水平等等。深入考察创业环境能够帮助创业者开拓视野，敏锐地捕捉到市场机会，增强项目选择的合理性。

2. 自有资源优先原则

创业者在审视了创业环境之后，应该从中甄选出重点利用和开发的资源。甄选应坚持自有资源优先原则。所谓自有资源，就是创业者本人拥有的或自己可以直接控制的资源，包括专有技术、行业从业经验、经营管理能力、个人社会关系、私有物质资产等。相对于其他非自有资源，自有资源的取得和使用成本往往较低，同时这些资源在利用过程中也容易使项目获得标新立异的优势，在今后的市场竞争中占据主动地位。我国许多老字号品牌如"北京烤鸭"、"山西老陈醋"，能够历经百年而长盛不衰，与经营这些品牌的商家在最初创业时开发并有效利用自己的专有技术有密切关系。

3. 量入为出原则

在创业行动开始之前，不少创业者对未来满怀激情，雄心勃勃要干一番大事业，以致于创业时必须考虑的财务问题往往被忽略掉，导致最终发展前景很好的项目因资金周转困难而中途夭折。所以，量入为出是创业者必须切实遵循的一个原则。首先，创业者要考虑启动创业项目需要的资金量是否可以承受。在当今国内银行信用和商业信用不很发达的情况下，有些项目即便市场前景非常看好，但庞大的启动资金投入也足以让创业者望而却步。其次，后续资金投入规模也必须考虑。后续资金投入不足很可能造成创业者中途退出，成为他人创业路上的"铺路石"。最后，要考虑项目投入中固定资金和流动资金的合理比例，不能顾此失彼。

4. 短平快原则

出于先天条件不足，创业者在创业之前普遍缺乏资金和客户等资源。因此，为尽快脱离创业的初始危险期，使项目的运作进入良性循环，在同等条件下，应优先考虑那些"短平快"项目。这样操作，一方面可以迅速收回投资，降低投资风险；另一方面，即便项目后期成长性不好，创业者也可以选择维持经营或后期主动退出，利用掘到的"第一桶金"另寻出路。在现实社会中，不少创业成功的企业家目前经营的产业与当初创业时的选择大相径庭就充分说明了这一点。

(二)发现与选择创业项目

创业机会的出现，看似十分偶然，其实也包含着一定的必然性。那么，我们应该怎么去选择和把握创业机会呢？

1.发现创业机会

既然机会的偶然出现包含着必然性，那么，机会的得来绝不能靠守株待兔。每个创业者都应该主动地寻找、捕捉和把握创业机会，才能极大促成创业的成功。

（1）从社会热点产业和热点现象寻找创业机会

一定的社会发展阶段必然会产生一定的社会热点产业和社会热点现象。社会热点可分为社会时尚和社会趋势两个方面。创业者如果关注社会热点产业和社会热点发展趋势，就赶上了时代发展的大潮，掌握了创业的主动权。我国目前有许多具有发展趋势的社会热点现象，例如网络购物热、环境污染产生的改善环境问题、低碳消费热、食品安全问题产业、绿色食品、保健品热、下岗失业产生的岗位技能培训、再就业热、网络时代产生的网络游戏热等。此外还有单亲家庭问题、城市扩大与农民转入城市问题、农民工子女教育与留守儿童问题、大学生就业难问题、宗教问题、看病难问题、出国留学与旅游问题等。这些热点问题都集聚了庞大的人群，有着极大的市场需求空间。根据他们的需求去确定创业项目就赢得了市场群体的支持和拥护，创业成功的机会自然就会大一些。

（2）从竞争中发现创业机会

美国哈佛大学著名战略学家、企业竞争战略理论专家迈克尔·波特教授认为："任何产业，无论是国内还是国际的，无论生产产品或提供服务，竞争规律都将体现五种竞争的作用力：新的竞争对手入侵，替代品的威胁，客户的侃价能力，供应商的侃价能力，以及现存竞争对手之间的竞争。"这五种力量的竞争，形成了行业中的竞争结构。通过对行业中竞争结构的分析，可以发现五种竞争力量相互影响、相互制约之间所蕴涵的创业机会。

第一，从行业内现有企业之间的竞争状况中发现创业机会。企业竞争是绝对的，而竞争程度的大小却是相对的。有的行业竞争激烈，生存环境艰难；有的行业竞争缓和，生存环境优良。影响行业竞争激烈程度的主要因素有：一是同类企业的数量与力量对比。在同一个行业中，生产相同或相似产品的企业越多，竞争就会越激烈。因为每一个企业为了在有限的市场中占有更大的份额，获取更多的利润，必然会在价格、质量、服务等方面与对手展开激烈的竞争，从而使整个行业的利润水平随之下降，例如中国的家电行业。在这样的行业中创业机会就少一些，创业的难度也大一些。当然，企业之间的实力如果差异较大，也会使弱者处于不利的地位。刚开始的创业者就要避其锋芒，另辟蹊径了。二是行业发展的速度。一个行业在其寿命周期的不同阶段，其发展的速度是不同的。当行业处于幼稚期或成长期时，发展速度快，市场空间大，有利于创业。当行业处于成熟期则发展速度慢，竞争激烈，创业空间狭小，不利于创业。三是产品的差异化程度与用户的转换成本。如果产品差异化小，标准化、通用化水平高，则用户转换的成本低，选择的空间大，导致企业间的激烈竞争。反之如果产品差异化大，各具特色，产品选择范围小，则企业拥有各自不同用户，利润率高，竞争就不会那么激烈。

第二，从新加入者的威胁分析中寻找创业机会。一个行业的新加入者的出现自然会提高该行业的竞争水平，因而同行往往会为减少竞争的威胁而对新加入者设置一些障碍或要求。一是规模经济与技术要求。它迫使新加入者必须以较大的生产规模进入新的行业，并准备承受现有企业强烈的反击风险，迫使新加入者望而却步。比如现在的钢铁、造船、汽车等制造行业中，技术要求和行业标准要求都非常高。反之，在以商业、服务业为代表的第三产业中,却没有那么高的行业要求,这对大学生创业者来说就容易得多。二是产品的差异化和资金的需求方面。创业之初资金都较为紧张,因而要寻找投资少、见效快、差异化较高、竞争性不太激烈的行业或领域,使创业活动能站稳脚跟,再图未来发展。

第三,利用替代品寻找创业机会。替代品是指那些与本行业的产品有相同或相似功能的产品。替代品的出现,能给现有行业内的所有企业带来冲击。因为替代品往往在某些方面具有超过原有产品的竞争优势,比如价格低、质量高、功能新、性能好等,有能力争夺同业市场,取得较高利润。大学生们有较新的思想观念和时尚要求,对替代品的发展有更敏锐的情感感应,发现和利用替代品去创业是一个极佳的创业途径。

第四,从买方侃价能力中寻找创业机会。买方侃价能力的大小给本行业带来巨大的竞争压力。一般来说,买方进货渠道多,进货批量大,购买能力强,标准化程度高的产品,其侃价能力就强,反之就弱。认真分析购买者的消费需求,迫使消费者向着进货渠道有限,进货批次较多,产品差异化程度较高的方面转化,创业就更有成功的机会,利润率也能得到较高的保障。

第五,从供应方的侃价能力中寻找创业机会。供方是指企业以及生产经营活动所需要的各种资源、配件等的供应单位,他们往往通过提高价格或降低质量及服务的手段,向行业施加压力,并以此榨取行业利润。供方优势表现在:一是少数几家企业高度控制或垄断某些资源或配件;二是提供的产品可替代程度低、用户选择余地小;三是供方与其自身供方结成联盟易造成产业链垄断,产生更大的侃价能力。大学生创业之时,可以寻找挖掘某些资源,与供方结成联盟,大树底下好乘凉,取得创业的主动与优势。当然在当今资源紧张的现有市场中要做到这点是不容易的,但这却是一条创业成功的有效途径。

(3)从消费者的不满中寻找创业机会

在现实生活中,几乎所有行业中的用户或消费者对厂家都有这样或那样不满意的地方,比如大到商品房、汽车,小到手机及生活用品等,消费者的投诉率都是很高的。消费者投诉率高说明厂商的产品或服务有很多地方不能令消费者满意,或者不能满足其消费需求。认真调查和分析消费者的种种不满和抱怨,从另一个角度来看就是市场中缺少或缺失某些服务功能来满足社会消费者的需要,显示出市场的盲点或空白点。对这些问题的研究发现能成为一条成功的创业途径。具体调查分析的方法是:首先,列出人们在衣食住行、物质文化、精神文化及其他方面的消费需求;其次,通过调查了解人们在这些项目中哪些方面不满意,不满意的程度如何;再次,分析为什么会产生不满意,是因为产品质量、价格,还是因为销售渠道、售后服务或者某些个性化要求没有得到满足等;最后,根据消费者不满意产生的原因和自身的实际能力与条件,发现创业项目,开始创业活动。

2.适合大学生创业的项目

市场机会并不是一眼就可以发现的,潜在的市场发展机会需要创业者把握大势后再经过认真仔细的调查分析才能显露出商机。根据大学生创业的特点,分析我国未来经济社会变化趋势,大学生可以在以下领域中选择合适的创业项目:

(1)大学城学子经济

随着我国许多城市空间规划布局的优化,许多城市一些大学聚集在一起产生了"大学城"经济。大学城内的几万或几十万个学生的衣食住行、吃喝玩乐、求职就业等各个方面,都蕴藏着巨大的消费潜力。这也正是许多大学城商业繁荣、人气旺盛的重要原因所在。大学城创业方向有:书吧、茶吧、网吧、鲜花店、快餐店、服装服饰店、文化用品店、动漫娱乐室、风味小吃与旅馆服务、求职简历与毕业论文制作中心、手机与数码产品销售等。

(2)电子商务创业

电子商务的迅猛发展,电子商务创业门槛低等原因,催生了大学生选择电子商务领域进行创业。大学生电子商务创业主要形式是网上创业,根据电子商务商业模式的分类,网上创业主要包括以下几种形式:

①基于第三方平台的 C2C(Customer to Customer)创业模式

阿里巴巴是我国最大的电子商务公司,提供了支持个人用户进行网上创业的 C2C 平台。大学生由于资金、技术和渠道等的限制,一般会选择阿里巴巴旗下的淘宝网作为网上创业的平台。在淘宝上开设店铺,把线下的商品放到线上进行销售,是最简单而且最容易实现的网上创业方式。类似于这种大的成熟的网络第三方平台还可以选择易趣、拍拍、有啊等。

②自主创建网站的 B2C(Business to Consumer)创业模式

自主创建网站进行 B2C 的创业也是电子商务创业的主要形式之一,比如自建网站、创办论坛或网络社区、博客等。大学生选择这种形式创业,一般需要具备一定的计算机网络技术和网站经营经验,通过注册域名、租用空间、网站设计与建设等来建立自己的站点,形成自己独具特色的网站风格和经营方式。这种创业类型需要好的创意和技术支撑,在网站推广和经营中还需要不断注入资金,经营风险较大,容易被模仿和被风险投资抢占市场。

③中介型的 C2C 创业模式

大学生在网上利用自己的时间和精力为企业或个人提供信息收集等服务,也可以实现网上创业的梦想。这种形式零风险、零资本,非常适合大学生进行网上创业的实践。具体模式有淘宝客(帮助卖家进行网络推广)、出售网络信息汇总、出售电子折扣券等等。

④从威客变身工作室的创业模式

威客(Witkey)是较早的电子商务商业模式,在高校电子商务教育中,从威客入手进行电子商务的尝试是一种非常便捷的方式。倾向于自由工作时间的大学生选择作威客可以轻松快捷地赚到第一笔收入。当威客做得比较成功的时候,组建自己的团队,变身工作室,实现创业梦想就比较容易了。

(3)个性化经济

当今是生活多元化的时代,青年人特别喜欢标新立异,突出个性,追求时尚、独特、新颖的商品,满足个性化的心理需求,这就给创业者提供了许多商机。这类商品其本身价值并不是消费者的主要追求,其主要追求的是商品的设计、包装、花色、款式,以及其能给人心理与精神带来的愉悦和快乐。因此其卖点不是产品本身,而是其产品的创意制作过程。创业机会主要有:陶吧、银饰吧、十字绣小屋、纸艺店、家装陈列店、手工玩具店、毛绒编织吧、水晶花作坊、娱乐屋等。

（4）策划创意经济

创意经济涉及广告、建筑、艺术、工业设计、时装设计、电影、电视、音乐、出版、软件等诸多领域。近年来，在北京、上海、广州、深圳等发达城市，创意产业迅速崛起，涌现出了一批各具特色的创意产业基地。创意经济具有点石成金的神奇作用，对于本身没有太多资源的创业者来说，可通过独特的创意来获得各种资源，包括人才、资金、资讯等。许多在校学生有专业基础，有开放的思维和独立的个性，很适宜这种创业的方式。创意经济的创业方向有：时装设计、广告设计、饰品设计、室内设计、工业设计、多媒体设计、市场策划、营销策划、艺术画廊、博客网站等。

（5）绿色餐饮经济

由于环境污染和食品安全问题越来越令人困扰，人们对身体健康也越来越重视，对餐饮生活的要求也越来越高，绿色环保健康食品日益成为人们生活消费的主流。人们对低碳生活、绿色消费的追求，蕴涵着巨大的商机。创业方向有：绿色食品的生产与开发、净菜销售、药膳馆、天然饮食、野菜馆、素菜馆等。

（6）城市与社区宠物经济

随着人们生活水平的提高，休息的时间增多，饲养宠物之风日盛。宠物以其对人真实、真诚、可爱和善通人性，已经进入人们的精神领域，成为人们生活中不可缺少的家庭成员。随着宠物市场的不断扩大，宠物饲养、宠物服务、宠物医疗、宠物交友等正在形成宠物经济庞大的产业链。赚小猫小狗的钱，已成为新的创业亮点，创业机会有：宠物医院、宠物美容、宠物托管、宠物服饰、宠物俱乐部、宠物网站等。

（7）经纪人经济

现代网络通信的高度发达，产生了一些利用新的传媒、通信、网络等方面来行使代理和中介的个人商业行为。这种经纪人职业已经逐渐被人们重视和使用，经纪人经济日益红火起来，商机也日益显露出来。主要商机有：家庭办公经济吧、多方面职业经纪人代理、求职经纪人、创业经纪人、融资经纪人、品牌商标经纪人、认证经纪人、申报国家项目经纪人、猎头公司等。

（8）旅游产业链经济

随着我国居民收入的增长和开放程度的加大，旅游已成为现代服务业中蓬勃发展的新兴产业。入境游、国内游、出境游三大市场全面发展，特别是节假日更是发展迅猛，旅游业也逐渐成为许多地方的重要产业。旅游业的发展催生了诸多的商机，除了旅游用品销售、特色旅游服务、经营经济型酒店等方面外，也有旅游信息搜索与咨询、自助旅游等新的方式。

3. 创业项目的分析与决策

创业机会的存在并不意味着它就是好的创业项目。创业机会的分析评估同样重要。

（1）创业项目的市场调查

市场调查是了解目标市场需求和竞争对手行动的最有效的手段。通过调查了解当前市场环境与行业状况、顾客需求与目标市场状况、竞争对手及自我经营状况等；根据调查分析行业、市场、顾客、自身经营与竞争者的现状与投资项目的可行性，并对未来作出尽可能准确的预测，从而将决策的风险降低到最低限度，从根本上提高创业成功的可能性。

①经营环境调查

政策、法律环境调查。调查与你所经营的业务、开展的服务项目有关政策、法律信息,了解国家是鼓励还是限制你所开展的业务,有什么管理措施和手段。当地政府是如何执行有关国家法律法规和政策,对你的业务有何影响。

行业环境调查。调查你所经营的业务,开展的服务项目所属行业的发展状况、发展趋势、行业规则及行业管理措施。进入一个新行当,应充分了解和掌握该行业信息,这样,才能有助于你尽快实现从"门外汉"到内行的转变。

宏观经济状况调查。宏观经济状况是否景气,直接影响老百姓的购买力。掌握大气候的信息,是做好小生意的重要参数。经济景气宜采取积极进取型经营方针,经济不景气也有挣钱的行业,也孕育着潜在的市场机遇,关键在你如何把握和判断。因此,了解客观经济形势,掌握经济状况信息,是经营环境调查的一项重要内容。

②市场需求调查

如果你要生产或经销某一种或某一系列产品,应对这一产品的市场需求量进行调查。也就是说,通过市场调查,对产品进行市场定位。比如你提供一项专业的家庭服务项目,你应调查一下居民对这种项目的了解和需求程度,需求量有多大,有无其他人或公司提供相同的服务项目,市场占有率是多少。市场需求调查的另一重要内容是市场需求趋势调查。了解市场对某种产品或服务项目的长期需求态势,了解该产品和服务项目是逐渐被人们认同和接受,需求前景广阔,还是逐渐被人们淘汰,需求萎缩。了解该种产品和服务项目从技术和经营两方面的发展趋势如何等等。

③顾客情况调查

顾客情况调查包括两个方面的内容:一是顾客需求调查,例如购买某种产品(或服务项目)的顾客都是什么人(或社会团体、企业),他们希望从中得到哪方面的满足和需求(如效用、心理满足、技术、价格、交货期、安全感等),现时好的产品(或服务项目)能够或者为什么能够较好地满足他们某些方面的需要等。二是顾客的分类调查。重点了解顾客的数量、特点及分布,明确你的目标顾客,掌握他们的详细资料。如果是某类企业和单位的话,应了解这些单位的基本状况,如进货渠道、采购管理模式,联系电话、办公地址,某项业务负责人具体情况和授权范围,对某种产品和服务项目的需求程度、购买习惯和特征。如果顾客是消费者个人,应了解消费群体种类,即目标顾客的大致年龄范围、性别、消费特点、用钱标准,对某种产品和服务项目的需求程度、购买动机、购买心理、使用习惯。

④竞争对手调查

在开放的市场经济条件下,做独家买卖太难了。在你开业前,也许已有人做相同或类似的业务,这些就是你现实的竞争对手。也许你开展的业务是全新的,有独到之处,在你刚开始经营的时候,没有现实的对手;一旦你的生意兴旺,马上就会有许多人学习你的业务,竞相加入你的竞争行列,这些就是你潜在对手。"知己知彼,方能百战不殆"。了解竞争对手的情况,包括竞争对手的数量与规模,分布与构成,竞争对手的优缺点及营销策略,做到心中有数,才能在激烈的市场竞争中占据有利位置,有的放矢地采取一些竞争策略,做到人无我有,人有我优,人优我更优。

⑤市场销售策略调查

重点调查了解目前市场上经营某种产品或开展某种服务项目的促销手段、营销策略和销售方式等。比如销售渠道,销售环节,最短进货距离和最少批发环节,广告宣传方式和重点,价格策略,有哪些促销手段,有奖销售还是折扣销售,销售方式有哪些,批发还是零售,代销还是直销,专卖还是特许经营等。调查一下这些经营策略是否有效,有哪些缺点和不足,从而为你决策采取什么经营策略、经营手段提供依据。

(2)创业项目的分析

在市场调查的基础上,应根据创业的实际需要和现实环境因素,运用已知的知识、经验和科学方法,对创业项目的发展变化趋势做出适当的分析。一般而言,较好的创业项目具有以下五个特征:

①在市场前景预测中,能够比较准确客观地预计今后五年市场需求的稳步快速增长;

②创业者能够获得所需的关键资源,其中包括自有资源、外在资源、自然资源以及社会资源等;

③创业者不应被锁定在"刚性"的创业路径上,而是应该可以中途调整创业的"技术"路径;

④创业者可以通过创造市场需求来创造新的利润空间,谋取额外的企业利润;

⑤特定的商业风险,至少有部分能够承受的风险是明朗的。对于特定创业者而言,面对特定的创业机会,必须回答以下五个问题:自己是否拥有利用该机会所需的核心资源? 创业者能否跨越资源缺口? 遇到竞争力量时,创业者是否有能力与之抗衡? 创业者是否可以创造新增市场以及可以占有远景市场? 创业者是否有能力承受利用特定机会的商业风险?

(3)创业项目的决策

大学生创业不是感性的冲动和冒险,而是理性的抉择。市场机会是创业的良机,但它只是创业的外部机会。创业者自身是否具备与之相应的条件,必须进行市场机会的可能性分析。

①SWOT分析法

SWOT分析法是创业者进行项目评估的重要方法之一,它通过评估企业的优势(Strengths)、劣势(Weaknesses)、竞争市场上的机会(Opportunities)和威胁(Threats),用以对创业市场机会进行深入全面的评估和选择分析。具体做法是:

第一,调查环境因素。运用各种调查研究的方法,对企业外部、内部环境因素进行调查分析。外部环境因素包括机会因素和威胁因素。机会因素表现为:企业的新产品、新市场、新需求,竞争对手的失误,市场壁垒解除等。威胁因素包括:新的竞争对手出现,替代产品增多,市场环境恶化,行业改革变化,客户偏好改变,社会突发事件等。它们是外部环境对企业发展产生直接影响的有利或不利的因素,属于客观因素方面。内部环境因素包括优势因素和弱势因素。优势因素包括:有利的竞争态势,充足的财政来源,良好的企业形象、技术力量、规模经济、市场份额、成本优势、广告宣传等。劣势因素表现为:设备老化,管理混乱,缺少关键技术,研发水平落后,资金短缺,经营不善,产品积压,竞争力差等。它们是企业在其发展中自身存在的积极和消极因素,属于主动因素方面。

第二,进行内外因素分析。将调查得到的各种因素根据轻重缓急或影响的程度排序,进行筛选,将那些对企业发展有直接的、重要的、大量的、迫切的、久远的影响因素有序排列在前面,而将那些次要的、间接的、不急的、短暂的影响因素排列在后面。

第三,进行抉择选择。根据各种影响因素的排列状况,制定出相应的行动计划,其思路是:发挥优势因素,克服弱点;利用机会因素,化解威胁因素。考虑过去,立足现在,着眼未来,将排列与考虑的各种因素相互匹配组合,制定出创业前期可供选择的行动计划或行动方案,以保障创业的成功率。

SWOT 分析法的优点在于考虑问题全面,是一种条理清楚、便于检验的系统思维方式。通过分析,创业者可以客观评价自身资源和市场机会的相关因素。如果自身优势与市场机会相一致,则可以实施创业活动。如果不一致,即使市场环境再好,因自身条件不足,也不应该去冒险创业。

②保本点评价法

量本利分析法是根据产量、成本、利润三者之间的相互关系,进行综合分析,预测利润,控制成本的一种数学分析方法。通常也称为"盈亏分析法"。利用量本利分析法可以计算出组织的盈亏平衡点,又称保本点、盈亏临界点、损益分歧点、收益转折点等。

大学生创业项目的实施,都有其自身的"量"、"本"、"利",其成本、销售量和利润之间的关系是:保本点销售量 = 项目总投资 ÷(单位销售价格—单位变动成本),用公式表示是:$S = \dfrac{F}{P - V}$(其中:S = 销售量,P = 单位产品价格,F = 固定成本,V = 单位变动成本)。

生存是企业的首要保证,不做亏本的生意是企业基本的要求。从保本角度去评价创业项目,发现保本点较低的项目可以成为创业项目,而保本点高、利润回报时间很长的项目则不应成为创业项目。因为投资大、回报时间长的项目对于大学生创业者来说是自身承受不起的。

创业项目要降低保本点,一是要控制总投资,能不花的钱尽量不花;二是降低变动成本,但不能降低产品或服务质量;三是加快产品循环周期,增加现金流动性,缩短资金运行周期,以挖掘内部潜力,提高企业资金使用效率。保本点评价原则是:先保本、保生存,再保利、图发展。

二、制定创业计划书

创业计划书又叫商业计划书,英文是 business plan,它是一份对与创业项目有关的所有事项进行总体安排的书面文件。一份创业计划书包括商业前景展望,人员、资金、物质等各种资源的整合,以及经营的思想、战略确定等,是为创业项目制定的一份完整、具体、深入的行动指南。一份好的创业计划书,可以收到事半功倍的效果,可以成为创业企业在各方面获得成功的通行证,也是创业者创业成功必备的要素之一。

(一)创业计划书的作用

创业计划书具有明显的商业价值。这种商业价值是从多方面表现出来的。一份好的创业计划书通常有三方面的作用:

1. 指导作用

创业计划书是创业的纲领,是创业实践的战略设计和现实指导。因此创业计划书对于创业实践具有非常重要的指导作用。只有那种没有真正的战略思考和可操作性的创业文件才没有明显的效果。

2. 聚才作用

创业计划书的聚才作用是很宽泛的。主要表现在:吸引创业人才进入;吸引新股东加盟;吸引有志之士参加创业团队;吸引对创业计划感兴趣的单位赞助和支持。

3. 整合作用

在创业的过程中,各种生产要素是分散的,各种信息是凌乱的,各种工作是互不衔接的。通过编写创业计划书的过程,梳理思路,进行调研,完善信息,找到各种程序之间的衔接点,最终把各种资源有序地整合起来,调动起来,围绕着创业和创造利润进行要素的最佳组合。经过整合,能把各种分散的资源聚拢起来,形成一种增量资源,得到明显的经济效益。

4. 引资作用

资金是企业的血液,是创业的要素,是创业企业能够获得快速发展和崛起的前提。创业企业要获得风险投资的支持,首先要使风险投资者对创业计划书满意。因此,写好创业计划书对获得风险投资具有不可替代的作用。

(二)创业计划书的类型

一般说来,创业计划书会因需求对象的不同,有不同的内容重点和撰写方式,一般把创业计划书分成三种类型:一种是为了吸引投资家的注意,称之为简报摘要计划书;第二种是为了满足投资评估上的需要,称之为评估创业计划书;第三种是作为创业者事业发展规划的自我参考书,称之为经营管理计划书。

创业计划书的主要作用是吸引投资者,几乎所有的投资者和融资机构都是在看到一份不错的创业计划书之后,才会和创业者进行投资洽谈。

(三)创业计划书的内容

创业计划书一般应写两份:一份给自己,另一份给投资人。给自己的计划书应包括以下主要内容:简介、企业目标陈述、企业设想描述、产品与服务介绍、市场分析、生产计划、市场营销计划、组织计划、财务计划、风险评估、附录。给投资人的计划书不仅包括给自己的计划书的全部内容,还应包括以下内容:封面、组织定位、计划摘要、组织远景与经营模式说明等。创业计划书的主要内容如下:

1. 封面

封面的设计要有审美观和艺术性,一个好的封面会使阅读者产生好感,给人留下良好的第一印象。

2. 组织定位

组织定位反映出组织的经营策略。在产业价值系统里,创业者要用自己的产品和服务明确界定自己的角色。投资人总是试图从创业者的商业计划书中获得创业者的组织定位。

3. 计划摘要

计划摘要放在创业计划书的最前面,它是创业计划书的浓缩和精华。计划摘要涵盖计划的要点,一目了然,以便读者能在最短的时间内评审计划并做出判断。计划摘要一般要包括以下内容:公司介绍;管理者及其组织;主要产品和业务范围;市场概况;营销策略;销售计划;生产管理计划;财务计划;资金需求状况等。

介绍企业时,首先要说明创办企业的思路以及企业的目标和发展战略。其次,要交待企业现状和企业的经营范围。在这一部分中,要对企业的情况做客观的评述。因为中肯的分析往往更能赢得信任,从而使人容易认同企业的创业计划书。最后,还要介绍一下创业者自己的背景、经历、经验和特长等。企业家的素质对企业的成长往往起关键性的作用。在这里,企业家应尽量突出自己的优点并表示自己强烈的进取精神,以给投资者留下一个好印象。在计划摘要中,企业还必须要回答下列问题:企业所处的行业,企业经营的性质和范围;企业主要产品的内容;企业的市场在哪里,谁是企业的顾客,他们有哪些需求;企业的合伙人、投资人是谁;企业的竞争对手是谁,竞争对手对企业的发展有何影响。

4.组织远景与经营模式说明

创业者应当让自己的组织有一个标注得非常清楚的远景,未来几年创业者的组织会变成什么样的格局,让投资人能有一个期待。

5.产品与服务基本介绍

在进行投资项目评估时,投资人最关心的问题之一,就是风险企业的产品、技术或服务能否以及在多大程度上解决现实生活中的问题,或者风险企业的产品(服务)能否帮助顾客节约开支,增加收入。因此,产品介绍是创业计划书中必不可少的一项内容。通常,产品介绍应包括以下内容:产品的概念、性能及特性;主要产品介绍;产品的市场竞争力;产品的研发过程;发展新产品的计划和成本分析;产品的市场前景预测;产品的品牌和专利。

在产品(服务)介绍部分,企业家要对产品(服务)作出详细的说明,说明要准确,也要通俗易懂,必须让作为非专业人员的投资者也能明白。产品介绍必须要回答以下问题:顾客希望企业的产品能解决什么问题?顾客能从企业的产品中获得什么好处?企业的产品与竞争对手的产品相比有哪些优缺点?顾客为什么会选择本企业的产品?企业为自己的产品采取了何种保护措施?企业拥有哪些专利、许可证,或与已申请专利的厂家达成了哪些协议?为什么企业的产品定价可以使企业获得足够的利润?为什么用户会大批量地购买企业的产品?企业采用何种方式去改进产品的质量、性能,企业对发展新产品有哪些计划等。一般的,产品介绍都要附上产品原型、照片或其他介绍。

6.人员及组织结构

有了产品之后,创业者第二步要做的就是组建一支有战斗力的管理队伍。高素质的管理人员和良好的组织结构是降低企业经营风险、管理好企业的重要保证。因此,风险投资家会特别注重对管理队伍的评估。

企业的管理人员应该是互补型的,而且要具有团队精神。一个企业必须要具备负责产品设计与开发、市场营销、生产作业管理、企业理财等方面的专门人才。在创业计划书中,必须要对主要管理人员加以阐明,介绍他们所具有的能力,他们在本企业中的职责,他们过去的详细经历及背景。此外,在这部分创业计划书中,还应对公司结构做一简要介绍,包括:公司的组织机构图;各部门的功能与责任;各部门的负责人及主要成员;公司的报酬体系;公司的股东名单,包括认股权、比例和特权;公司的董事会成员;各位董事的背景资料。

7.市场预测

在创业计划书中,市场预测应包括以下内容:市场现状综述;竞争厂商概览;目标顾客和目标市场;本企业产品的市场地位;市场区隔和特征等。风险企业对市场的预测应建立在严密、科学的市场调查基础上。风险企业所面对的市场,本来就有更加变幻不定、难以捉摸的特点。因此,风险企业应尽量扩大收集信息的范围,重视对环境的预测和采用科学的预测手段和方法。创业者应牢记的是,市场预测不是凭空想象出来,对市场错误的认识是企业经营失败的最主要原因之一。顾客在哪里? 如何留住他们? 如果你是顾客,你会如何选择? 这一点创业者在创业计划书中应当为投资人解释。

8.营销计划

营销是企业经营中最富挑战性的环节,影响营销策略的主要因素有:(1)消费者的特点;(2)产品的特性;(3)企业自身的状况;(4)市场环境方面的因素。最终影响营销策略的则是营销成本和营销效益因素。在创业计划书中,营销策略应包括以下内容:(1)市场机构和营销渠道的选择;(2)营销队伍和管理;(3)促销计划和广告策略;(4)价格决策。

9.财务规划

财务规划需要花费较多的精力来做具体分析,其中包括现金流量表、资产负债表以及损益表的制备。流动资金是企业的生命线,因此企业在初创或扩张时,对流动资金需要有预先周详的计划和进行过程中的严格控制;损益表反映企业的赢利状况,它是企业在一段时间运作后的经营结果;资产负债表则反映在某一时刻的企业状况,投资者可以用资产负债表中的数据得到的比率指标来衡量企业的经营状况以及可能的投资回报率。

财务规划一般要包括以下内容:(1)创业计划书的条件假设;(2)预计的资产负债表,预计的损益表,现金收支分析,资金的来源和使用。

10.风险预见

创办企业的风险来自各个方面,有市场风险,有执行计划中的风险。在计划书中要一一列出这些风险,要告诉投资者面对这些风险企业会作出哪些反应,要根据不同风险制定出不同方案。

(四)创业计划书模板

1.创业计划书摘要

(1)企业简介

(2)产品/服务介绍

(3)目标市场

(4)营销策略

(5)竞争优势

(6)管理团队

(7)生产管理计划

(8)财务计划

（9）企业长期发展目标

2. 企业介绍

（1）企业理念

（2）企业的基本情况

（3）企业的发展阶段

3. 产品与服务

（1）产品的基本描述

（2）产品的竞争优势

（3）产品的研究和开发情况

（4）开发新产品的计划和成本分析

（5）产品的市场前景预测

（6）产品的品牌和专利

4. 市场分析与营销策略

（1）市场分析的内容

（2）营销策略的内容

5. 产品制造

（1）产品生产制造方式

（2）生产设备情况

（3）质量控制

6. 管理团队

（1）管理机构

（2）关键管理人员

（3）激励和约束机制

7. 财务管理

（1）企业过去三年的财务情况

（2）今后三年的发展预测

（3）融资计划

8. 附录

（1）附件

①营业执照副本

②董事会名单及简历

③公司章程

④产品说明书

⑤市场调查资料

⑥专利证书、鉴定软件

⑦注册商标

（2）附图

①企业的组织结构图

②工艺流程图

③产品展示图

④产品销售预测图

⑤项目选址图

（3）附表

①主要产品目录

②主要客户名单

③主要供应商和经销商名单

④主要设备清单

⑤市场调查表

⑥现金流量预测表

⑦资产负债预测表

⑧损益预测表

三、实施创业计划

创业者有了好的创业构想和周密的创业计划之后，就进入获取创业资源、组建创业团队、企业登记注册阶段，然后开展企业的日常运营。

（一）获取创业资源

创业者在自身已有资源的基础上，通过适当的形式建立企业所需的市场联系和利益关系，促进资源的有效流动，其中最重要的就是有效吸引风险投资，当然还包括企业的人力资源、资金以及生产性资源。从某种意义上讲，企业就是资源的集合体。确定并获取创业资源就是将创业过程中所需的特定资源进行整合。在平衡组合各种资源的过程中，创业者是关键因素。一个优秀的创业者的作用就是吸引投资，积极地吸引各种资源流向企业，包括优秀的员工、充足的资金及顾客和供应商的有力支持，并用这些投资构建企业资产。创业者对获取的资源进行分析与协调，依照创业计划的合理预期，明确创业资源缺口。根据所需要资源的形式与特点，采取具体的措施，以保证创业计划的顺利实施。因此，获得创业资源并使其有效地运转，是创业者成功创业的重要保障。

（二）组建创业团队

在创业初期，当获得了一定的创业资源之后，应该在原有的基础上打造出一个专业的团队。此时，大学生就从一个亲力亲为的创业者转变为一个团队的领导者。一个团队的领导者需要知道如何组建团队，组建什么样的创业团队。

1.成功创业团队应具备的特征

（1）优势互补

建立优势互补的团队是创业关键。创业者寻找团队成员，应该基于这样的考虑，主要是弥补当前资源能力上的不足，也就是说考虑创业目标与当前的资源能力差距来寻找所需要的配套成员。创业团队的组织还要注意个人的性格与看问题的角度，如果一个团队里能够有总能提出建设性的可行性建议的成员，有能不断地发现问题的批判性的成员，这对于创业过程将大有裨益。好的创业团队，成员间通常都能优势互补，而这种互补也有助于强化团队成员间的彼此合作。

（2）凝聚力

团队是一个整体，成败依赖于团体而非个人，成员能够同甘共苦，经营成果能够公开且合理地分享，团队就会形成坚强的凝聚力。

（3）与企业共成长

团队成员应保持对企业长期发展的信心，对于企业经营成功给予长期的支持，每一位成员要了解企业将面临的挑战，并承诺不会因为一时利益或困难而退出，同意将股票集中管理。如有特殊原因而提前退出团队者，必须以票面价值将股权转让给原公司团队。

（4）为企业创造价值

团队成员应全心致力于创造企业的价值，以创造企业价值作为创业活动的主要目标，并认识到只有企业不断增值，所有团队成员才有可能分享到其中的利益。

（5）股权合理分配

团队成员的股权分配不一定要均等，但需要合理、透明与公平。通常创始人与主要贡献者会拥有比较多的股权，但只要与他们所创造价值、贡献上能相配套，就是一种合理的股权分配。

（6）弹性的利益分配机制

创业之初的股权分配与以后创业过程中的贡献往往并不一致，因此会发生某些具有显著贡献的团队成员，拥有股权数较低，贡献与报酬不一致的不公平现象。因此好的创业团队需要有一套公平弹性的利益分配机制来弥补上述不公平的现象。例如企业可以保留10%盈余或股权，用来奖赏以后有显著贡献的创业成员。

2.组建创业团队的注意事项

不同的创业者在共同的创业远景鼓舞下，形成了创业团队。搭建一支优秀的创业团队是保证创业团队沿着共同目标，求同存异，最后实现团队远景的组织保证。组建创业团队应该注意以下方面：

（1）知己知彼

一个优秀的创业团队的所有成员都应该相互非常熟悉，知根知底。在创业团队中，团队成员要清醒地认识到自身的优劣势，同时对其他成员的长处和短处也一清二楚，这样可以很好地避免团队成员之间因为相互不熟悉而造成的各种矛盾，迅速提高团队的向心力和凝聚力。同时，团队成员的熟悉更有利于成员之间工作的合理分配，最大可能地发挥各自的优势。

（2）有合适的领导者

在创业团队中，带头人作用非常重要。创业团队的领导者犹如大海航行中巨轮的舵手，引领着创业团队的方向。许多创业团队在很短的时间内就消亡了，很重要的原因在于创业团队的带头人根本不是一个合格的领导者。

（3）树立共赢的理念

要坚信企业能够健康发展下去，相信创业团队一定能够获得成功。不要一开始就想着失败，尤其不要用畏难退缩的思想支配自己的思想和行动，应该树立坚定的信念，要坚信团队的事业一定会成功。

（4）有严格的规章制度

"没有规矩，不成方圆"。最初创业时就把最基本的责、权、利说得明白透彻，尤其股权、利益分配更要讲清楚，包括增资、扩股、融资、撤资、人事安排及解散等。这样在企业发展壮大后，才不会出现因利益、股权等的分配分歧产生团队之间的矛盾，导致创业团队的分散。

（三）企业登记注册

创办企业需要按照合法的程序，办理相关的合法手续，才能受到法律的保护。否则，初创企业会四处碰壁，步履维艰。

1.确定企业的名称

确定企业的名称是有规范和要求的。一般来说，要注意以下几点：

（1）企业法人必须使用独立的企业名称，不得在企业名称中包含另一个法人名称，包括不得包含另一个企业法人名称。

（2）企业名称应当使用符合国家规范的汉字，民族自治地区的企业名称可以同时使用本地区通用的民族文字。企业名称不得含有外国文字、汉语拼音字母、数字（不含汉字数字）。

企业名称中有下列情况的，不视为使用数字：①地名中含有数字的，如"四川"等；②固定词中含有数字的，如"四通"等；③使用序数词的，如"第一"等。

（3）企业名称不得含有有损国家利益或社会公共利益、违背社会公共道德、不符合民族和宗教习俗的内容。

（4）企业名称不得含有违反公平竞争原则、可能对公众造成误认、可能损害他人的利益的内容。

（5）企业名称不得含有法律或行政法规禁止的内容。

（6）企业名称是企业权利和义务的载体，企业的债权、债务均体现在企业名称项下。

企业申请登记注册的企事业名称不得与其他企业变更名称未满三年的原名称相同，或者与注销登记或被吊销营业执照未满三年的企业的名称相同。

2.选择企业地址

在企业选址方面，很多欧美企业一般遵循"四最"原则：第一，把一次性成本降到最低；第二，把运营成本降到最低；第三，把潜在的风险降到最低；第四，把机会放到最大。

3.创办企业

（1）选择企业的法律形式

投资人在创建一个企业时，都面临企业的法律形式选择问题。企业的法律形式分为三种：个人独资企业、合伙企业、公司制企业。创业者新创办的企业一般都是小型企业，从工商部门的统计数据来看，个体工商户、个人独资企业、合伙企业、有限责任公司四种法律形式是我国当前创办企业最常见的企业法律形式。对于大学生创业，登记注册的企业法律形式基本上也是这四种。

（2）注册资金最低限额

①注册个体工商户，对注册资金实行申报制，没有最低限额；

②注册私营独资企业,对注册资金实行申报制,没有最低限额;

③注册私营合伙企业,对注册资金实行申报制,没有最低限额;

④注册有限责任公司,最低注册资本 10 万元人民币。

(3)企业注册步骤

①注册个体工商户、个人独资企业和设立合伙企业的步骤

a. 到市工商局(或当地区、县工商局)企业登记窗口咨询,领取注册登记相关表格、资料;

b. 办理名称预先核准、取得《名称预先核准通知书》;

c. 以核准的名称到银行开设临时账户,股东将入股资金划入临时账户;

d. 到有资格的会计师事务所办理验资证明;

e. 将备齐的注册登记资料交工商局登记窗口受理、初审;

f. 按约定时间到工商局领取营业执照,缴纳注册登记费;

g. 在相关报纸上发布公告。

②注册有限公司的步骤

a. 到工商部门领取"企业(字号)名称预先核准申请表",填写预先准备的公司名称,可填三个备用名。由工商局上网(工商局内部网)检索是否有重名。如果没有重名,就可以使用这个名称,第二天核发一张"企业(字号)名称预先核准通知书";

b. 租有房产证或居住证的房屋,签订租房合同;

c. 编写"公司章程";

d. 刻法人章;

e. 到会计师事务所领取"银行询征函",联系一家会计师事务所,领取一张"银行询征函"(必须是原件,会计师事务所盖章);

f. 去银行开立公司验资户;

g. 携带会计师事务所出具的验资报告、公司办公所在地的房产证复印件、房屋租赁合同、股东会决议、公司章程、股东和法人身份证复印件、公司设立登记提交材料表、企业名称预先核准申请书以及不扰民保证书等相关的证件和表格到工商局办理公司注册登记手续;

h 办理企业组织机构代码证和税务登记;

i. 申请领购发票;

j. 去银行开基本户。

(四)企业的日常运营

开业以后,创业者,特别是企业的管理者要时刻关注企业的内外环境变化,识别任何影响企业发展的机会和威胁。他必须关心与企业经营有关的所有事情,比如每天的销售情况、原料供应情况、人事变动、库存变化、财务状况、产品研发以及行业和竞争对手的状况等。管理者必须对已经建立起来的业务流程进行有效的控制,因为这是企业生存与发展的关键所在。

思 考 题

1. 创业前需要做哪些准备？
2. 如何选择创业项目？
3. 写一份自己的创业计划书。
4. 创业者如何实施创业计划？

第八章 大学生创业的途径和方式

据统计,大学生创业的失败率高达90%。许多人高高兴兴地开店,筹措资金,规划了很久,辛苦地把公司建立起来了,结果失败了,问题出现在哪儿? 其实失败的因素有很多,其中80%在于规划之初就没有把"定位"找准。大学生自主创业途径及其方式的选择必须要与大学生自身的实际情况相匹配,从而增加大学生自主创业成功的概率。

第一节 创业的主要途径

根据大学生的特点,大学生创业要考虑时间选择、主导条件和具体方法等方面的因素,必须要结合大学生自身的实际情况选择合适的途径,才能使创业的过程不过于坎坷,以增加大学生创业成功的概率。创业途径主要有以下四种:

一、积累型创业

这是一种通过经验和财富的不断积累,白手起家式的创业。许多创业者创业之初都没有经验,也没有太多资金投入,而是凭着一股韧劲、一股吃苦耐劳的精神,历经磨难,百折不挠,终获创业的成功。大学生可以从学生时代开始,通过"创业大赛"、"概念创业"、进行勤工俭学、开办"学生公司"等方式锻炼自己,从小额资金投入着手,逐步积累创业经验和财富,尤其要注重在实习或实践中不断提高创业的能力与素质,积累经验和资源。只要有坚韧不拔的毅力,善于总结、善于学习、善于不断完善提高自己,多数大学生都可以取得创业的成功。积累型创业者要切忌心浮气躁、急功近利。

案例

王学集出生于浙江温州,毕业于浙江理工大学。大学时和两位同学一起创业,大三时正式发布phpwind论坛程序,2004年大学毕业的王学集成立公司,公司亦命名为phpwind,中文名"杭州德天信息技术有限公司",专门提供大型社区建站的解决方案。目前,phpwind已成为国内领先的社区软件与方案供应商,PW6.3.2版本的推出更在社区软件领域树立起一个极高的技术壁垒,phpwind8.0系列版本则推动了社区门户化。

(来源:http://www.sj998.com/html/2013-07-17/427714.shtml)

分析:王学集凭借自己的专业优势,在大学期间与同学共同创业,逐步创建自己的公司,积累了丰富的经验和资源,扩大公司的业务范围,最终走向成功。因此,大学生创业可以从学生时代开始,多参与、多实践,提高自己的能力,积累一定的经验,在实践中不断提高创业的能力和素质,那么,达到一定程度时,创业也就水到渠成了。

二、依赖型创业

这是一种利用现有资源,投入少,风险较小的创业途径。大学生完成大学阶段的学习,有了一定的知识储备和经营能力之后,可以通过参与家族企业、加盟创业、连锁经营、特许经营等方式进行创业。加盟连锁虽然会受制于所加盟的企业的一些管理规定,但是,在很大程度上可以发挥加盟企业的品牌效应,借助现有的经营管理模式、质量标准、品牌形象和服务优势等,通过有偿使用资源,投资风险较小,规避市场风险,创业成功的几率很高。同时,还可以享受整体的规模收益,加上总公司对大学生持续的技术和管理培训,不断提高大学生创业的综合素质。这种创业要注意的问题是除了搞好市场调查和项目可行性论证外,很重要的是处理好与资源提供者之间的利益关系。

案例

没钱也可以开店

张大勇性格开朗,待人热情,头脑灵活,善于社交,有一定的管理能力。他既酷爱电脑,又做着电脑的生意,兜里也有一些积蓄,而且身边又结识了众多的电脑爱好者们。由于当今的网络已成为年轻人生活的一部分,张大勇就瞄准了一个挣钱的机会——开一家网吧。但是,自己积蓄的钱又不够。经过仔细分析和市场调研后,在一个交通便利又比较热闹的地段,张大勇和几个朋友一起开了一家规模较大的网吧。一年后,张大勇不仅收回了本钱,自己又开了一家分店。

张大勇的成功归功于他对自己有清醒的认识,对市场需求有充分的了解。同时借助于和朋友合作,既解决了资金问题,又壮大了个人的实力,将自己的优势有效地与外部条件结合起来,成为一个成功的创业者。

对于每一个创业者而言,永远要面对的困难就是资源的匮乏。但是,成功的创业者总是能够利用自己仅有的资源,巧妙地与其他资源整合。张大勇不仅有"勇",还有"谋"——资源整合的意识。

(来源:http://www.sj998.com/html/2013-07-17/427714.shtml)

分析:钱固然对创业非常重要,创业的阶段几乎步步需要用到钱,没钱简直寸步难行。若有家族企业等固然好,但很多大学生没有这样的有利条件,相反很多来自贫困的农村家庭,那怎么创业呢?案例中的张大勇就充分利用资源,找合伙人一起创业,解决资金问题的同时还壮大了个人实力,有效地将自己的优势与外部条件充分结合,成为一个成功的创业者。大学生要结合当前可以利用的优势资源,将各方能利用的资源充分结合起来,逐步实现自己的创业梦。

三、特长型创业

大学生是"优势群体"。创业能发挥其在创造性思维和高新技术等方面的优势。大学生要从学生时代做好准备,毕业即创业,走与学科专业相结合的自主创业之路。这是一种就业途径较好的选择。在具体的创业方法上可以有网络创业、团队创业、合伙创业等。此种创业存在的最大问题是缺少经营管理经验,往往会因管理不善导致创业失败。为此,一些地方政府通过构建高新人才创业"孵化器",拥有技术、产品的人进入"孵化器",配备各种管理人员协助创业,可以最大限度地减少失败的风险。

案例

　　风靡全国,中国最成功的桌游《三国杀》,其创始人黄恺正是一位标准的大学生创业者。黄恺 2004 年考上中国传媒大学动画学院游戏设计专业,他在大学时期就开始"不务正业",模仿国外桌游设计出了具有中国特色,符合国人娱乐风格的桌游《三国杀》。2006年 10 月,大二的黄恺开始在淘宝网上销售《三国杀》,没想到大受欢迎。而毕业后的黄恺并没有任何找工作的打算,而是借了 5 万元注册了一家公司,开始做起《三国杀》的生意。2009 年 6 月底《三国杀》成为中国被移植至网游平台的一款桌上游戏,2010 年《三国杀》正版桌游售出 200 多万套。

　　粗略估计,《三国杀》迄今至少给黄恺带来了几千万的收益,并且随着《三国杀》品牌的发展,收益还将会继续增加。

　　(来源:http://www.sj998.com/html/2013 - 07 - 17/427714.shtml)

　　分析:大学生凭借自己在创造性思维和高新技术等方面的优势,走学科专业相结合的自主创业之路,才能真正体现现在的高等教育的作用。黄恺学的是游戏设计专业,走的是设计游戏的创业路子,真正将所学纳入所用,利用自己的特长创业,是一种途径较好的选择。同学们可以自己思考一下,就自己目前所学的专业而言,自己有哪方面的特长可以利用呢?

四、延迟型创业

　　这种途径也称为先就业(深造)再创业。就业与创业是有着内在联系的两个不同概念。创业对劳动者能力和素质的要求比就业更高。大学生毕业后进入更高的学历层次深造,或者认真对待"The first job"(第一份工作),在继续学习或职业实践中锻炼自己,时机成熟再创业也是一种好的选择。厚积而薄发,创业的成功率更高。

案例

比尔·拉福创业选择之路

　　背景:一个美国小伙子立志做一名优秀的商人。中学毕业后考入麻省理工学院,没有去读贸易专业,而是选择了工科中最普通、最基础的专业——机械专业。大学毕业后,这位小伙子没有马上投入商海,而是考入芝加哥大学,攻读为期三年的经济学硕士学位。最出人意料的是,获得硕士学位后,他还是没有从事商业活动,而是考了公务员。在政府部门工作了五年后,他辞职下海经商。又过了两年,他开办了自己的商贸公司。20 年后,他的公司资产从最初的 20 万美元发展到 2 亿美元。这位小伙子就是美国知名企业家比尔·拉福。

　　1994 年 10 月,比尔·拉福率团来中国进行商业考察,在北京长城饭店接受《中国青年报》记者采访时,他谈到他的成功应感激他的父亲的指导,他们共同制定了一个重要的生涯规划。最终这个生涯设计方案使他功成名就。我们来看一下这个成功的简图：

工科学习→工学学士→经济学学习→经济学硕士→政府部门工作→锻炼处世能力，建立广泛的人际关系→大公司工作→熟悉商务环境→开公司→事业成功

第一阶段：工科学习

选择：中学时代，比尔·拉福就立志经商。他的父亲是洛克菲勒集团的一名高级职员，他发现儿子有商业天赋，机敏果断，敢于创新，但经历的磨难太少，没有经验，更缺乏必要的知识。于是，父子俩进行了一次长谈，并描绘出职业生涯的蓝图。因此升学时他没有像其他人一样直接去读贸易专业，而是选择了工科中最基础、最普通的机械制造专业。

评析：做商贸必须具备一定的专业知识。在商品贸易中，工业品占绝对多数，不了解产品的性能、生产制造情况，就很难保证在贸易中得到收益。工科学习不仅是知识技能的培养，而且能帮助建立一套严谨求实的思维体系。清楚的推理分析能力，脚踏实地的工作态度，正是经商所需要的。

收获：比尔·拉福在麻省理工学院的四年，除了本专业，还广泛接触了其他课程，如化工、建筑、电子等，这些知识在他后来的商业活动中发挥了举足轻重的作用。

第二阶段：经济学学习

选择：大学毕业后，比尔·拉福没有立即进入商海而是考进芝加哥大学，开始了为期三年的经济学硕士课程的学习。

评析：在市场经济下，一切经济活动都是通过商业活动来实现的，不了解经济规律，不学习经济学知识，就很难在商场立足。

收获：比尔·拉福掌握了经济学的基本知识，搞清了影响商业活动的众多因素，还认真学习了有关法律和微观经济活动的管理知识。几年下来，他对会计、财务管理也较为精通，在知识上已完全具备了经商的素质。

第三阶段：政府部门工作

选择：比尔·拉福拿到经济学硕士学位后考取了公务员，在政府部门工作了五年。

评析：经商必须有很强的人际交往能力，要想在商业上获得成功，必须深知处世规则，善于与人交往，建立诚信合作关系。这种开拓人际关系的能力只有在社会工作中才能得到提高。

收获：在环境的压迫下，比尔·拉福养成了强烈的自我保护意识，由稚嫩的热血青年成长为一名老成、处事不惊的公务员，并结识了各界人士，建立起一套关系网络，为后来的发展提供大量的信息和便利条件。

第四阶段：通用公司锻炼

选择：五年的政府工作结束之后，比尔·拉福完全具备了成功商人所需的各种素质，于是辞职下海，去了通用公司。

评价：通过各种学习获得足够的知识，但知识要通过实践的锻炼才能转化为技能。

收获：在国际著名的通用公司进行锻炼，比尔·拉福不仅为实践所学的理论找到了一个强大平台，而且学习到了丰富的管理经验，完成了原始的资本积累。这也是大学生创业应该借鉴的地方，除了激情，还应该考虑到更多的现实。

第五阶段:自创公司,大展拳脚

选择:两年后,他已熟练掌握了商情与商务技巧,便婉言谢绝了通用公司的高薪挽留,开办了拉福商贸公司,开始了梦寐以求的商人生涯,实现多年前的计划。

评析:时机成熟后,应果断决策,切忌浪费时间,应抓住契机实现计划。

收获:比尔·拉福的准备工作,几乎考虑到了每个细节。拉福公司的成长速度出奇地快。二十年后,拉福公司的资产从最初的20万美元发展为2亿美元,而比尔·拉福本人也成为一个奇迹。

比尔·拉福的生涯设计脉络清晰,步骤合理,充分考虑了个人兴趣、个人素质,并着重职业技能的培养,这种生涯设计在他坚持不懈的努力下,终于变为现实。也许他的这套生涯方案并不完全适合你,但是却带给你一个重要的信息:人生是可以设计的! 只要你有信心、恒心,加上科学的规划和设计,案例的主角也许就是明天的你。

第二节　创业的方式

一、独资经营

独资经营是创业者全资经营的企业,是指依照《个人独资企业法》在中国境内设立,由一个自然人投资,财产为投资人个人所有,投资人以其个人财产对企业债务承担无限责任的经营实体。对于创业型企业而言,就是成立一个私营公司。一般是在投资额比较小,合作伙伴没有股权要求时,采用这种方式。

(一)个人独资企业的设立条件

根据《个人独资企业法》的规定,我国对个人独资企业的设立,在立法上采取了准则主义,即只要符合法律规定的设立条件,企业即可直接办理工商登记,一般无须经过有关部门批准。设立个人独资企业应当具备下列条件:

1.投资人是中国公民

个人独资企业中的"人"只能是自然人,自然人之外的法人、其他组织不能投资设立个人独资企业。申请设立个人独资企业的投资人应当具有相应的民事权利能力和民事行为能力。法律、行政法规禁止从事赢利性活动的人,例如政府公务员,不得作为投资人申请设立个人独资企业;限制民事行为能力人和无民事行为能力人不得作为投资人申请设立个人独资企业。

2.有合法的企业名称

企业的名称应当真实地表现企业的组织形式特征,并应符合法律、法规的要求。就个人独资企业而言,其名称不仅应当与公司企业和合伙企业相区别,而且应当与其他的个人独资企业区别开来。因此,个人独资企业名称应与其责任形式及从事的营业相符合。

3.有投资人申报的出资

《个人独资企业法》对设立个人独资企业的出资数额未作限制。根据国家工商行政管理局《关于实施〈个人独资企业登记管理办法〉有关问题的通知》的规定,设立个人独资企业可以用货币出资,也可以用实物、土地使用权、知识产权或者其他财产权利出资,采取实物、土地使用权、知识产权或者其他财产权利出资的,应将其折算成货币数额。投资人申报的出资额应当与企业的生产经营规模相适应。投资人可以个人财产出资,也可以家庭共有财产作为个人出资。以家庭共有财产作为个人出资的,投资人应当在设立(变更)登记申请书上予以注明。

4.有固定的场所和必要的生产经营条件

生产经营场所包括企业的住所和与生产经营相适应的处所。住所是企业的主要办事机构所在地,是企业的法定地址。

5.有必要的从业人员

即要有与其生产经营范围、规模相适应的从业人员。关于从业人员的人数,法律并没有作出具体规定,由企业视情况而定。

(二)个人独资企业的设立程序

1.提出设立申请

申请设立个人独资企业,应当由投资人或者其委托的代理人向个人独资企业所在地的登记机关提出设立申请。申请书应载明企业的名称、住所、投资者姓名、居所、出资额及方式、经营范围,同时提交经营场所使用证明等。

2.核准登记

登记机关应当在收到设立申请文件之日起 15 日内,对符合《个人独资企业法》规定条件的予以登记,发给营业执照;对不符合《个人独资企业法》规定条件的,不予登记,并发给企业登记驳回通知书。个人独资企业营业执照的签发日期,为个人独资企业成立日期。在领取个人独资企业营业执照前,投资人不得以个人独资企业名义从事经营活动。

3.设立分支机构登记

个人独资企业设立分支机构,应当由投资人或者其委托的代理人向分支机构所在地的登记机关申请设立登记。分支机构的登记事项应当包括:分支机构的名称、经营场所、负责人姓名、居所、经营范围和方式。

登记机关应当在收到按规定提交的全部文件之日起 15 日内,作出核准登记或者不予登记的决定。核准登记的,发给营业执照;不予登记的,发给登记驳回通知书。

二、合伙经营

合伙经营是几个投资者一同投资、一同经营一个企业,并且共同承担无限责任的企业。对于大学生创业者而言,这是一种十分有用的方式。因为大学生创业者一般没有充足的资金,独资经营有困难,合伙经营可以采用大家出资的办法解决资金问题。创业的风险较大,合伙者可以共同分担风险。合伙方式把合伙人的利益捆在了一起,大家是有利同享,有难同当,可以充分调动每一个合伙者的积极性。合伙者都是投资人,其获益方式主要是投资收益,而不是薪金收益,因此可以承受较长时期无工资性的收益情况,以减少创业期的压力。

根据《合伙企业法》第 14 条的规定,设立普通合伙企业应具备以下条件:

1. 有符合要求的合伙人

具体要求：(1)合伙人数应不少于 2 人，人数没有上限限制。由于合伙人的合伙性质，合伙人相互之间的信任尤为重要，所以实际中合伙人人数一般不会太多。(2)合伙人必须具有相应的民事行为能力，即为完全民事行为能力人且能承担无限责任，只有 18 周岁以上的人和已满 16 周岁未满 18 周岁但以自己的劳动收入作为主要生活来源的人，才能作为合伙人。(3)法律、行政法规禁止从事营利性活动的人，不得成为合伙企业的合伙人，具体包括国家公务员、法官、检察官及警察。(4)根据新修订的《合伙企业法》的规定，除自然人外，法人和其他组织均可以成为合伙企业的合伙人。自然人之间可以设立合伙企业，法人或其他组织之间可以设立合伙企业，自然人和法人或其他组织之间也可以设立合伙企业。(5)《合伙企业法》第 3 条明确规定："国有独资公司、国有企业、上市公司以及公益性的事业单位、社会团体不得成为普通合伙人。"

2. 有合伙协议

合伙协议是指合伙人为设立合伙企业而签订的合同。合伙协议必须采用书面形式，并载明以下内容：(1)合伙企业的名称和主要经营场所的地点；(2)合伙目的和合伙企业的经营范围；(3)合伙人的姓名或者名称及其住所；(4)合伙人出资的方式、数额和缴付出资的期限；(5)利润分配和亏损分担办法；(6)合伙企业事务的执行；(7)入伙与退伙；(8)争议解决办法；(9)合伙企业的解散与清算；(10)违约责任。合伙协议经全体合伙人签名、盖章后生效。合伙协议的修改或补充应当经过全体合伙人一致同意，但合伙协议另有约定的除外。

3. 有合伙人实际缴付的出资

合伙人必须向合伙组织出资，合伙人出资的形式可以是货币、实物、土地使用权、知识产权或者其他财产权利。经全体合伙人协商一致，合伙人也可以用劳务、技术等出资。合伙人的出资是设立合伙企业的基本物质条件，也是合伙人资格取得的必备条件。合伙人以货币以外的形式出资，一般应进行评估作价，即折价入伙。评估作价由合伙人协商确定，也可以由全体合伙人委托法定评估机构进行评估，以评估报告作为折价的依据。若以劳务出资，其评估办法由合伙人协商确定，并在合伙协议中载明。合伙人应当按照合伙协议约定的出资方式、数额和缴付出资的期限，履行出资义务。以非货币财产出资的，依照法律、行政法规的规定需要办理财产权转移手续的，合伙人应当依法办理该手续等。如果合伙人违反了出资义务，即构成违约，其他合伙人可追究其违约责任。合伙人只能以其实际向合伙缴付的出资作为其出资份额，并据此享有权利和承担义务。与公司不同，合伙企业法没有规定合伙企业的最低注册资本，所以合伙企业不存在法定最低注册资本的问题。

4. 有合伙企业的名称

合伙企业作为市场主体之一，应有自己的名称。合伙企业只有拥有自己的名称，才能以自己的名义参与民事法律关系，享有民事权利，承担民事义务并参与诉讼，成为诉讼当事人。根据《民法通则》的规定，合伙企业享有名称权。即合伙企业对其登记的名称享有专有使用的权利，其他人未经许可，不得使用合伙企业的名称，否则构成民事侵权行为，合伙企业有权要求行为人停止侵害，消除影响，赔礼道歉，并可以要求其赔偿损失。

合伙企业的名称中应当标明"普通合伙"字样。至于合伙企业能否使用"公司"字样,我们认为,《公司法》并未规定非公司企业不能使用"公司"字样,且使用"公司"字样并不当然表明企业的责任形式,而且我国事实上也存在除有限责任公司和股份有限公司以外的其他企业采用"公司"字样的现象,所以,合伙企业可以在其企业名称中使用"公司"字样。

5. 有经营场所和从事合伙经营的必要条件

经营场所是指合伙企业从事生产经营活动的所在地,合伙企业一般只有一个经营场所,即在企业登记机关登记的营业地点。经营场所的法律意义在于确定债务履行地、诉讼管辖、法律文书送达等。从事经营活动的必要条件是指根据合伙企业的业务性质、规模等因素而需具备的设施、设备、人员等方面的条件。

另外,合伙企业还有特殊普通合伙企业和有限合伙企业,具体要求详见《合伙企业法》。

三、公司制企业

公司制企业一般是指有限责任公司。这是目前比较常用的投资方式,是最符合现代企业制度要求的方式。其最主要的优点是产权关系明晰,出资人、经营者、员工的关系清楚。现代企业经营机制相对健全,能形成公司法人治理结构,企业内部的决策机制、监督机制、管理机制相对健全,能保证各方利益不受侵害。这种方式的规模性有利于企业的发展。当企业由小企业发展到中型企业、大型企业时,企业的动作要求会越来越规范化,公司制的优势将会更加突显。

公司制企业的缺点:一是双重课税。公司作为独立的法人,其利润需缴纳企业所得税,企业利润分配给股东后,股东还需缴纳个人所得税;二是组建公司的成本高。《公司法》对于建立公司的要求比建立独资或合伙企业高,并且需要提交各种报告;三是存在代理问题。经营者和所有者分开以后,经营者称为代理人,所有者称为委托人,代理人可能为了自身利益而伤害委托人利益。

思 考 题

1. 大学生创业主要有哪些途径? 如果你要创业,你会选择哪个途径? 为什么?
2. 创业的方式有哪些? 大学生创业适合采取哪些方式? 请阐明理由。

第九章 初创企业的运营与管理

随着社会的不断发展,企业运营管理为企业所带来的竞争优势最终可以归结为能为顾客创造更多的价值。不同的企业运营管理模式具有不同的盈利潜力和竞争优势,而初创型企业如何在当今激烈的竞争条件下生存,成为许多人心中的一个疑问。

运营管理就是对运营过程的计划、组织、实施和控制,是与产品生产和服务创造密切相关的各项管理工作的总称。从另一个角度来讲,运营管理也可以指为对生产和提供公司主要的产品和服务的系统进行设计、运行、评价和改进。随着市场竞争日趋激烈和全球经济的发展,运营管理如何更好地适应市场竞争的需要,成为企业生存发展的突出问题。企业要寻求生存、发展,必须注重自身运营,才能更上一个台阶。

第一节 初创企业的运营

一、运营的含义

运营就是对运营过程的计划、组织、实施和控制,是与产品生产和服务创造密切相关的各项管理工作的总称。从另一个角度来讲,运营也可以指为对生产和提供公司主要的产品和服务的系统进行设计、运行、评价和改进的管理工作。

过去,西方学者把与工厂联系在一起的有形产品的生产称为"production"或"manufacturing",而将提供服务的活动称为"operations"。趋势是将两者均称为"运营"。

二、建立运营系统

运营系统是指对运营活动进行计划、组织和控制并实现的组织。它的构成与变换过程中的物质转换过程和管理过程相对应,它包括一个物质系统和一个管理系统。

物质系统是一个实体系统,主要由各种设施、机械、运输工具、仓库、信息传递媒介等组成。例如一个机械工厂的物质系统包括一个个车间,车间内有各种车床、天车等设备,车间与车间之间有在制品仓库等等。一个化工厂的物质系统主要是化学反应罐和各种各样的管道。一个急救系统或一个经营连锁快餐店企业,它的实体系统则大不相同,它们不可能集中在一个位置,而是分散在一个城市或一个地区内各个不同的地点。其次,现阶段信息技术已成为运营管理的重要手段。由信息技术引起的一系列管理模式和管理方法上的变革,成为运营的重要研究内容。近30年来出现的计算机辅助设计(CAD)、计算机辅助制造(CAM)、计算机集成制造系统(CIMS)、物料需求计划(MRP)、制造资源计划(MRPII)以及企业资源计划(ERP)等,在企业生产运营中得到广泛应用。对企业而言,规模有大有小,资金力量亦有薄弱,需要量体裁衣,选择符合自身结构及实力的物质系统,杜绝成本浪费和浮夸风现象的发生。

管理系统是指运营系统的计划和控制系统,以及物质系统的设计、配置等问题。其中的主要内容是信息的收集、传递、控制和反馈。根据需要建立合理的人员组织机构,并能够有效沟通,从根本上去控制每一环节且能合理高效地对计划加以推动和实施。从根本上去控制成本、效率、质量等影响企业发展的因素。生产管理运营的多样化和高效率是相矛盾的,因此,在生产管理运营多样化前提下,努力搞好专业化生产管理运营,实现多样化和专业化的有机统一,也是现代运营追求的方向。为做到这一点,现代运营实践中努力推广柔性运营系统。例如,产品设计中的并行工程、快速原型法、虚拟制造技术、CAD/CAM技术、模块化技术等。

可见,对初创企业来讲,结合自身特点,建立合理的运营系统是自身发展的重要前提。

三、制定运营战略

运营战略是运营管理中最重要的一部分,传统企业的运营管理并未从战略的高度考虑运营管理问题,但是在今天,企业的运营战略具有越来越重要的作用和意义。运营战略是指在企业经营战略的总体框架下,如何通过运营管理活动来支持和完成企业的总体战略目标。运营战略可以视为使运营管理目标和更大的组织目标协调一致的规划过程的一部分。运营战略涉及对运营管理过程和运营生产管理的基本问题所做出的根本性谋划。

由此可以看出,运营战略的目的是为了支持和完成企业的总体战略目标服务的。运营战略的研究对象是生产管理运营过程和生产管理运营系统的基本问题。所谓基本问题是指包括产品选择、工厂选址、设施布置、生产管理运营的组织形式、竞争优势要素等。运营战略的性质是对上述基本问题进行根本性谋划,包括生产管理运营过程和生产管理运营系统的长远目标、发展方向和重点、基本行动方针、基本步骤等一系列指导思想和决策原则,即最有效地利用企业的关键资源,以支持企业的长期竞争战略以及企业的总体战略的一项长期的战略规划。

(一)制定运营战略中的一些长期结构性的战略问题

1. 需要建造多大生产管理能力的设施?

2. 建在何处?

3. 何时建造?

4. 需要何种类型的工艺流程来生产管理产品?

5. 需要何种类型的服务流程来提供服务?

运营战略在企业的经营活动中处于承上启下的地位。向上要遵循企业的经营战略,通过运营战略环节把经营战略细化、具体化;向下要推动运营生产管理贯彻执行具体的实施计划,以实现经营战略的目标。

(二)运营战略在企业经营管理中的特点

1. 它是从属于经营战略的,因此考虑的问题比较具体一些,从产品选择到生产管理组织都是它研究的具体对象。

2. 它与营销战略、财务战略等紧密相关。即一方面运营战略不能脱离财务与营销战略等自我发展、自我实现，在它的运营过程中要受到两大管理行为的约束；另一方面它又是实现营销与财务战略的必要保证。

3. 运营战略考虑的面比较宽，时间跨度比较大。

（三）运营战略的制定具有一定的难度

1. 时间跨度大，未知因素较多，不易决策。

2. 涉及面广，不易把握。

3. 在目前的职能管理组织结构模式下，部门之间的协调比较困难。

运营战略成功的关键是明确竞争的重点优势要素。了解每个竞争重点优势要素的选择后果，做出必要的权衡。竞争力是指企业在经营活动中超过其竞争对手的能力，是一个企业能够长期地以比其他企业（或竞争对手）更有效的方式提供市场所需要的产品和服务的能力。竞争力是决定一个企业生存、发展、壮大的重要因素，是企业取得竞争优势的保证条件。因此，制定合理的运营战略是一个企业发展的重点部署，它决定着企业的发展方向。

四、加强企业运营监控

运营过程是一个投入、转换、产出的过程，是一个劳动过程或价值增值的过程，它是运营的第一大对象。运营必须考虑如何对这样的生产运营活动进行计划、组织和控制。

运营过程是对运营战略计划、组织进行实施的过程。在实施的过程中，避免不了因前期考虑不全面所发生的意外问题。例如做设备规划，生产现场情况比较复杂，同时产品由于性能等原因进行变更，就有必要对相关的设备进行改进，使得设备能够使用及更好地服务于生产。在这个过程中，有效的监控就能从根本上杜绝设备的不能正常使用，生产线上的安全，产品的质量，员工的满意度等等一系列连锁问题。一个好的企业若要保证立于不倒之地，也就要求对运营过程进行实时监控，并了解其最新状态，然后再组织、再计划、再改进，从根本上去适应社会、适应顾客的要求发展，继而保证企业的发展。

1. 成本——低成本

价格是顾客必须对产品或服务支付的金额。显然，在质量、功能相同的条件下，顾客将选择价格较低的产品或服务。价格竞争的实质是成本竞争。生产管理运营成本越低，企业在价格上就越有竞争优势。

2. 产品质量和可靠性——提供优质产品

质量分为两类：产品（服务）质量和过程质量。产品质量包括产品的功能、耐用性、可靠性、外观造型、产品的合格率等，质量的好坏反映产品满足顾客需要的程度。质量的竞争力表现在两个方面：一是保持产品的高质量水平；二是提供更好的产品或服务。过程质量的目标是生产管理没有缺陷的产品，可以预防性地解决产品的质量问题。

3. 时间——快速交货、交货可靠性和新产品的开发速度

顾客对交付产品或提供服务在时间上的要求，包括快速或按时的交货能力。在同一质量水平下，企业间竞争优势的差异的重要表现就是时间性。据国外资料分析表明：高质量、高功能在国际竞争中的作用逐步下降,而代之以呈上升趋势的是准时或快速交货的能力。

4. 柔性

从战略的观点看待企业的竞争力,柔性是由与企业运营过程设计直接相关的两个方面构成的。一条生产线能够满足多种产品的生产,是企业成本节省的一个重要途径,且是企业能够为客户集中提供多种产品和服务的能力。最大的柔性意味着提供顾客化的产品与服务的能力,以满足独特的需求,这常被称为"大规模定制"。二是企业快速转换工艺、生产管理新产品的能力或者快速转换服务流程、提供服务的能力。

5. 服务

在当今的企业环境中,为获取竞争优势,企业开始为客户提供"增值"服务。这不论是对提供产品还是提供服务的企业都是重要的。原因很简单,正如范德墨菲所说:"市场力来源于服务,因为服务可以增加客户的价值。"

6. 下一个竞争优势要素——环保

现在,又出现了两种可能为企业提供竞争优势的趋势:环保工艺和环保产品的运用。消费者对环境越来越敏感,更倾向于购买对环境无害的产品。越来越多的企业意识到绿色制造对提高自身利益的竞争机制的深远意义。

综上所述,一个企业要是没有对运营过程加以监控,其必定是个失败的企业,必将不能长远发展。企业要发展就要注重运营过程,同时针对运营过程中出现的问题进行及时整改,提升产品质量,提高客户满意度,这样企业的产品才能为顾客所接受。

第二节　初创企业的管理

作为一个企业,要有发展,在运营管理上就必须注重经验、总结教训,积累成功的经验,吸取失败的教训,并作为后期运营管理的参考,为企业发展制定合适的运营系统、运营战略及更好的运营过程监控。近二三十年来,现代企业的生产经营规模不断扩大,产品本身的技术和知识密集程度不断提高,产品的生产和服务过程日趋复杂,市场需求日益多样化、多变化,世界范围内的竞争日益激烈,这些因素使运营管理本身也在不断发生变化。因此,企业在进行运营管理总结的同时,也要与时俱进,并根据市场需求,能够做出及时的响应和提出对策,只有这样企业才能更好地发展。

一、企业管理的特点

(一)我国现代企业管理五大新特点

1. 伦理管理

由企业社会责任观念衍生出企业应该履行的道德责任问题,即如何判别企业经营行为是否道德?为了回答这些问题,在上世纪 70 年代诞生了一门崭新的管理学科——企业伦理学或称经营伦理学。其根本的出发点就是将"经营"与"伦理"相结合。实行伦理管理需要通过三方面的工作来完成,一是企业内部必须实行人本管理;二是对企业外部即企业与顾客之间,企业与企业之间,企业与社会之间进行和谐的伦理管理;三是在企业与自然之间实现生态伦理管理。很明显,伦理管理是未来企业生存和发展的基础。

2. 柔性管理

人既是管理的主体,又是管理的客体。对人的管理既可以凭借制度约束、纪律监督,直至惩处、强迫等手段进行刚性管理,也可以依靠激励、感召、启发、诱导等方法进行柔性管理。所以,柔性管理就是指依据组织的共同价值观和文化、精神氛围进行的人格化管理,其本质是一种"以人为中心"的"人性化管理",它在研究人的心理和行为规律的基础上,采用非强制性方式,在员工心目中产生一种潜在说服力,从而把组织意志变为个人的自觉行为。它具有三个特点:一是柔性管理的内在驱动性。这是柔性管理的最大特点,它不是依靠权利影响力,而是依赖从每个员工内心深处激发的主动性、内在潜力和创造精神。而只有当组织规范内化到员工的自觉行动之中,内在驱动力、自我约束力才会产生。二是柔性管理的影响持久性。柔性管理要求员工把外在的规定转变为内心的承诺,最终变为自己的行动。这需要一段时间,然而一旦协调一致,便具有很强的独立性,对员工的影响是巨大的。三是柔性管理的激励有效性。按照马斯洛的需求层次理论,柔性管理的方式属于满足员工的高层需求,具有激励因索,因而是有效的。

3. 企业"规模"管理

它包括两方面的含义:一是通过兼并、资产重组、合并等方式来扩大企业的规模,形成"大公司化";二是"小公司化"。所谓小公司化并不是真的分成独立的小公司,而是实现新的工作制,即小组协作制。它就像一个独立的小公司,小公司的生存与发展都关系到小组的前途,因此,每一位成员都必须为这个小组献计献策,都必须尽力为小组的一切尽职尽责。这是一种新的工作方式,它创造了新的企业文化,促进了员工之间的协作与交流,增加了员工参与公司工作的热情与责任感。美国的 IBM 公司及瑞典的爱立信公司均为良好运行这一模式的典范。

4. 定制生产

上世纪 80 年代以来,消费者的需求日益多样化,企业为满足这一需求,必须增加成本和库存。为此西方企业推出了适应市场多样化的新举措,即定制生产。定制生产方式是根据消费者的特别需求而定制生产产品,哪怕需求数量只生产一件。它实现了产品制造过程与营销过程的紧密结合,改变了生产与营销分离。如美国的惠普公司、通用汽车公司、我国的海尔公司等,因实行定制生产而取得很大成功,它能够比竞争对手提供更快的、更符合消费者需求的特制产品。

5. 供应链管理

进入新世纪以来,供应链思想已经在全球范围内得到广泛关注,成为学术界研究的一个热门领域。我国一些著名的国际公司都在实施供应链管理思想并取得了很好的效果。供应链的合作模式就是"双赢模式"!市场份额对企业的重要性是不言而喻的,它要求企业要更多地注重"赢了"客户而不是关注"吸引"客户。供应链管理是一种全新的管理思想,它强调企业必须和其他企业建立战略合作关系,巩固和发展自己的核心能力和核心业务,利用自己的优势资源,通过技术程序的重新设计和业务流程的快速重组,做好本企业能创造特殊价值的、具有长期竞争力的关键业务。这就是供应链的合作模式的关键所在。可以这么说，谁拥有了这种合作模式，谁就能取得供应链的成功。

（二）中小型企业的经营管理特点

对于初创的中小型企业来讲，中小企业不但没有在以生产集中为特征的垄断资本主义条件下被大企业淘汰、消灭，反而在当今以跨国大公司、大企业为主导的经济全球化竞争中获得了较大发展，其经营管理有以下特点：

1."小"、"灵"、"快"

与大型企业相比较，中小企业的首要特征之一，即在于企业规模小、经营决策权高度集中，特别是小企业，基本上都是一家一户自主经营，使资本追求利润的动力完全体现在经营者的积极性上。由于经营者对千变万化的市场反应灵敏，实行所有权与经营管理权合一，既可以节约所有者的监督成本，又有利于企业快速作出决策。其次，中小企业员工人数较少，组织结构简单，个人在企业中的贡献容易被识别，因而便于对员工进行有效的激励，不像大企业那样在庞大的阶层化组织内容易产生怠惰与无效率的情况。可见，中小企业在经营决策和人员激励上与大企业相比具有更大的弹性和灵活性，因而能对不断变化的市场作出迅速反应。所谓企业小、动力大、机制灵活且有效率，当有些大公司和跨国企业在世界经济不景气的情况下不得不压缩生产规模的时候，中小企业却在不断调整经营方向和产品结构，从中获得新的发展。

2."小而专"和"小而精"

中小企业由于自身规模小，人、财、物等资源相对有限，既无力经营多种产品以分散风险，也无法在某一产品的大规模生产上与大企业竞争。因而，往往将有限的人力、财力和物力投向那些被大企业所忽略的细小市场，专注于某一细小产品的经营上来不断改进产品质量，提高生产效率，以求在市场竞争中站稳脚跟，进而获得更大的发展。从世界各国的类似成功经验来看，通过选择能使企业发挥自身优势的细分市场来进行专业化经营，走以专补缺、以小补大、专精致胜的成长之路，这是众多中小企业在激烈竞争中获得生存与发展的最有效途径之一。此外，随着社会生产的专业化、协作化发展，越来越多的企业摆脱了"大而全"、"小而全"的组织形式。中小企业通过专业化生产同大型企业建立起密切的协作关系，不仅在客观上有力地支持和促进了大企业发展，同时也为自身的生存与发展提供了可靠的基础。

3.小批量、多样化

一般来讲，大批量、单一化的产品生产才能充分发挥巨额投资的装备技术优势，但大批量的单一品种只能满足社会生产和人们日常生活中一些主要方面的需求，当出现某些小批量的个性化需求时，大企业往往难以满足。因此，面对当今时代人们越来越突出个性的消费需求，消费品生产已从大批量、单一化转向小批量、多样化。虽然中小企业作为个体普遍存在经营品种单一、生产能力较低的缺点，但从整体上看，由于量大、点多、且行业和地域分布面广，它们又具有贴近市场、靠近顾客和机制灵活、反应快捷的经营优势，因此，利于适应多种多样、千变万化的消费需求；特别是在零售商业领域，居民日常零星的、多种多样的消费需求都可以通过千家万户中小企业灵活的服务方式得到满足。

4.以开发新型小产品为起点，中小企业是成长最快的科技创新力量

现代科技在工业技术装备和产品发展方向上有着两方面的影响，一方面是向着大型化、集中化的方向发展;另一方面又向着小型化、分散化方向发展。产品的小型化、分散化生产为中小企业的发展提供了有利条件。特别是在新技术革命条件下,许多中小企业的创始人往往是大企业和研究所的科技人员、或者大学教授,他们常常集管理者、所有者和发明者于一身,对新的技术发明创造可以立即付诸实践。正因为如此,20 世纪 70 年代以来,新技术型的中小企业如雨后春笋般出现,它们在微型电脑、信息系统、半导体部件、电子印刷和新材料等方面取得了极大的成功,有许多中小企业仅在短短几年或十几年里,迅速成长为闻名于世的大公司,如惠普、微软、雅虎、索尼和施乐等。

由上可见,中小企业以其经营方式灵活、组织成本低廉、转移进退便捷等优势更能适应当今瞬息万变的市场和消费者追求个性化、潮流化的要求,因而在包括发达国家在内的世界各国的经济发展中,中小企业都有着举足轻重的地位,发挥着不可替代的作用。我国现有中小企业约 1 000 万户,劳动密集型出口产品和一些高新技术出口产品大多是中小企业生产的,中小企业产品出口额占全国出口总额的 60%,中小企业提供了大约 75%的城镇就业机会。改革开放以来,从农村转移出来的劳动力绝大部分被中小企业所吸纳。中小企业每年为国家缴纳的工商税收占总额的 50%左右。在 20 世纪 90 年代以来的经济快速增长中,工业新增产值的 76.7%是由中小企业创造的。因此,在我国这样一个人口众多、地域辽阔、各地经济发展水平差别很大的国家,中小企业的发展更具有重要的意义。

二、战略管理

战略是管理者为了组织的长期生存与发展,通过利用内部优势、把握外部机会,对事关组织全局的、长远的重大问题所进行的谋划。

企业战略管理是企业为实现战略目标,分析战略环境、制定战略决策、实施战略方案、控制战略绩效的一个动态管理过程。

(一)企业战略管理概论

1. 企业使命

企业为了实现长期目标对自身行为作出的"口号"描述,是对企业长期目标的高度概括,体现了企业总的发展方向、企业的长期目标、企业行为活动的总原则。

企业使命事例:

松下公司:松下不是制造机器,而是培养人。

贝尔:向顾客提供服务。

IBM:尊重人的天性;顾客至上、服务第一;追求卓越和完善主义。

华为公司:华为的追求是在电子信息领域实现顾客的梦想,并依靠点点滴滴、锲而不舍的艰苦追求,使我们成为世界级领先企业。

2. 经营战略

企业经营战略是企业实现根本目标和长期目标的行动方案,要求全局着眼、展望未来、方案成型、相对稳定。

3. 职能战略

企业职能战略是指企业为实现经营战略而制定的在某项职能方面确定全局性行动

方案。包括:营销战略、生产战略、人才战略、技术创新战略、质量战略、财务战略、文化战略。

4.战略目标

(1)企业目标:在特定环境条件下,在一定时期追求的境界。

(2)贡献目标:满足消费者的需求,为消费者服务,以及合理利用自然资源、降低能源消耗、保护环境等目标。

(3)市场目标:开拓新的市场,增加销售额,提高市场占有率等目标。

(4)发展目标:企业资源数量的增加,人员素质的提高,生产能力的扩大,技术和管理水平的提高,专业化协作,经济联合的发展等。

(5)效益目标:税金、利润等方面的目标,以及社会效益目标等。

(6)根本目标:企业在任何时候都必然追求的理想,企业的根本目标是生存和发展,即持续成长。

(7)长期目标:企业在相对较长一段时间追求的理想。

(8)战略目标:企业在战略规划期内追求的目标。

(9)年度目标:企业在一个工作年度追求的相对具体的成果。

5.战略管理过程

(1)目标、使命设定:明确企业的长期目标和历史使命。

(2)内外环境分析:分析企业当前面临的外部环境和内部条件。

(3)企业位势评价:对比分析企业的外部环境和企业自身条件,确定企业的机会与威胁、企业的优势与劣势;找出企业成功的关键因素。

(4)方案设计:制定适宜于实现企业目标的方案,评价选择。

(5)组织实施:制定实施计划,分配资源,监控。

(二)企业战略选择

1.战略类型

(1)一般竞争战略

成本领先战略:由于产品需求具有价格弹性,企业利用其总成本领先优势,制定以价格为主要手段来扩大市场占有率。

差异化战略:针对顾客所重视的价值:产品质量、性能、性价比;产品形象;服务等。满足顾客对产品效用及对产品期望值的要求。

重点集中战略:针对特定细分市场,"做大企业不愿意做而小企业又做不了的"。

(2)密集型发展战略

市场渗透战略:通过更深的市场渗透,扩大老用户的购买量,争取新用户和从竞争对手那里争取用户。

市场开发战略:寻找和开拓新的市场,进一步扩大产品销量。

产品开发战略:努力改进老产品,开发新产品,发展新品种,提高产品质量,从而使企业继续成长。

(3)一体化战略

企业充分利用自己在产品、技术、市场上的优势,根据产品链的方向,使企业不断地向深度和广度发展的一种发展战略。

前向一体化战略：企业在原有产品基础上，发展原有产品的再加工。

后向一体化战略：企业为保障原料供应，由自己来生产原材料或配套件的发展战略。

横向一体化战略：性质相同的企业或生产同类产品的企业联合起来，组织经济联合体或专业化公司，以促进企业向纵深发展。

（4）多角化战略

企业的经营范围扩大到原来产品行业的范围之外，即企业同时经营行业产品，力争四处受益，减少风险。这种战略适用于较大规模的企业。

集中多角化：企业利用原有的技术设备、特长发展新产品，这些产品通常都面向新客户。如拖拉机厂生产卡车。

横向多角化：企业利用原有市场，发展与它现有的生产技术无关的新产品。如生产农机的企业，又发展农药或农用化学品生产等。

混合多角化：企业把产品发展到与原有技术、市场完全无关的行业中去。如工业企业经营酒店。

2.制定与选择战略的原则、程序、方法

（1）原则

第一，围绕企业生存与发展，坚持一不违法，二有利于企业持续成长。

第二，综合考虑企业外部环境与内部条件，扬长避短。

第三，着眼未来，敢于冒险。

第四，为方案找出充实的支持依据。

第五，要切实可行，且通过努力可以实现。

（2）程序

第一，综合分析企业外部环境，找出主要机会和威胁。

第二，综合分析企业内部自身条件，找出企业的优势和劣势。

第三，进行内外条件对比分析，准备战略方案。

第四，确定战略方案。

第五，完整描述战略方案。

（3）方法

第一，自上而下。

第二，自下而上。

第三，上下结合。

第四，战略小组。

3.企业内外条件对比分析

（1）企业战略形成的基本原则

第一，充分利用外部条件提供的机会，尽可能回避风险。

第二，充分发挥自身的优势，尽可能回避劣势。

第三，在机会和风险、优势与劣势并行时需要权衡分析。

第四，必要时，企业可以选择影响外部条件，免除威胁，或者变威胁为机会；也可以进行内部调整,减少劣势或者变劣势为优势。

(2)威胁－机会－劣势－优势分析模型

第一,列出外部机会。

第二,列出外部威胁。

第三,列出内部优势。

第四,列出内部劣势。

第五,内部优势与外部机会匹配。

第六,内部劣势与外部机会匹配。

第七,内部优势与外部威胁匹配。

第八,内部劣势与外部威胁匹配。

(三)企业战略实施

1.确定年度目标

(1)年度目标是指企业为了实现战略目标,确定的在未来一年的时间里企业的各项工作所要达到的主要要求。

(2)年度目标包括企业的年度目标,各个职能部门、生产车间等的年度目标,甚至包括每一个工作小组、每个员工的年度目标。

(3)年度目标主要通过一些指标计划标准表现出来,如销售额增长幅度、市场份额增长、企业员工数量与结构变化、技术突破等。

2.政策措施

(1)政策措施是指为了确保公司战略得到贯彻落实制定的各种准则、程序、规则,拟采取的各种方法、手段。

(2)政策措施围绕支持战略展开。

(3)政策措施着重说明为了实现战略方案以及围绕战略制定的年度目标,企业、各个部门及其人员应当做什么、不应当做什么、应当优先做什么、应当着重做什么等。

(4)政策措施涉及企业内部的所有部门和人员。

3.资源分配

(1)企业资源是指企业拥有或者控制的人、财、物等。主要包括人力资源、财力资源、物力资源和技术资源。

(2)资源分配指围绕战略和目标实现,筹集新的资源和对现有资源进行重新分配。

4.协调处理

(1)各个部门、人员在各自目标的驱动下,有效组织分配给自己的各种资源从事各自的工作,即为构成企业正常的生产经营活动。

(2)在这一过程中,由于计划和实际的差异,上下级之间、同事之间对目标、资源等理解认识的不同,由于各种不可控制的因素等,必然会出现经济活动偏离战略、短期目标与长期目标不一致、个人目标与企业目标不一致、上下级相互冲突、同事相互冲突等。

(3)为了保证各项活动顺利进行,且围绕战略实施展开,必须有效协调。

5.反馈修订

(1)战略、计划都是事先制定的,不可能完全符合企业发展的实际情况。

（2）根据实施过程及时调整年度计划、政策常常是非常必要的重要工作。

（3）战略具有相对稳定性，一经制定，一般不作变更。

（4）在战略实施过程中，一般侧重于通过资源配置和管理协调使行为尽可能满足战略的要求。

（5）在环境发生急剧变化或者战略选择明显错误时，必须对战略进行调整。

三、人力资源管理

（一）创业初期企业人力资源战略

创业初期企业在人力资源管理上的弊端是阻碍企业度过创业期进一步发展的主要障碍，仅仅认识到这些问题是不够的，只有针对这些问题制定合理的人力资源战略才能保证创业的道路走得更久。

1. 人力资源管理要上升到企业战略的高度

对于人力资源管理的渊源，很多从事人力资源管理工作的人普遍认为源自现代西方国家。其实，人力资源管理的概念并不是现代才有的，也不是从西方传过来的，中国古代就有很多非常精辟的关于人力资源管理的理论。《史记·高祖本纪》中刘邦讲过一段话："运筹帷幄之中，决胜千里之外，吾不如子房；镇国家，抚百姓，给馈饷，不绝粮道，吾不如萧何；连百万之军，战必胜，攻必取，吾不如韩信。此三者，皆人杰也，吾能用之，此吾所以取天下也。"刘邦把他取得天下的根本原因归结在用人上，准确地说是"用贤"，他把人力资源管理上升到国家战略的高度。

如果对于人力资源管理的认识要上升到更高的境界，追求更本源的东西，那就要上升到思想、上升到哲学来诠释人力资源管理。比如孟子提出来的"民为贵，社稷次之，君为轻"，他说"凡为天下，治国家，必先务本而后务末。所谓本者，非耕耘种植之谓，务其人也。"这种人本思想其实是人力资源管理的核心。所以，要做好人力资源管理，做好人才的培养、甄选、任用，就要把人力资源管理上升到战略的高度，做为企业的根本管理来看待。

2. 不能把员工当成资源或赚钱的工具

创业初期，企业的人员离职率相对是比较高的，如何降低流失率呢？古人的理论有很好的借鉴。儒家的代表人物孟子指出："桀纣之失天下，失其民也。失其民者，失其心也。得天下有道，得其民，斯得天下矣。得其民有道，得其心，斯得民矣。"他认为得天下的根本在于得到人民，得到人民的根本在于得到民心。司马迁的话更是切中要害，他在《报任安书》里说过："盖钟子期死，伯牙终身不复鼓琴，何则？士为知己者死，女为悦己者容。"所以，企业如果希望员工能把公司的事业当成自己的事业来经营，那绝对不能只把员工当成资源，当成赚钱的工具。如果企业很功利，员工就会很现实。反过来，企业为员工考虑得多一些，比如，建立合理、公平、公正的薪资福利体系；晋升要靠实力和贡献，而不能靠排资论辈；尽可能地为员工提供一些的培训以提升技能，帮助他们发展；关心员工的健康和安全，参与社会养老统筹计划以提供员工晚年生活保障等等。员工也会投桃报李，对企业尽心尽力。

3. 建立完善的人才甄选标准

我们对人才的甄选标准应首要考虑道德品质，然后再考察发展的潜能，对于专业技能应该放在最后考虑；对于重要岗位，我们还要有一个背景调查机制。

关于"德"与"才"的关系，北宋政治家、文学家司马光进行了精辟的阐述："才者，德之资也；德者，才之帅也。"我们做企业，都是希望能够长久经营、永续经营。企业处于创业初期的时候，面对的问题很多，市场的变化很快，有时候对一些事情需要快速进行决定，因此对于员工要授予一定的决策权。如果我们委以重任的员工在品德方面有问题，企业的风险就会很大。正如司马光指出的："自古昔以来，国之乱臣，家之败子，才有余而德不足，以至于颠覆者多矣。"所以员工的道德品质是很重要的一个标准。

第二步要考虑的是人才的潜能。现在的社会已经是电子时代，科技更新换代是很快的，大学里学到的知识很快就不够用了。孔子讲的"三人行必有我师，择其善者而从之，择其不善者而改之"，就是主张要善于学习。第三要考察 EQ，就是情商，指待人接物方面的能力，即懂不懂得和人相处，有没有团队精神。因为现在的商业社会处在一个团队作战的时代，个体的力量终究有限。第四要考察 AQ，就是逆境商数，即是否能承受生活和工作的压力。一个心理很脆弱的人，是不能承受重任的。

最后才是考察专业技能，考察 IQ。有的专业技能是可以在工作中学习的，比如行政工作；有的专业技能不掌握是不能胜任工作的，比如编程。

（二）初创企业的企业文化与人力资源管理的发展

企业文化是企业员工在较长时期的生产经营实践中逐步形成的共有的价值观、信念、行为准则及具有相应特色的行为方式、物质表现的总称，它既包含了体现在企业经营宗旨、目标、方针、计划和体制等方面的企业精神，又包含了员工行为方式、产品质量、厂容厂貌等企业作风、企业形象的内容。企业文化来源于人，企业文化的承载主体是人，企业文化规范的对象还是人，正是由于企业全体员工的共同实践，才逐步形成共同的信念和追求目标。

人力资源管理是指企业获得、培训、运用和发展足够数量的合格员工来执行必要的职能，并通过评估等手段创造一个良好的氛围激励员工更好地服务于企业经营战略目标的一系列有效的活动。人力资源管理是一项非常重要的工作，它是研究并解决企业中人与企业是否适应，人与岗位是否匹配，管理者与被管理者是否融洽等问题的，以便最大限度挖掘员工潜力，调动生产劳动积极性，保证企业获得最佳效益，员工获得最大满足。由此可见，企业文化和人力资源管理共同关注的对象是企业中的人，它们之间是相互联系，相互作用的。

1. 企业文化是人力资源管理的导向和支撑

企业文化为企业生产经营决策提供正确的指导思想和健康的精神气氛，企业的管理制度、管理手段、管理方式都是在企业文化的管理理念指导下进行的，人力资源管理就要以此为导向开展工作。企业的人力资源管理体系中，使命与文化是整个人力资源管理大厦的基础，企业文化对设计人力资源管理体系的影响重大，例如：在招聘、选拔、考评、晋升、奖惩等方面，制定什么样的标准就是一个重要问题，各项标准的确定，都与企业文化的特色息息相关。

人力资源管理在实际工作中需要正确管理理念的引导，更需要企业文化的支撑。企业文化随着企业的诞生而存在，企业在经过长期经营实践后将它提炼出来，用来指导企业各项制度的建设。企业管理制度与管理理念是统一的,体现的应该是企业文化的本质和精髓。企业文化不仅是导向,更是灵魂,良好的企业文化氛围给人力资源管理营造一个宽松的环境,使各项管理制度顺利实施。

2. 人力资源管理是企业文化的载体

企业文化侧重于通过提炼企业的使命、精神、目标和价值观等来影响员工的思想,人力资源则在一定的管理思想指导下通过制度规范员工的行为。只有企业文化和人力资源管理高度一致时,企业的目标才得以实现。随着知识经济时代的极大发展,企业的经营管理在发生着深刻的变化,企业中"人"的地位不断提高,企业开始要求员工更广泛、更积极地投入到企业运作中去,并通过员工不断的学习和自身能力素质的提高,来达到企业繁荣和发展的目标。这种知识经济所倡导的"人本"管理模式正在为越来越多的企业所采纳,并作为实现企业经营目标的重要因素。员工借助于企业文化活动,广泛地融入和参与管理,工作富有灵活性,并体现责任感,工作的着眼点不仅仅是掌握某种技能,更强调的是自我发展和完善,构建员工和企业之间的和谐关系。知识经济所倡导的人本管理,其政策的出发点和目标都在于"人",即如何使企业中的人充分发挥其才能,而人又是成长在文化中的。作为企业的管理者,由于文化的差异性,他们在管理理念上便存在不同,这种理念被带入管理行为当中,反过来又对最初的理念起着强化作用。作为企业当中的员工,由于他们的人生观、道德观、价值观不同,这会使他们形成在工作中应该怎样被对待的模式,以及对不同的管理措施做出什么样的反映。因此企业人力资源管理必须适合于企业的文化氛围。

在建立适应企业文化的人力资源管理体系中,通过培训开发,提升管理者的人力资源管理技能以及有效的沟通能力是非常重要的方面。每一位管理者都应是优秀的"人力资源经理",善于同下属建立"合谐关系",达成心理帮改,同时管理者们还应该学会如何开展合作,组建协作团队,并且眼光要开阔。

企业文化需要管理制度来承载,因为企业文化是理念、是导向、是精神,如果没有配套的管理方法和管理手段来实现它,它只能是纸上谈兵,只能作为口号存在,空洞而乏力。在竞争日趋激烈的企业经营活动中,人才是企业制胜的法宝。一个企业素质高低,竞争力的强弱,在很大程度上是其所聘用和保有的人员素质的一种总括反映,得到并保有能干的员工,是每个企业取得成功的关键所在。只有运用正确的、系统的、完善的人力资源管理手段,才能为企业选拔和保有能干的高绩效员工,保障企业生产经营活动的顺利进行,为企业竞争致胜打下良好的人才基础,保证企业文化的贯彻和落实,因此人力资源管理是企业文化的载体,是企业文化落地的途径,是企业文化实现的手段。

3. 人力资源管理是企业文化的客观反映

企业文化是客观存在的,它既可能是积极向上的,符合人们心愿的,也可能是消极落后、不尽如人意的,或者是积极方面和消极方面兼而有之的。我们可以利用人力资源管理制度在执行过程中的效果来反思我们的企业文化是否优秀,我们的管理理念是否正确,在实践中吸收集体的智慧,使企业文化系统、合理,不断补充、修正,逐步明确、完善。

企业文化建设的主体是企业的全体职工,企业文化的核心是向员工和社会公开自己的宗旨、精神、价值观等企业形象,它是围绕企业最活跃的人的因素建立起价值体系,在企业的发展中发挥导向作用、凝聚作用和规范作用。企业文化作为企业的一种氛围,用何种文字表述并不重要,其魅力在于让职工热爱企业、奉献企业、以企业为家,把企业的兴衰与自己的命运联系在一起。企业文化启动职工的兴奋点和激情,开发职工的创造性,发挥职工的积极作用,在企业内部形成良好的企业氛围。

"人们不会做你提倡的事,只会做你考核的事情。"这是一位企业家的名言,它深刻反映了企业文化和管理制度、管理理念和管理手段之间的关系,企业文化和管理理念是"提倡",管理制度、管理手段是"考核",两者缺一不可,我们应当正确认识企业文化和人力资源管理的相同点和不同点,提炼优秀的企业文化,制订合理的人力资源管理制度,让企业文化与人力资源管理有机结合起来,发挥各自的特点,互相辅助,互相作用,互为依托,打造企业的核心竞争力。可以说企业人力资源管理体系构建的过程,同时也是企业文化的建设与整合再造的过程。

二十一世纪,人力资源的价值已经获得商业社会广泛的认同,世界上很多跨国公司都是很重视人的价值,比如 Nokia 的"科技以人为本"、IBM 的"尊重人"、思科的"新网络、人为本"等等。为什么呢? 因为这些公司知道,所有的技术都是可以学习的,所有的产品也都是可以复制的,只有人是不能复制的,人是独一无二的,是企业的第一生产力,人才竞争力才是企业的核心竞争力。

四、财务管理

"双向选择,自主择业",在这种就业背景下,越来越多的大学生走上了自主创业之路,实现自我价值。国家和各级政府出台了很多优惠政策鼓励大学生积极创业,教育部、劳动与社会保障局、各大高校等都给大学生创业营造了好的创业环境,社会风险投资机构也对大学生创业有进一步的关注和支持。但是大学生创业过程中还是存在很多显然的制约因素,其中最主要的原因之一就是缺乏对财务的管理。财务管理简单地说就是组织企业财务活动,对财务关系进行处理的经济管理工作。它是企业管理活动的一项重要组成部分,主要负责企业的筹资、资金营运及利润分配等问题的处理与解决。

(一)财务管理在大学生初创企业中的重要性

财务管理是企业管理活动最重要的组成内容,但大学生在创业初期往往对财务管理认识不足,将重点放在产品的开发与经营上,忽视了财务管理在企业中的重要性,以致于成为大学生创业失败的主要原因之一。而财务管理一是有助于企业的发展。财务管理是大学生创业初期的薄弱环节,是限制企业做大、做强的瓶颈。对于初创期的大学生管理者而言,缺乏相关的创业知识和创业实践,财务管理的水平低,会计基础工作薄弱。通常他们简单地把财务工作看作一种记账手段,不能很好地分析和利用会计信息,对财务也没建立科学的管理理念和做法,比如筹资成本、投资风险、赊销商品等存在一些不科学的做法,导致筹资成本高、投资风险大、赊销坏账多等阻碍企业发展的结果。二是有助于提升企业融资能力。大学生初创企业,规模小,融资的渠道窄,抵御风险的能力差。如果提高企业财务管理水平,可以合理安排资本结构,制定科学合理的财务战略决策,降低投资风险,优化资本结构,提高初创企业的融资能力。

(二)大学生初创企业财务管理面临的问题

虽然大学生创业具有一定的有利环境,但是由于他们在创业初期存在经验不足、意识偏差等问题,而疏忽了对企业财务的管理,导致创业成功率低,总结起来主要存在如下问题。

1. 对创业资金估计不足,企业缺乏流动资金管理

创业初期面临的一个最大问题就是资金问题。由于很多大学生缺乏经验,缺乏对市场细致调查的情况下,对项目资金进行了一个大致的估计就开始启动项目。殊不知,公司一开张做什么都要花钱,但是进账之前没有一个创业花钱的前期计划,没能注意节约成本,控制好一个时间段的开支,往往容易造成资金不足,企业开业没多久就背上了资金缺乏的包袱。反之,有些企业却又出现资金闲置,造成资金浪费的现象。还有的初创企业采用商业信用促销,但由于应收账款管理水平有限,很多货款无法如期收回,因此也常造成资金流动不畅,资金链断裂。

2. 公司缺乏基本的财务制度,缺乏专业的会计

创业之初,在财务的管理上,公司陷入比较尴尬的境地。第一种是缺乏财务管理意识,创业者重经营轻管理,尤其是财务的管理。比如说会出现个人说了算、对人不对事、任财务唯亲等诸如此类的现象。财务制度不健全,财会人员不专业,这导致财务人员无法利用公司的会计资料为公司的财务战略作决策;第二种是对财务管理有清晰的认识,能认识到它的重要性,积极聘请专业的会计。但是新创的公司在实际运作中,财务量少而简单,导致财务人员由于无事可做或者觉得没有挑战性而出现频繁的更替现象;第三种是请代理记账公司的人员代理记账,但是由于代理记账人员或是新手,或是一人服务多人的原因,代理记账只是完成记账这一事情,并不会对公司的会计资料进行汇总分析,更别说帮助公司制定财务战略决策。

3. 融资的渠道单一,资金投入多,产出少

大学生创业由于资信水平低、偿还债务的能力弱,同时又缺乏相应的资产抵押,以致于很难获得银行贷款,资金的来源主要是创业者自有资金和各种风险投资。利润最大化是每个企业财务管理的最终目标,但是由于上述的种种原因,银行即使同意贷款,也会因为高风险而提高银行贷款利率,从而提高了筹集资金的成本。企业成立之初,由于产品质量暂未稳定,商场销售渠道还有待打开,因此现金的流出很容易超出现金的流入。

(三)解决大学生初创企业财务管理的几点对策

1. 高校应加强大学生创业教育,培养学生的创业意识,构建相关知识体系

大学生创业不成功的原因虽然很多,但是没有创业的相关知识和创业实践是其最主要的原因。所以高校应该加强大学生创业方面的教育,增强学生的创业和企业管理能力。在讲授财务管理的同时,理论联系实际,增加创业的实例,增加风险投资、创业管理内容的培训,让学生在学习的过程中重点领会行业与市场、融资计划、财务预测、财务管理、风险控制等内容。同时建立创业中心等组织机构,将学生导入创业的环境,为学生提供一个与企业家、风险投资人、发明家、政府官员等各类人士沟通交流的平台。

2. 加强学习,重视财务管理工作

财务管理是企业管理的核心,只有明确它的重要性,加强企业财务管理,才能满足新形势下创业的需要。创业者要改变对财务管理的盲目性、随意性认识,对财务管理要有一个明确的概念。要将企业财务管理与家庭财务管理分开,建立科学合理的财务管理制度,比如财产清查制度、成本核算制度、财务审批制度等。另外大学生创业者也需要加强财务管理知识的学习,不能仅仅将财务工作当做一种记账的手段,要学会分析利用会计信息。只有懂规则、懂专业知识才能有效地进行公司财务管理,进而为公司作好财务战略决策。与此同时,大学生创业者还要着手培养专业的财务管理人员,提高全体员工的法制意识,加强员工的法制观念,让员工在企业管理中发挥参谋和决策的作用。

3.多方拓展融资渠道,降低企业融资成本

资金是企业的血脉,从根本上保证了企业的可持续发展。大学生新创企业除了由创业者增加投资、抵押贷款、争取股权投资、融资租赁等方式融资外,还应该积极拓展新的融资方式,比如天使投资、孵化器融资等。天使投资虽然是高投入、高风险,但是也是高收益的投资,如果能充分利用,可以缓解初创企业前期的资金瓶颈问题;而孵化器融资可提供资金支持、硬件、软件到最后企业成功孵出的各项服务,借助它可以帮助企业应对初创期的诸多风险和困难,增加企业的竞争力,可以最大程度降低企业的失败率。另外,随着我国资本市场的开放,外资银行的进入也为大学生企业融资带来了希望。总之,企业应该寻求一种较低的综合资金成本的融资组合,而正确计算以及合理降低资本成本则是制定企业融资决策的基础。财务管理是企业管理中的一项基础性工作,但往往又是大学生在创业初期容易忽视的问题,只有认识到财务管理的重要性,改变对财务管理认识的偏差,加强自身学习,掌握财务管理基本知识,重视财务管理专业人才的培养,才能为企业制定合理科学的财政战略决策,改善企业管理状况,提高企业的竞争实力,才能为企业的可持续发展奠定良好的基础。

第三节 初创企业的营销

"市场营销"英文的原文为"Marketing"。我国在引进这门学科的过程中,对其翻译的方法有好几种。而一些翻译恰恰反映了当时人们对市场营销在理解上的偏差与局限。曾经有人将"Marketing"翻译为"销售学",译者可能认为这门学科主要研究的是企业如何将生产出的产品更好地销售出去。而我们在以后的分析中会看到这种认识是很不全面的,销售只是营销活动的组成部分之一;后来又有人将"Marketing"翻译为"市场学",但是这种译法也会使人误解,以为"Marketing"只是单纯从客观的角度研究市场的,同企业的经营决策活动关系不大;而"市场营销学"的译法,则比较准确地反映了"Marketing"这门学科是企业以市场导向,以实现潜在交换为目的,去分析市场,进入市场和占领市场这样一种基本的特征,所以这是现有的译法中比较能被接受的一种;此外,在我国的台湾,比较普遍地将"Marketing"翻译为"行销学",而在香港,则曾经将其翻译为"市务学",其语义也同"市场营销学"比较类似。讨论这一翻译方法的意义并不仅仅是语义学方面的问题,而主要反映了对市场营销概念的认识过程。

一、营销的概念

(一)市场营销的定义

有不少人将市场营销仅仅理解为销售(sales),从我国不少企业对营销部的设置中就可以看到这一点,他们往往只是要求营销部门通过各种手段设法将企业已经生产的产品销售出去,营销部的活动并不能对企业的全部经营活动发挥主导作用和产生很大影响。然而,事实上,市场营销的涵义是比较广泛的。它也重视销售,但它更强调企业应当在对市场进行充分的分析和认识的基础上,以市场的需求为导向,规划从产品设计开始的全部经营活动,以确保企业的产品和服务能够被市场所接受,从而顺利地销售出去,并占领市场。

美国著名的营销学者菲利浦·科特勒对市场营销的核心概念进行了如下的描述:"市场营销是个人或群体通过创造,提供并同他人交换有价值的产品,以满足各自的需要和欲望的一种社会活动和管理过程。"在这个核心概念中包含了需要,欲望和需求;产品或提供物;价值和满意;交换和交易;关系和网络;市场;营销和营销者等一系列的概念。

(二)市场营销的几个核心概念

1. 需要、欲望和需求

市场营销的核心概念告诉我们,市场交换活动的基本动因是满足人们的需要和欲望。这是市场营销理论提供给我们的一种观察市场活动的新的视角。实际上,这里"需要"(needs)、"欲望"(wands)、"需求"(demands)三个看来十分接近的词汇,其真正的含义是有很大差别的。"需要"是指人们生理上、精神上或社会活动中所产生的一种无明确指向性的满足欲,就如饥饿了想寻找"食物",但并未指向是"面包"、"米饭"还是"馒头";而当这一指向一旦得到明确,"需要"就变成了"欲望";而对企业的产品而言,有购买能力的"欲望"才是有意义的,才真正能构成对企业产品的"需求"。有这样的认识对企业十分重要,例如:当我们看到有一个消费者在市场上寻找钻头时,会认为这个人的"需要"是什么呢?以一般的眼光来看,这个人的"需要"似乎就是钻头。但若以市场营销者的眼光去看,这人的需要并不是"钻头",而是要打一个"洞",他是为了满足打一个洞的需要购买钻头的。那么这同前者的看法有什么本质区别呢?区别在于,如果只认为消费者的"需要"是钻头,企业充其量只能在提供更多更好的钻头上去动脑筋,这样并不能保证企业在市场上占有绝对的竞争优势。而如果认为消费者的"需要"是打"洞",那么企业也许就能创造出一种比钻头打得更快、更好,价格更便宜的打洞工具,从而就可能使企业在市场上占据更为有利的竞争地位。所以从本质上认识消费者购买的是对某种"需要"的"满足",而不仅仅是产品。

2. 产品或提供物

任何需要的满足却又必须依靠适当的产品,好的产品将会在满足需要的程度上有很大提高,从而也就能在市场上具有较强的竞争力,实现交换的可能性也应该更大。然而产品不仅是指那些看得见、摸得着的物质产品,也包括那些同样能使人们的需要得到满足的服务甚至是创意,我们把所有可通过交换以满足他人需要的事物统称为"提供物"。如人们会花几千元去购买一台大屏幕的彩电来满足休闲娱乐的需要,也可以花费同样的代价去进行一次长途旅游,以同样达到休闲娱乐之目的。而在当今的社会中,一个有价值的"主意",也可能使创意者获得相当的回报。所以如果仅仅把对产品的认识局限于物质产品,那就是经营者可悲的"营销近视症"。为顺利地实现市场交换,企业经营者不仅要十分重视在市场需要引导下的产品设计与开发,还应当从更广泛的意义上去认识产品

(或提供物)的涵义。

3. 价值和满意

人们是否购买产品并不仅仅取决于产品的效用,同时也取决于人们获得这效用的代价。人们在获得使其需要得以满足的产品效用的同时,必须支付相应的费用,这是市场交换的基本规律,也是必要的限制条件。市场交换能否顺利实现,往往取决于人们对效用和代价的比较。如果人们认为产品的效用大于其支付的代价,再贵的商品也愿意购买;相反,如果人们认为代价大于效用,再便宜的东西也不会要,这就是人们在交换活动中的价值观。市场经济的客观规律告诉我们,人们只会去购买有价值的东西,并根据效用和代价的比较来认识价值的实现程度。人们在以适当的代价获得了适当的效用的情况下,才会有真正的满足;而当感到以较小的代价获得了较大的效用时,则会十分满意;而只有在交易中感到满意的顾客才可能成为企业的忠实顾客。所以企业不仅要为顾客提供产品,更要使顾客感到在交换中价值的实现程度比较高,这样才可能促使市场交易的顺利实现,才可能建立企业的稳定市场。

4. 交换和交易

交换是市场营销活动的核心。人们实际上可以通过四种方式获得他们所需要的东西:一是自行生产,获得自己的劳动所得;二是强行索取,不需要向对方支付任何代价;三是向人乞讨,同样无需作出任何让渡;四是进行交换,以一定的利益让渡从对方获得相当价值产品或满足。市场营销活动仅是围绕第四种方式进行的。从交换实现的必要条件来看,必须满足以下几条:

(1)交换必须在至少两人之间进行;

(2)双方都拥有可用于交换的东西;

(3)双方都认为对方的东西对自己是有价值的;

(4)双方有可能相互沟通并把自己的东西递交给对方;

(5)双方都有决定进行交换和拒绝交换的自由。

于是我们可以看到,需要的产生才使交换成为有价值的活动,产品的产生才使交换成为可能,而价值的认同才能使交换最终实现。我们所讨论的前几个市场营销概念的构成要素最终都是为"交换"服务的,因"交换"而有意义的。所以说"交换"是市场营销概念中的核心要素。如何通过克服市场交换障碍,顺利实现市场交换,进而达到实现企业和社会经济效益之目的,是市场营销学研究的核心内容。交换不仅是一种现象,更是一种过程,只有当交换双方克服了各种交换障碍,达成了交换协议,我们才能称其为形成了"交易"。交易是达成意向的交换,交易的最终实现需要双方对意向和承诺的完全履行。所以如果仅针对某一次交换活动而言,市场营销就是为了实现同交换对象之间的交易,这是营销的直接目的。

5. 市场、关系和网络

市场是交易实现的场所和环境,从广义的角度看,市场就是一系列交换关系的总和,市场主要是由"卖方"和"买方"两大群体所构成的。但在市场营销学中,对"市场"的概念有一种比较特殊的认识,其往往用来特指企业的顾客群体,如"市场细分"、"目标市场"等概念,其中的"市场"就是单指某种顾客群体。这种对"市场"概念的认识是基于一种特定的视角,即站在企业(卖方)角度分析市场,市场就主要是由顾客群体(买方)所构成的了。

在现代市场营销活动中,企业为了要稳定自己的销售业绩和市场份额,就希望能同自己顾客群体之间的交易关系长期地保持下去,并得到不断的发展。而要做到这一点,企业市场营销的目标就不能仅仅停留在一次交易的实现,而应当通过营销的努力来发展同自己的供应商、经销商和顾客之间的关系,使交易关系能长期稳定地保持下去。从上世纪 80 年代开始,对顾客关系的重视终于使"关系营销"成为一种新的概念和理论充实到市场营销学的理论体系中来。"关系营销"和"交易营销"的主要区别在于其把研究的重点由单纯研究交易活动的实现转为研究交易关系的保持和稳定,研究顾客关系的维护和管理。

生产者、中间商以及消费者之间的关系直接推动或阻碍着交易的实现和发展。企业同与其经营活动有关的各种群体(包括供应商、经销商和顾客)所形成一系列长期稳定的交易关系就构成了企业的市场网络。在现代市场营销活动中,企业市场网络的规模和稳定性成为形成企业市场竞争力的重要方面,从而也就成为企业营销的重要目标。

6. 营销和营销者

从一般的意义上认识,市场交易是买卖双方处于平等条件下的交换活动。但市场营销学则是站在企业的角度研究如何同其顾客实现有效交换的学科,所以说市场营销是一种积极的市场交易行为。在交易中主动积极的一方为市场营销者,而相对被动的一方则为营销者的目标市场,市场营销者采取积极有效的策略与手段来促进市场交易的实现。营销活动的有效性既取决于营销人员的素质,也取决于营销的组织与管理。

(三)宏观营销与微观营销

市场营销的概念还可以分别从宏观与微观两个角度去进行认识。宏观市场营销是以整个社会经济系统为出发点和基础来研究市场营销。研究重点在于产品和服务如何能最为经济地从生产领域进入消费领域,并使社会的供应和需求达到有效的平衡,其涉及如何建立一种使资源和产品在社会组织和个人中得以合理分配的经济体系。宏观市场营销要求通过买卖功能、储运功能、规范功能、金融功能、风险承担功能以及市场信息功能的发挥,创造出产品的形态效用(服务效用)、时间效用、空间效用和持有效用,以满足社会和个人在各种时间和地点所产生的各种需要,并促使整个社会经济系统得以正常运行;微观市场营销则是以个别企业为出发点和基础,研究的重点是企业如何利用其有限的资源创造出能满足消费者需要的产品和服务。并通过有效的市场活动(分销和促销),实现同消费者的交换,同时实现企业的经济利益等一系列问题。一些营销学者将其归纳为如何在适当的时间(Right time),适当的地点(Right place),以适当的价格(Right price)和适当的方式(Right pattern),将适当的产品(Right product)销售给适当的顾客(Right customer)的"六 R 模式"。在一般情况下,微观市场营销学是人们研究的重点,宏观市场营销常常是作为微观营销的环境因素来加以研究的。

二、营销的原则

1. 需求创造原则

需求创造原则是支撑市场营销的诸原则中的核心原则。该原则认为,需求并非固定或有一定限度,而可以通过企业的努力去扩大和创造。例如,美国摩托车市场就是日本本田创造的。当时,美国摩托车市场只有年销售量6万台的规模,而且都喜好大型摩托车。20世纪60年代本田及其50cc超小型摩托车进军美国市场,并建议美国普通家庭生活中使用摩托车,但美国市场上并没有显现出对它的需求。经过一段时间努力,本田终于打开了美国摩托车市场的大门,创造了年销售量高达100万台以上的需求。

(1)需求创造原则要求企业明确需求的可创造性。其一,需求具有多样性、发展性和层次性等特点。它会随社会和科技进步以及经济发展而变化。其二,有些需求实际存在,但却没被企业发现或者企业对其不予关注。这往往是因为这些企业根本不考虑有这样的需求存在,也不去进行调查分析,而一味地"坚信企业自己的想法,固执己见",或者"构思僵化"等所致。其三,连顾客自己也不知道是否存在的需求,即潜在需求。要靠企业去挖掘,去引导。例如,日本一家巧克力公司利用日本追求西方生活的心理,通过一切宣传手段,培养日本青年人过"情人节"的习惯。宣布在情人节期间购买巧克力可半价优惠,还为此开发出多种精美的巧克力。通过努力,最后终于达到了目的,在日本形成了过情人节,并赠送巧克力的风尚,该公司也成了日本最大的巧克力公司。

(2)需求创造原则要求企业懂得如何创造需求,即发现、创造、提供什么样的价值。现在最重要的是,企业必须提供顾客认为最有价值的利益,即真正解决顾客问题和满足顾客需求的产品和服务。化妆品为顾客提供的利益是"美"。如果企业站在顾客的角度来考虑问题,把"售货处"当作"购货处"甚至"使顾客心情舒畅的场所"来对待,那么就一定能创造并获得更多的需求。

2. 目标诉求原则

营销大致经历了三个阶段:一是大量营销,即大量生产和销售单一产品;二是多品种营销,即生产和销售两种以上不同规格、式样、花色的产品,但没有针对性,只是给顾客提供了几种选择;三是目标营销,即针对自己所选定的目标市场开展营销。这就要求产品、价格、渠道、促销等都必须与目标市场相适应,以目标市场的需求为其产品的诉求点,以目标人群为其诉求对象,制定目标人群能接受的价格,开拓最能接近目标人群的渠道,采用目标人群普遍欢迎的促销方式和广告媒体。香港牛奶公司"高钙牛奶"的诉求点是"高钙",诉求对象为年龄在25岁~40岁的、受过教育的、有较高收入的女性。其理由是:第一,"高钙"能预防骨质疏松症,而在香港,有骨质疏松症隐患的人以25岁~40岁的女性居多;第二,"高钙牛奶"在香港是一种全新产品。"高钙牛奶"由于诉求明确,结果取得了巨大成功。在消费牛奶市场上远远甩开竞争对手,占到市场份额的56%,而牛奶公司在整个乳品市场的份额也由54%升至70%。

3. 非价格竞争原则

企业间竞争大致可分为两类:价格竞争和非价格竞争。价格竞争是通过降价来使顾客花更少的钱却得到同样满足的一种竞争。如果在产品、服务等其他方面几乎相同的情况下,往往容易陷入价格竞争,使企业成为"无利益的繁忙"。只要对近几年我国市场上价格大战稍加回顾就会一目了然。价格竞争用来评价价值的尺度是大家都知道的价格,所以价格的决定就显得非常重要。非价格竞争,就是为顾客提供更好、更有特色,或者更能适合各自需求的产品和服务的一种竞争。非价格竞争,对顾客和企业都有利。第一,产品和消费者需求都存在差异性。第二,不同的产品有不同的价格需求关系,一些体现身份地位的产品非高价卖不出。如汽车就有两种职能;"身份象征"的社会职能和作为运输工具的物理职能。美国通用汽车公司在 20 世纪 30 年代推出价格为 7000 美元的卡迪拉克新车而一举获得巨大成功。卡迪拉克的顾客不是购买运输工具,而是购买地位和身份。第三,运用价格以外的竞争手段,如产品的品种、质量、性能、专利、品牌、款式、特色、包装、保证、服务、形象、各种促销活动等来唤起顾客的购买欲望,并使其购买产品,从而达到战胜竞争对手的目的。

4. 流通网络化原则

流通网络是在从上游的制造商到下游的消费者的路径过程中,制造商与流通业者、消费者在连接点的有机联系,形成网络系统,积极开展相互间的协作。企业不仅要制造或采购适合顾客需求的产品和服务,而且还要构筑起能顺利、及时将其转移给顾客的流通渠道,否则无法产生销售,实现交换。另外,从维持产品和服务价值的角度来讲,其关键是要通过一定的渠道将其优秀价值向市场和顾客进行说明、说服和推荐。因此,必须建立起制造商、流通业者和消费者或用户间的有机网络,构筑起完备的流通系统,运用通信技术和信息技术积极有效地开展与市场的沟通活动。在一定意义上讲,流通网络的形成是保证大量销售的重要依据。日本的大量生产时代,一些综合性家电企业,为了保证大量销售,建立起了系列批发商和系列零售商。如松下公司的系列零售店仅国内就多达27000 个,从而实现了其家用电器像自来水一样流入各家庭的梦想。

5. 企业主体性原则

市场营销总是站在以企业为主体的角度来考虑企业主体原则。该原则认为,企业生产出来的产品和服务绝不会像自然流水一样地流通,而要求企业有意图、有计划地开展市场营销活动。也就是说,这些业务的关系者涉及制造业者、批发业者和零售业者等流通的各个阶段,希望处在各个阶段的企业都能开展各自的市场营销活动。换言之,流通过程中的企业都必须积极主动地分别开展对应市场的活动,即市场营销活动。

6. 科学认识市场原则

在市场营销中市场和顾客是出发点。但并不能因为作为这种出发点的市场和顾客发生着较大变化而受其影响,而必须正确地掌握现场、现实和现物的实际情况。为此,必须坚决克服那种单凭感觉和经验的自我本位主义、主观主义,要充分运用市场分析、消费者行为分析、竞争分析、顾客满意度调查、各种实验、试销等科学的分析技术,正确地把握市场和顾客的现状和发展趋势。另外,企业之间,围绕所限定的买卖活动展开激烈的竞争,这不仅要求企业付出极大的努力,而且还必须积极探索合理的竞争机制,采取适当的竞争对应措施。

7. 全面营销原则

近几年来,我国出现消费疲软,进入了"不好卖"的时代,造成了价值 3 万多亿元的产品积压。然而在这"不好卖"的时代里却有不少制造商连续推出走俏产品,也有一些大型零售商销售势头强劲,生意兴隆。从这"好卖"和"不好卖"的产品中得出一条规律:在社会和市场成熟化、消费需求多样化的时代,好卖的产品不是以制造商和卖主的立场开发和采购的产品,而是应该从消费者和用户的立场开发、制造或采购产品。因此,企业需要建立起一种全面营销体制,如同斯坦福大学教授理查德·P·巴戈茨所指出,现代市场营销具备一种统括职能。即由原来与生产、财务、人事、研发等职能平行转变为将其统括起来及时有效应付激变环境的最重要的职能。

(1)市场营销的概念和策略广泛渗透到各部门,即从董事会到工厂的生产线;广泛深入人心,即从经营者到一般从业人员。换言之,全面营销也就是全公司营销,全体员工营销。

(2)企业所有部门都必须树立起市场营销观念,服从市场营销,服务于市场营销。

(3)公司以市场(顾客)为导向,根据市场营销的需要来确定企业的职能部门及其人员配置,分配经营资源,决定企业总体发展方向。

(4)实行职能重点转移,制造商要由"销售已经开发、生产的产品,转向开发、生产好卖的产品";流通业者要由原来"销售已采购的产品转变为采购畅销的产品"。

(5)企业要克服自以为是的观点,不要认为自己的产品是好东西,就一定会人见人爱,要知道人家凭什么非得爱你,非得买你的产品不可,你的产品究竟能给消费者和用户带来什么好处,具备什么样的特色,是否能比其他产品更好地满足其需求,等等。

(6)全面运用营销手段。

第一,既要运用各种营销手段,又不能是简单相加,而应有机结合,相互协调。如不同的产品,制定不同的价格,选择不同的渠道,采取不同的促销方式。

第二,营销手段的组合并非静态不变,应设动态把握,适时调整。如产品生命周期所处阶段变化时,其他营销手段也随之改变。

8. 推拉结合原则

各种促销措施归结起来不外乎推进策略和拉引策略。推进策略,是指制造商派推销人员作用于批发商,促进产品交易,批发商再向零售商推销产品,零售商再向消费者推销产品,这样,从上游到下游,一个阶段一个阶段地进行信息传递和沟通,并转移其产品。拉引策略,是指制造商直接作用于消费者,唤起消费者的兴趣和购买欲望,引导消费者到商店寻购其产品,零售商再向批发商,批发商再向制造商寻问或订购产品。

(1)推进策略必须说服流通业者,调动流通业者的积极性,所以人员推销的沟通形式最受重视,其次是营业推广,这包括对流通业者的推销活动和销售店支援活动等。相反,拉引策略面对消费者,向消费者传递信息,唤起消费者的兴趣和欲望,为此,需要打广告,搞公共关系,进行消费者教育,或者直接邮寄广告等。

(2)最现实且最有效的做法,并不是其中哪一个,而应该是前拉后推,推拉结合。这对消费者和中间商都非常重要。不过也有几个因素必须予以考虑。第一,根据产品特性,其侧重点要有所不同。第二,在顾客心理过程中的不同阶段,要区别运用推拉策略。第三,推拉必须有机配合,协调启动。一是要把握好时机;二是要使拉引可涉及的范围与流通业者的覆盖面基本吻合。

(3)在推进流程中,信息的传递和沟通不能是单纯的接力式,制造商应该在整个过程中发挥主导作用。首先向批发商推进,接着要配合和协助批发商向零售商推进,再配合零售商向消费者推进。例如,向终端提供宣传手册、展示牌、招贴、灯箱、POP等,进行硬包装,营造引导购买的氛围,同时进行软包装,搞好与店铺的关系,培训、激励营业员,其至派推销员到终端直接向消费者推销产品。

9.会员任原则

当今时代,企业规模不断扩大,对社会的影响也越来越大。因此,企业的市场营销活动要被社会所接受,承担起对社会的责任。

(1)保护消费者。企业要按法律要求保护消费者及其利益,并使其享受应该享有的权利。

(2)顾客满意(CS)。要改变员工意识,以顾客为中心推进经营活动。如果顾客不满意就不会再购买,或者不再光顾。市场营销活动的最终目的就是要使顾客满意。

(3)保护地球环境。近年来,绿色营销、绿色产品、绿色消费、绿色消费者等词语像雨后春笋一样涌现出来。企业必须面对并适应这种"绿色"趋势。

(4)消费需求与社会的协调。

第一,既要满足消费者的需要和欲望,又要符合道德规范,符合消费者和整个社会的长远利益。如吸烟,虽然有很大的需求,但它无论对吸烟者本人还是对其他人都会造成危害。

第二,要正确处理消费者欲望、企业利润和社会整体利益之间的矛盾,统筹兼顾。

第三,要考虑企业发展和社会的协调。

第四,要考虑目的性结果与伴随性结果的一致性或者预防伴随性结果的负面影响。如特殊钢厂,其目的是为顾客制造高性能的金属,但它却在实现其目的的同时,产生出噪音,放射出热量,排放烟雾和有害气体等。

10.创新原则

市场营销要运用动态的观点坚持不断创新。

(1)开拓新市场,创造新需求,发现新的市场营销机会。

(2)开发新产品。随着科学技术的进步,产品生命周期不断缩短,更新换代加快,要求企业不断地开发新产品。

(3)新价格的确定。包含三方面内容:

第一,要求企业不断改进工艺,提高效率,降低成本,以适应市场上的价格变化;

第二,根据产品所处生命周期的不同阶段和竞争者价格策略及时做出反应,调整产品价格策略;

第三,价格的决定要遵循的观念,即:产品要在自由竞争市场上接受消费者冷酷的挑选。产品的成本与消费者没有多大关系,主要看其产品对消费者是否有价值,有多大的价值。

(4)改革流通渠道,导入新的渠道模式。最近我国流通业态发生了很大变化,导入了不少新的业态,如邮购、电视购物、直销、超级市场、折扣商店、平价商店、专门商店、便利商店、仓储商店、量贩店等。尤其是成为热门话题的电子商务、网络营销,这是在今后必定大力发展的新的渠道模式。

(5)开发新的促销方式或在现有方式上增加新的内涵。据有关报道,5年后,美国的网络广告将超过电视广告。

三、营销的类型

营销是个系统,零碎的营销知识已经不适合现代社会了。一个企业要壮大,管理者必须深入理解营销,才能走出一条属于自己的营销之路。营销种类林林总总,我们只有踏在巨人的肩上,才能创造出新的营销。

(一)市场营销的主要种类:

1. 绿色营销

是指企业在整个营销过程中充分体现环境意识和社会意识,向消费者提供科学的、无污染的、有利于节约资源和符合良好社会道德准则的商品和服务,并采用无污染或少污染的生产和方式,引导并满足消费者有利于环境保护及身心健康的需求。其主要目标是通过营销实现生态环境和社会环境的保护及改善,保护和节约自然资源,实行养护式经营,确保消费者使用产品的安全、卫生、方便,以提高人们的生活质量,优化人类的生存空间。它的目的是为了迎合消费者绿色消费的消费习惯,将绿色环保主义作为企业生产产品的价值观导向,以绿色文化为其生产理念,力求满足消费者对绿色产品的需求所做的营销活动。

2. 数据库营销

是指以特定的方式在网络上(资料有啊社区)或是实体收集消费者的消费行为资讯、厂商的销售资讯,并将这些资讯以固定格式累积在数据库当中,在适当的行销时机,以此数据库进行统计分析的行销行为。

3. 知识营销

知识营销指的是向大众传播新的科学技术以及它们对人们生活的影响,通过科普宣传,让消费者不仅知其然,而且知其所以然,重新建立新的产品概念,进而使消费者萌发对新产品的需要,达到拓宽市场的目的。随着知识经济时代的到来,知识成为发展经济的资本,知识的积累和创新,成为促进经济增长的主要动力源。因此,作为一个企业,在搞科研开发的同时,就要想到知识的推广,使一项新产品研制成功的市场风险降到最小,而要做到这一点,就必须运作知识营销。

比尔·盖茨的"先教电脑,再卖电脑"的做法是典型的知识营销。他斥资 2 亿元,成立盖茨图书馆基金会,为全球一些低收入的地区图书馆配备最先进的电脑,又捐赠软件让公众接受电脑知识。

4. 网络营销

网络营销是企业整体营销战略的一个组成部分,是为实现企业总体经营目标所进行的,以互联网为基本手段营造网上经营环境的各种活动。网络营销的职能包括网站推广、网络品牌、信息发布、在线调研、顾客关系、顾客服务、销售渠道、销售促进八个方面。国内积累多年经验的襟抱堂时刻保持对互联网的关注与观察,对新式营销传播载体第一时间研究、验证,确保利用最全面的方法为客户提供全方位营销服务。从初创阶段至今,襟抱堂总结出 20 多种有效营销方式,才使襟抱堂成为行业领域中极具生命力和持续发展能力的翘楚,并长期拥有一批稳定客户。

5. 直复营销

是在没有中间行销商的情况下,利用消费者直接(consumerdirect,CD)通路来接触及传送货品和服务给客户。其最大特色为"直接与消费者沟通或不经过分销商而进行的销售活动",乃是利用一种或多种媒体,理论上可到达任何目标对象所在区域——包括地区上的以及定位上的区隔,且是一种可以衡量回应或交易结果之行销模式。通常直复营销所使用的媒体沟通工具与大众或特定多众行销媒体(如广告)不同,而是以小众或非定众的行销媒体(例如在面纸包上刊印广告讯息后再将该面纸包分送出去给潜在消费对象,以及型录、电话推销、电视购物、网络销售等)为主。

6. 关系营销

在很多情况下,公司并不能寻求即时的交易,所以他们会与长期供应商建立顾客关系。公司想要展现给顾客的是卓越的服务能力,现在的顾客多是大型且全球性的。他们偏好可以提供不同地区配套产品或服务的供应商,且可以快速解决各地的问题。当顾客关系管理计划被执行时,组织就必须同时注重顾客和产品管理。同时,公司必须明白,虽然关系行销很重要,但并不是在任何情况下都会有效的。因此,公司必须评估哪一个部门与哪一种特定的顾客采用关系行销最有利。

7. 社会营销

是基于人具有"经济人"和"社会人"的双重特性,运用类似商业上的营销手段达到社会公益的目的;或者运用社会公益价值推广其商品或商业服务的一种手段。

与一般营销一样,社会营销的目的也是有意识地改变目标人群(消费者)行为。但是,与一般商业营销模式不同的是,社会营销中所追求的行为改变动力更多来自非商业动力,或者将非商业行为模拟出商业性卖点。

8. 病毒营销

是一种信息传递策略,通过公众将信息廉价复制,告诉给其他受众,从而迅速扩大自己的影响。和传统营销相比,受众自愿接受的特点使得这种营销方式成本更少,收益更多、更加明显。

9. 危机营销

(1)适当延长产品经营线

经销商在代理经营制造商的产品时,在尽可能的情况下,适当延长自己的产品经营线,以分化因制造商的危机而带来的风险。以某区域的经销商老王为例,其经营的产品线过于单一,主打产品就是乐百氏和汇源系列,结果在食品风波中,损失很大。虽然也采取了一些补救措施,但对其所造成的影响,在一定的时期内却是灾难性的。

(2)加大对终端网络的建设和维护力度

作为一个成功的经销商来讲,产品多样化经营是必要的,但主要依靠的应该是终端网络而不是某一两个产品。只有这样,才能在发生危机时,快速地调整经营的产品及策略,充分利用自己所掌控的终端网络,以降低风险性。

(3)加强与制造商的合作

一般情况下,企业承受风险的能力要远远大于经销商。当制造商危机来临的时候,经销商应该观察一段时间,不要立即把货退回去给制造商,经销商的这种行为是非常不理智的。当企业渡过危机之后,经销商自己的损失是最大的,企业也不会再和这样的经销商合作,这样的经销商是没有实力和眼光的。特别是对于一些知名的企业,只要厂家向经销商传达的信息是积极主动的,经销商就应该积极配合厂家。只要厂家遵守承诺,该退货的退货,该赔偿的赔偿,聪明的经销商此时应该和厂家同舟共济,共同挽救当前的不利局面。毕竟"锦上添花"的事并没什么值得称道的,而"雪中送炭"才会令人记忆深刻。这样经销商不仅可以减少风险,而且在制造商的危机过去以后,还可以确立和企业更为密切的合作关系,相信在厂家的销售政策、促销力度等方面的支持下,经销商也会取得更为丰厚的回报。

（4）提高自身的经营能力

在现代商业经营中,机遇和风险是并存的。要想成为一个优秀的经销商,就应该学会未雨绸缪,要时刻树立危机的意识,时时关心厂家、产品和市场的动态,合理把握自身资金流、库存、网络、配送的关系,强化内部管理,吸收先进经验。同时注意行业信息的收集,为危机作好规划,知道自己准备好之后的力量,才能与命运周旋。这样才能善于抓住机遇,避免危机和风险。成功的经销商各有各的特色,失败的经销商却拥有很多相似之处,关键在于对危机的判断和反应能力。只有学会正确处理危机,在危机降临时,才能化危为机,在现代商业战场上,取得辉煌的胜利!

10. 个性化营销

是指企业把对人的关注、人的个性释放及人的个性需求的满足推到空前中心的地位,企业与市场逐步建立一种新型关系,建立消费者个人数据库和信息档案,与消费者建立更为个人化的联系,及时地了解市场动向和顾客需求,向顾客提供一种个人化的销售和服务。顾客根据自己需求提出对商品性能的要求,企业尽可能按顾客要求进行生产,迎合消费者的需求和品味,并应用信息,采用灵活战略并适时地加以调整,以生产者与消费者之间的协调合作来提高竞争力,以多品种、中小批量混合生产取代过去的大批量生产。这有利于节省中间环节,降低销售成本。不仅如此,由于社会生产计划性增强,资源配置接近最优,商业出现"零库存"管理,企业的库存成本也节约了。

11. 创新营销

创新是企业成功的关键,企业经营的最佳策略就是抢在别人之前淘汰自己的产品,这种把创新理论运用到市场营销中的新做法,包括营销观念的创新、营销产品的创新、营销组织的创新和营销技术的创新,要做到这一点,市场营销人员就必须随时保持思维模式的弹性,让自己成为"新思维的开创者"。创新的意义就在于先进,而不仅在于别人没有,而且一旦发现是一种新技术,就要及时捕捉,以免错过时机。例如,在美国新泽西州有一家制造引爆器的市得利公司,发明了一种撞击瞬间膨胀的空气袋,可装置在方面盘上,保护汽车驾驶人。当他们向美国通用汽车推销这种产品时,却因为不是汽车业的同行而遭拒绝。后来,日本丰田买下了它的技术,制造成本是 50 美元,而现在美国三大汽车厂——通用、福特、克莱斯勒所采用的空气袋,最低成本却在 500～600 美元之间。可见接受一种新产品时也要有新观念。

12. 大市场营销

大市场营销是对传统市场营销组合战略的不断发展。该理论由美国营销学家菲利浦·科特勒提出。他指出,企业为了进入特定的市场,并在那里从事业务经营,在策略上应协调地运用经济、心理、政治、公共关系等手段,以博得外国或地方各方面的合作与支持,从而达到预期的目的。大市场营销战略在"2P"的基础上加上"2P",即权力(Power)和(Publication)公共关系,从而把营销理论进一步扩展。

四、营销中应注意的问题

"初创企业需要符合自己资金、人员、能力、发展阶段的营销战略",创业者应该跟大企业学习基本的营销原理、框架,帮助思考自己的营销战略,但是一定要把这些原理、框架变成适合自己解决问题的方法和应用。

(一)初创公司营销过程中易犯的7个致命错误

1.不够理解你的客户

很多初创公司都会把用户的需求概况化。虽然你的产品或者服务是针对一个特定的市场,但是你需要明白的是,你的每一个客户所面临的挑战都是不同的。很多创始人在产品营销前都会进行一些调查,可是不会针对用户具体的需求和难点提出问题。他们只是滔滔不绝地夸赞自己的产品优势及功能。虽说创始人对自己的创意充满激情无可厚非,但是也不可忽视对用户的了解度。

2.产品卖点并不能满足目标客户的需求

大多数初创公司会很详尽地说明自己产品的各种附加功能,却不会为客户真正需要解决的问题提出解决方案。为此,作为初创公司,你必须通过询问懂得顾客的需求。要想获得一名潜在客户,你的产品至少有两到三个让用户感到实用的功能,而不是你自己想当然地为产品添入的100个功能。

3.创始人没有和顾客"亲密接触",这会失掉很多机会

大部分初创公司创始人都不会亲自去兜售自己的产品,他们并不会亲临现场来和顾客接触。这种体验对初创公司来说至关重要,他们就这样白白失掉了。首先,创始人失掉了和最早期顾客直接联系继而发展长期客户关系的机会。其次,他们失去了从客户直接获得回馈的机会,而这些回馈一般能够为公司产品和服务的改善提供最佳建议。

4.初创公司没有保持持续不断地跟进

很多初创公司营销活动一结束就不再跟进了,或者说跟进过一两次就不管了。初创公司创始人可能出于销售量的考虑担心太多,怕占用客户太多时间让对方反感。如果没有做好跟进,那么你迟早会失去这些潜在客户。并不是要你频繁地打电话联系客户,直到烦得他们扯掉电话线;但是,如果你对潜在客户不进行跟进,也不会多一个新客户。因此,你应该保持跟进潜在客户,直到他们给你明确的答案。

5.初创公司大都会对用户界面/用户体验进行优化,但是却忽视了销售漏斗

大多数公司甚至都不会对销售漏斗进行优化。如今,初创公司都可以获得海量的数据,但是却不会追踪销售漏斗的基本指标,比如电话/电子邮件、有效的联系、潜在客户、达成的交易/交易价值和达成交易的时间点。

6.价格定位不合理

创始人通常会认为,服务价格越低越好。当然,低价标签会降低顾客的进入壁垒,但是同样会稀释你产品的价值。如果你的电子邮件或者网站插件能够为你的顾客提供大量的价值,那么你也可以像Netflix一样按月收取订阅费。当你的产品通过病毒式扩散收

获了很多用户吸引力,那么你需要考虑自己的价格定位,以维持你的业务发展。你的产品为客户提供了价值,他们需要为之付费。你需要出售的是产品的价值,而不是靠价格标签来吸引客户。

7.创始人并不过问产品营销业务

有时候只需要简单过问一下营销业务就能让整个流程按照你的方向走。在一系列电话、产品模型和后期跟进之后,某些创始人仍然不愿询问客户,害怕失掉业务。如果你花费了很长时间来培养客户关系,那么你何不直接接触客户、并建立起和客户友好的朋友关系呢?

一些企业家是因为出于对艺术、时尚或者科技的热爱而成立了自己的公司。一名成功的企业家同时也必需是一名合格的销售人员,能够兜售自己的产品或服务,从而实现自己的创意。以上所有关于初创公司营销过程中易犯的7个致命错误都是有迹可循的。因此,初创公司的销售团队一旦意识到自己犯了以上错误,应该立即纠正,那么你离成功就不远了。

五、制订营销计划

(一)营销计划

市场营销计划是企业营销战略的重要职能之一,也是企业营销战略的最终体现。在现代市场经济条件下,企业必须致力于建立先进的计划系统,实施战略计划,加强市场营销。市场营销计划是关于一项业务、产品或品牌在营销方面的具体安排和规划。其内容涉及两个基本问题:一是企业的营销目标是什么? 二是如何实现营销目标? 正是市场营销计划的特殊地位,决定了它在营销管理中的特殊作用。首先,营销计划使内部各部门、各层次、各方面之间保持协调一致,使众人努力形成一种合力,从而促使营销目标的实现。其次,营销计划使企业在利用机会的同时,最大限度地减少风险。最后,营销计划使营销活动变得经济合理。营销计划有利于企业实现对营销活动的有效控制。

按计划时期长短,可将市场营销计划分为长期计划、中期计划和短期计划。

按计划的层次,可将市场营销计划分为战略计划、策略计划和作业计划。

按计划涉及的范围,可将市场营销计划分为总体营销计划和专项营销计划。

(二)市场营销计划的制定与实施

1.制定市场营销计划的原则

(1)系统性原则:企业是一个由营销、生产、财务、人事等众多子系统构成的大系统。这些子系统相互联系、市场营销相互影响,对营销目标的实现起着促进和制约作用。

(2)灵活性原则:市场营销计划是关于未来营销活动的行动方案,而未来充满着事先难以预料的不确定因素。因此,在编制营销计划时,一定要留有一定的余地,保持一定的灵活性。

(3)连续性原则:所谓连续性,是指市场营销计划要前后衔接,相互配套。为了保持计划的连续性,中期计划的制定必须以长期计划为指导,与长期计划相衔接;短期计划的制定必须以中、长期计划为指导,与中、长期计划相衔接。

2.市场营销计划的制定

(1)确定公司的任务和目标

公司的任务是指在一定时期内,公司营销工作的服务对象。公司的任务规定公司的业务性质,具体表现为公司的业务经营范围和活动领域。

（2）确定公司的目标

公司的目标是指在一定时期内,公司营销工作预期所要达到的目的。目标包括销售量、销售额、市场占有率、市场增长率、销售利润率等指标。

在确定时应进行公司经营状况、实力分析和环境、形势分析。

（3）安排业务组合

首先要把公司所有的产品和业务分成若干战略业务单位,对每个单位的经营效益和增长机会进行分析、评价,以便决定哪些单位应当发展、维持,哪些应当缩减甚至淘汰。许多专家提出了一些对公司的战略业务单位加以分类和评价的方法,其中最著名的是美国波士顿咨询集团和通用电器公司的方法。

①波士顿咨询集团矩阵法

波士顿咨询公司主张用"销售增长率——相对市场占有率矩阵"对企业现有的产品或服务分工,对"战略业务单位"进行分类和评价。（如图9-1所示）

图9-1　波士顿咨询集团成长—份额矩阵图

运用这一矩阵,就可以把公司经营的多种产品（在这里,我们假设它有九种）分为四类,即明星类、现金牛类、问题类和瘦狗类,并为每类战略业务单位拟定不同的投资组合战略。

第一,明星类

这类产品的特点是:市场占有率、销售增长率都很高。问题类产品如经营成功,就会转入明星类。该类产品由于市场增长迅速,也需要投入大量资金,伴随产品生命周期的进程,这类产品的增长速度逐渐降低,从而转入现金牛类。

第二,现金牛类

这类产品市场占有率高、销售增长率低。由于市场占有率高,盈利多,现金收入多,可以提供大量现金,公司可用这些现金支持其他需要现金的产品。因此,每个公司都十分重视这类"当家产品",每个大中型企业总应当有几头强壮的"现金牛"。

第三,问题类

这类产品市场增长率高、相对市场占有率低。它将如何发展,是向前发展成为"双高"的明星类,还是中途夭折,被迫退出市场? 由于存在着风险和问题,所以称为问题类产品。为了提高这类产品的相对市场占有率,使之进入明星类,需要对它们大量投资。但对这类产品的投资要慎重,要分清情况,区别对待,对那些确有发展前途的产品应增加投资予以扶植;相反,对那些没有什么发展前途,市场占有率迟迟上不去甚至萎缩下降的产品,则应减少投资甚至终止投资。

第四,瘦狗类(现金消耗类)

这类产品的特点是:市场占有率低,销售增长率也低。这类产品盈利少或仅能保本甚至有亏损,因而是消耗现金类产品。

我们要预测未来的市场变化,正确规划未来的矩阵,拟定好投资组合计划。有以下四种策略供选择：

第一，发展战略

目标是提高战略业务单位的相对市场占有率。为此，有时甚至不惜放弃短期利益。这一战略尤其适用于有发展前途的问题类业务单位，因为这类产品要转入明星类产品必须增加投资，并配合有效的促销组合，提高其相对市场占有率。

第二，维持战略

目的在于保持产品的地位，维持现有的市场占有率。在产品生命周期中处于成熟期的产品，大多数采用这一战略。维持战略特别适用于大量资金支持的现金牛类产品。

第三，收获战略

这一策略的目标在于从某些产品身上尽量获取更多的现金收入，而不考虑由此带来的后果，所以它追求的是短期利益。这一策略适用于弱小的现金牛类。小现金牛类发展前景不佳，可乘其目前在市场上尚有一定的地位时，从其身上尽量多获取现金。这一策略也可用于那些无发展前途的问题类或瘦狗类产品。

第四，放弃战略

放弃的目的是清理、变卖现存产品，不再生产，并把各种资源用于生产经营其他经营效益好的产品。显然，这种策略适用于没有发展前途的，或者妨碍公司增加盈利的某些"问题"类或"消耗现金"类产品。

②通用电器公司法

通用电器公司采用了一种更全面的分析工具，叫做战略业务计划方格（图9-2）。这种方法也是二维矩阵。

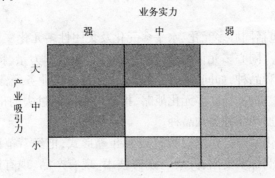

图9-2　通用电器公司业务计划方格图

方格被分为三个区域：左上角三个深灰色的方格是企业较强的战略业务单位，应该大量投入促进其发展；对角线上的三个白色方格是企业中等水平的战略业务单位，公司应保持对这些业务单位的投资水平；右下角三个浅灰色方格是低水平的战略业务单位，对该区域的业务单位应采取"缩减"或"放弃"战略。以上是西方企业常用的评估和分析业务组合状况的两种方法。企业通过对业务的分析和评估，为各个业务单位确定经营目标和投资战略，合理分配企业的资源。

（4）制定新业务的发展计划

①密集型发展战略

第一，市场渗透。即公司采取种种更积极的措施在现有的市场上扩大现有产品的销售。

第二，市场开发。指公司以现有产品开发新市场的战略。

第三，产品开发。产品开发是指一个公司通过对现有产品的改进来增加公司的销售额。

②一体化发展战略

第一，后向一体化。后向一体化即公司购买、合并或兼并本公司的原材料供应商，为自己生产原材料，就像木器家具厂原来买进板材制成家具，改为自己加工板材一样。有些大的零售商店由过去从批发商进货，转为自己直接从生产商进货，即"批零一体化"。还有的商店，逐步发展起自己的工厂，生产出的产品在自己商店出售，即"前商后厂"，也是"后向一体化"。

第二，前向一体化。与后向一体化正好相反，前向一体化是一种按供、产、销的正向顺序实行一体化增长的策略。这也有几种具体形式：

首先，原材料供应者通过自办、联合、联营或兼并等形式，与制造商相结合，实行供、产前向一体化。

其次，生产商通过自办、联合、联营或兼并等形式，与商业公司相结合，实行产、销前向一体化。

最后，批发商增设或兼并零售商。

第三，水平一体化。即公司收购或兼并同类的竞争者，形成联合或专业化公司。

当经营的产品有良好的发展前景和潜力，而且在供产销等方面实行一体化能提高效益、加强控制、扩大销售时，可实行一体化发展战略。

③多元化发展战略

多元化发展战略包括同心多元化、水平多元化及集团性多元化三种战略。

第一，同心多元化。同心多元化即公司利用现有物质技术力量、特长、经验等开发新产品，增加新产品种类和品种，如同一组同心圆从内向外扩展业务经营范围。

第二，水平多元化。也称横向多元化战略，指公司仍面向过去的市场，通过采用不同的技术开发新产品，增加产品种类和品种。

第三，集团性多样化。即公司通过投资或兼并等形式，把经营范围扩展到多个新兴部门或其他部门，组成混合型集团，开展与现有技术、现有产品、现有市场都无联系的多样化经营活动，以寻求新的发展的策略。以上三种发展策略归纳如图9-3所示。

现有技术——→新产品——→新市场　　同心性多样化策略
新技术——→新产品——→现有市场　　水平多样化策略
新技术——→新产品——→新市场　　集团性多样化策略

图9-3　多元化发展策略示意图

思　考　题

1. 初创企业的经营管理需要注意哪几个方面的问题？

2. 初创公司营销过程中易犯的错误有哪些？如何避免？

第十章 大学生创业风险规避

创业的路漫长而艰辛,远非想象中那么顺利。市场经济从微观角度来说是一种风险经济,新创企业作为市场的基本单位时刻置身于风险之中,越是开放发达的市场经济,其中隐藏的风险和不确定性越大。竞争日趋激烈的多元化社会,企业面临各种可能发生的危机。创业成功与否不仅与创业资金、创业机会有关外,还与创业者对创业风险的了解、规避风险的意识等密切相关。如果没有经验的积累,没有社会的支持,大学生创业近乎"独木难支",并且大学生创业最大的劣势就是严重缺乏社会经验,创业失败率很高。全球大学生平均创业成功率只有20%,而在我国大学生创业成功率最高的浙江省,成功率也不过才4%。因此,大学生创业者应当了解创业需要面对哪些风险,要具有规避风险的意识和抵御风险的能力,及其在风险出现后的应对和化解能力,争取把创业的风险降至最低。

第一节 大学生创业风险

在现代生活中,风险无处不在,无时不有。从某种意义上说,风险与人类本身相伴而生,与人的生活息息相关。人类为了生存和发展,很早就本能地与风险进行着斗争。人们恐惧风险,但又渴求风险带来的收益,所以便乐意冒一定程度的风险,去从事某项事业,获得风险收益。万事开头难,毫无疑问,创业是一个需要面对并战胜众多困难的艰苦过程,但新创立的企业往往规模小,资金实力薄弱,各项工作都处于起步阶段,因而此时的企业抗风险能力最差。如果不能对创业时期的各种风险实施有效的管理,将会使企业举步维艰,甚至可能使新企业夭折。然而,创业的过程就面临着各种各样的风险,收益就是在克服各种风险的影响、有效管理各种风险的条件下取得的。每年有成千上万的新企业因为决策或经营管理上的失误而停业。企业的自然淘汰率相当高,从改革开放至今,能够存活下来的只占20~30%,因此,如何认识并化解风险,对创业企业来说至关重要。

一、风险

风险是指在一定条件下和一定时期内,由于各种结果发生的不确定性而导致行为主体遭受损失的大小以及这种损失发生可能性的大小。也就是说,风险是潜在的损失,包括了事物发展结果的不确定性,人们不能完全得到所设计与希望的结局,而且常常会出现不必要的或意想不到的损失。

(一)风险的客观性

由于内外部事物发展具有不确定性和不平衡性,风险是客观存在的,不以人的意志为转移。也就是说风险无处不在，人们无法回避它、消除它，只能采取客观的、正确的态度正视风险，应通过各种技术手段来应对风险，从而避免损失的产生。

（二）风险的相对性

不同的对象有不同的风险，风险总是相对项目活动主体而言的，且随着时间、空间的改变而改变。同样的风险对于不同的主体有不同的影响。人们对于风险事故都有一定的承受能力，但是这种能力因活动、人和时间而异。对于风险，人们的承受能力主要受两个因素的影响：一是收益的大小。损失的可能性和数额越大，人们希望为弥补损失而得到的收益也越大，反之，收益越大，人们愿意承担的风险也就越大；二是投入的大小。项目活动投入的越多，人们对成功所抱的希望也越大，愿意冒的风险也就越小。

（三）风险的可变性

由于风险发生的偶然性与不确定性，随着诱发风险的客观条件的变化和风险管理措施的采取，风险的形态、后果、性质在一定条件下会发生转化，即风险具有可变性。对于某些风险，由于其存在和发生的规律已为人们完全把握或是部分把握，人们预测风险的能力增强并能采取种种手段控制和消除风险的存在，从而消除或是减少了风险给人们带来的损失和忧虑。但随着科学技术的进步和发展，消除风险与制造风险几乎是同步的，高科技在提供征服自然能力的同时，又带来了新的风险。

（四）风险的偶然性与必然性

由于人们所处的环境不同和对客观事物认识的局限性，使得人们主观上对风险的认识与风险的实际情况存在差异，从而产生了风险的不确定性。风险及所带来损失的后果往往是以偶然和不确定的形式呈现在人们面前，它完全是偶然、杂乱无章的运动轨迹，观察、记录何时何地发生何种风险及损失程度非常困难。虽然单个风险的发生具有偶然性，但大量风险的发生则具有必然性与规律性。如，长江流域的河水，基本上呈现 10 年一个周期波动，世界经济 30 ~ 40 年有一个经济周期等。就大量风险单位而论，风险是可以用概率加以测度的。

（五）风险的可识别性和可控性

风险是可识别的，因而也是可以控制的。所谓识别，是指可以根据过去的统计资料，通过有关方法来判断某种风险发生的概率与造成的不利影响的程度。所谓控制，是指可以通过适当的技术来回避风险，或是降低风险发生的损失程度。现代科学技术的发展为风险识别与风险控制提供了理论、技术与方法。

（六）风险的双重性

风险与收益是对等的、一体的、共生的。风险是一种不确定性，会带来费用的增加，但是如果能够有效地管理风险，则将会转换为收益。事实上，任何收益都是在克服风险的基础上取得的。这就要求我们既要看到风险的危害性，提高风险的控制能力，实现风险的消除、转化或降低；同时要加强对风险规律的探索和研究，准确把握时机，进行科学决策，获取风险收益，促进企业快速发展。

二、创业风险

美国著名创业学专家 Timmons 在其提出的 Timmons 创业模型中认为，创业过程就是创业机会、资源、团队之间高度配置适当的动态平衡过程。但随着时空的变迁、机会模糊、市场不确定性、资本市场风险及外在环境等因素的冲击,这三个要素也会因为相对地位的变化而产生失衡的现象。这种失衡现象称为创业风险。创业风险是指在企业创业过程中存在的风险,是由于创业环境的不确定性,创业机会与创业企业的复杂性,创业者、创业团队与创业投资者的能力与实力的有限性等,导致创业活动偏离预期目标的可能性。

创业是企业整个成长过程中的孕育期,这一时期可塑性强,变化多,投入大,而且对企业以后的发展影响很大。创业风险主要有以下几个特点:

(一)创业风险的客观存在性

创业是一种高风险的活动。在创业过程中,由于内外部事物发展的不确定性的客观存在是事物发展变化过程中的特性,因而创业风险是必然存在的,不以人的意志为转移。也就是说风险无处不在,人们无法回避它、消除它。客观性要求我们采取客观的、正确的态度承认创业风险,通过各种技术手段来应对风险,应采取正确的态度正视风险,认识创业成长发展规律,并积极对待创业风险,从而避免损失的产生。

(二)创业风险的不确定性

创业的过程往往是由创业者一个"构思"或是创新技术变为现实的产品或是服务的过程。在这一过程中,创业者面临各种各样的不确定因素,如可能遭受已有市场竞争对手的排斥,进入新市场面临着需求的不确定性,新技术难以转化为生产力,顾客需求发生改变等等。此外,在创业阶段投入较大,而且往往只有投入没有产出,因而可能面临资金不足的问题,从而导致创业的失败。也就是说,影响创业的各种因素是不断变化、难以预知的,这种难以预知造成了创业风险的不确定性。

(三)创业风险的损益双重性

与自然灾害、意外事故等带来的风险只会产生损失不同,创业活动所面临的主要风险和创业的潜在收益是对等的、一体的、共生的。风险是一种不确定性,会带来费用的增加,但是如果能够有效地管理风险,则将会转换为收益。事实上,任何收益都是在克服风险的基础上取得的。对创业者而言,为了获得潜在的收益,需要承担相应的创业风险。如果能够很好地防范和化解风险,创业收益就会有很大程度的增加,即风险是收益的代价,收益是风险的报酬。

(四)创业风险的相关性

指创业者面临的风险与其创业行为及决策是紧密相关的。同一风险事件对不同的创业者会产生不同的风险,同一创业者由于其决策或是其采取的策略的不同,会面临不同的风险结果。

(五)创业风险的可变性

创业风险是相对的、变化的。不同的对象有不同的风险,而且随着时间、空间的改变,创业风险也会发生变化。不同的创业主体,面对同一风险事件,会产生不同的风险结果,并且在一定条件下会发生转换。创业风险的可变性包括创业过程中风险性质的变化、风险后果的变化以及出现新的创业风险这三个方面。

(六)创业风险的可测性与测不准性

创业风险的可测性是指,创业风险是可测量的,可通过定性或是定量的方法对其进行估计。创业风险的测不准性是指,创业风险常常会出现偏离误差范围的状况,它一般是由于创业投资、创业产品周期、创业产品市场的测不准等造成的。

三、大学生创业面临的风险

大学生是一个特殊群体,他们有创业激情,但经验欠缺、能力不足、意识偏差,创业风险的客观存在,不会因为大学生群体的特殊性而使风险的损失程度降低,相反,由于大学生群体的劣势存在,大学生创业的风险更高。大学生创业风险是指大学生创业者在创业过程中,因创业环境的多变性和不确定性,创业机会的复杂性,创业企业的多样性,大学生创业者及其创业团队的局限性,以及创业投资者实力有限等因素而导致创业结果的不确定性。由于风险及其特征比较复杂,对风险进行分类的标准不一,大学生创业常见的风险有以下几种类型。

(一)创业项目风险

项目风险是指由各种主客观因素导致的项目选择错误和项目运行失败,如信息获取不足、逻辑推理偏误、项目评估不科学、低估风险与难度等,创业初期不受国家、地方新颁布的行业管理条例所限制,造成资源浪费或无法经营,或者产品的生命周期太短,或者生产出来的产品不合潮流,产品面世不久就遭到淘汰命运,导致创业面临一开始就出现方向错误的风险。大学生应将自己发现的某种信息、资源、机会或技术,借助相应的载体,以一定的方式将其转化成更多的财富或价值,从而实现创业。

创业项目选择风险就是将实现项目目标的活动的不确定性和可能发生的危险,分布在项目选择、市场定位、进度安排及对环境判断几个关键点上。目前,大学生创业的项目选择多集中在高科技领域和智力服务领域,如软件开发、网络服务、家教中介、设计工作室和快餐、零售连锁加盟店等。年轻的大学生创业者的冲动,易盲目跟风,哪行赚钱就做哪行,对当下市场的需求变化匆忙作出反应,很容易造成项目选择不慎、市场定位不准、消费者需求把握不清、项目进度安排不合理等一系列问题,整个创业过程充满了挑战,极有可能造成创业中途失败。

(二)创业资金风险

只有提供足够的现金,创业项目才能实施,企业才能生存。资金短缺,必将影响企业的营利能力和偿债能力,从而影响企业的信用等级和资金周转,甚至资不抵债,走向破产。创业资金风险是指因资金不能适时地供应而导致创业失败的可能性,贯穿在创业活动的整个过程中。从资金运作的过程看,资金风险可以分成资金筹集、资金回收、资金投资、利润分配这四种风险。大学生融资渠道比较单一,基本上都是银行贷款、自筹资金、民间借贷等传统方式,况且并非所有的大学生创业者都有深厚的金融知识功底和足够的商场经验,在资金管理上表现出明显的不足。"巧妇难为无米之炊",再好的创新技术也难以转化成现实的生产力。调查显示,资金不足是阻碍成功创业的最大因素。资金风险在很大程度上阻碍了大学生的创业之路。

另外,在创业阶段,有限的资源应该用在刀刃上,创业初期企业规模必须精简,生产、管理和营销要有效率、重实质,不能过分注重利润和销售的增长,忽视现金管理;也不能对固定资产投资过多,使资金沉淀;也不能不考虑条件时机是否成熟,盲目扩张;更不能一味追求表面上的浮华，徒增费用，不要着急当大老板，否则，本来有限的资金会更显得紧缺，一旦资金链断裂，就会把企业带入困境，配置失衡，从而导致创业失败。

（三）创业技术风险

技术风险主要指创业者在整个创业过程中因专业技术水平不足、管理水平缺乏及创新意识不强等，导致创业活动遭遇的风险。创业本身是一个复杂的系统工程。从"象牙塔"走出来的大学生，其年龄、阅历、心理等与有社会经验的人相比处于劣势，在面对社会和市场时，大学生更容易迷失和迷茫，并且做起生意来还十分稚气，"眼高手低"。既不了解创业的相关政策法规，也没有在相关企业的工作、实践经历，缺乏创业必备的知识和能力，也对具体的市场开拓缺乏相关的知识与经验，对一切人和事都理想化思考，对困难估计不足，大学生创业基本技能的匮乏直接影响创业成功。另外，有些大学生创业者在获得短期利益之后，常常会有小富即安的心理，不再重视技术上创新，导致企业得不到持续的发展。

（四）创业经验风险

对于涉世未深的大学生创业者来说，法律意识、信用意识、团队意识及社会关系这几点相当重要。大学生的年龄、阅历、心理等与有社会经验的人相比处于劣势。但现实是残酷的，市场不会因为创业者是学生就网开一面，因此，大学生创业过程注定充满着艰辛。大学生创业很多起始于好的创意，但是大多数学生都缺乏创业必备的法律知识、诚信意识、团队精神及必要的社会关系等，使得创业最终失败。

（五）创业管理风险

管理风险是指创业者的组织、决策不到位而给企业带来不确定性的损失。创业要取得成功，在很大程度上依赖于经营管理。由于创业者管理经验不足，在创业前期管理风险凸显，比如用人不当，造成不必要的内耗；财务制度有漏洞，导致损公肥私现象产生；有些时候创业者本人独自管理全部业务的局面难以为继，但却不愿意或不放心授权别人分担责任，也不注意建立一个管理团队；只强调员工忠诚，不维护员工利益等。在市场经济条件下，任何一个行业都存在激烈的竞争，任何企业都要面对市场参与竞争，大学生创办的企业，对于创业者来说可能是第一次，但在市场并不是第一家，受到同行的强烈排挤是很正常的。若没有合理的筹资理财、采购营销、沟通协调、经营管理，一旦实施创业构想，创业团队内部经营管理将会瘫痪，导致创业历程的半途而废。

（六）创业团队风险

创业活动必须将创业机会、创业团队、资源三者做最适当的搭配，组成一个动态的过程，随着企业的发展而做出动态的平衡。创业流程由机会启动，在取得必要的资源后，组成创业团队是十分重要的。但创业前期，创业团队多是由亲戚朋友组成的，经过一个阶段时间的合作之后，各种矛盾就会显现出来，制约着企业的发展。这时团队要进行痛苦的"洗牌"，要能够拉下面子、狠下心才能整顿，不然企业很难运行下去。创业团队的风险主要源于：一是结构松散。初创企业的人力资源结构在专业领域、技能、经验等方面很难保持一个合理的平衡关系，并且其结构与企业发展不同阶段的主要任务很难保持动态适应，难以满足企业经营管理的专业化要求，使企业经营暗藏巨大风险；二是纪律松懈。初创企业团队一般过于追求亲和力和人情味，没有严明的团队规范和纪律，导致管理制度的不完善,或者缺乏相关制度的执行力,制度形同虚设,使得管理软弱无力;三是效率较低。初创企业取得初步成功后,创业成员就会因利益分配不均而开始争斗。由于开始产权关系不清,角色模糊,责任、权力不明,缺乏有效的激励约束和监督机制,使得合作协同困难重重,常常会为职位安排、报酬分配而产生矛盾,影响企业运行效率。

扩展阅读

大学生创业的七大风险

上海向阳生涯管理咨询有限公司首席职业规划师洪向阳认为,创业者要认真分析自己创业过程中可能会遇到哪些风险,这些风险中哪些是可以控制的,哪些是不可控制的,哪些是需要极力避免的,哪些是致命的或不可管理的。一旦这些风险出现,你应该如何应对和化解。特别需要注意的是,一定要明白最大的风险是什么,最大的损失可能有多少,自己是否有能力承担并渡过难关。洪向阳认为,大学生创业的风险主要有以下七个方面:

(1)管理风险。创业失败者,基本上都是管理方面出了问题,其中包括:决策随意、信息不通、理念不清、患得患失、用人不当、忽视创新、急功近利、盲目跟风、意志薄弱等等。特别是大学生知识单一、经验不足、资金实力和心理素质明显不足,更会增加在管理上的风险。

(2)资金风险。资金风险在创业初期会一直伴随在创业者的左右。是否有足够的资金创办企业是创业者遇到的第一个问题。企业创办起来后,就必须考虑是否有足够的资金支持企业的日常运作。对于初创企业来说,如果连续几个月入不敷出或者因为其他原因导致企业的现金流中断,都会给企业带来极大的威胁。相当多的企业会在创办初期因资金紧缺而严重影响业务的拓展,甚至错失商机而不得不关门大吉。

(3)竞争风险。寻找蓝海是创业的良好开端,但并非所有的新创企业都能找到蓝海。更何况,蓝海也只是暂时的,所以,竞争是必然的。如何面对竞争是每个企业都要随时考虑的事,而对新创企业更是如此。如果创业者选择的行业是一个竞争非常激烈的领域,那么在创业之初极有可能受到同行的强烈排挤。一些大企业为了把小企业吞并或挤垮,常会采用低价销售的手段。对于大企业来说,由于规模效益或实力雄厚,短时间的降价并不会对它造成致命的伤害,而对初创企业则可能意味着彻底毁灭的危险。因此,考虑好如何应对来自同行的残酷竞争是创业企业生存的必要准备。

(4)团队分歧的风险。现代企业越来越重视团队的力量。创业企业在诞生或成长过程中最主要的力量来源一般都是创业团队,一个优秀的创业团队能使创业企业迅速地发展起来。但与此同时,风险也就蕴含在其中。团队的力量越大,产生的风险也就越大。一旦创业团队的核心成员在某些问题上产生分歧不能达到统一时,极有可能会对企业造成强烈的冲击。事实上,做好团队的协作并非易事。特别是与股权、利益相关联时,很多初创时很好的伙伴都会闹得不欢而散。

(5)核心竞争力缺乏的风险。对于具有长远发展目标的创业者来说,他们的目标是不断地发展壮大企业,因此,企业是否具有自己的核心竞争力就是最主要的风险。一个依赖别人的产品或市场来打天下的企业是永远不会成长为优秀企业的。核心竞争力在创业之初可能不是最重要的问题,但要谋求长远的发展,就是最不可忽视的问题。没有核心竞争力的企业终究会被淘汰出局。

(6)人力资源流失风险。一些研发、生产或经营性企业需要面向市场,大量的高素质专业人才或业务队伍是这类企业成长的重要基础。防止专业人才及业务骨干流失应当是创业者时刻注意的问题。在那些依靠某种技术或专利创业的企业中,拥有或掌握这一关键技术的业务骨干的流失是创业失败的最主要风险源。

(7)意识上的风险。意识上的风险是创业团队最内在的风险。这种风险来自于无形,却有强大的毁灭力。风险性较大的意识有:投机的心态、侥幸心理、试试看的心态、过分依赖他人、回本的心理等。

(来源:http://www.docin.com/p-94634890.html)

第二节　大学生创业风险规避

一、大学生创业风险成因分析

创业是创业者以其自身独特的素质和能力寻找或捕捉机会,通过一定的途径和方式,创造有价值的新产品或服务实现其潜在价值的过程。在这个过程中,创业机会、资源与创业团队是否匹配与平衡,是创业成功的关键构成要素。其中创业机会是创业过程的核心要素,创业过程实质上是捕捉与开发创业机会的过程;资源是创业过程的必要支持,是开发商机、谋求收益的基础;创业团队是在创业过程中发现和开发机会、整合资源的主体,是新创企业的关键构成要素。在创业的各个阶段,时时处处都存在着风险,要提前识别风险的存在,分析风险的形成原因,进行创业风险的管理,才能使创业走向成功。

(一)机会把握不力

创业过程是创业机会的展开,因此,对创业机会的把握成为创业成败的关键。创业者从众多的创意中选择心目中的商机,然后全力以赴开发这一商机,形成真正的企业,直到最终收获成功。这一过程中,商机的潜在价值以及创业者的能力得到反复权衡。机会是"稍纵即逝"的,怎样在众多的商机触发因素下找到一个合适的商业机会? 有了创业机会是否能抓得住? 是否能在他人之前开发出来形成竞争优势? 而在现实生活中,大学生创业者往往容易冲动,感觉自己的创意比较新颖,对市场不进行充分调查,甚至对创业前景不甚了解,就马上投入人力、物力,成立自己的公司,结果可想而知,要面临的是很大的创业风险。

(二)创业准备不足

有了创意,到创办一家企业或者公司,使其从无到有,从小到大,是有许多需要学习和准备的。"象牙塔"里的大学生们,对社会缺乏了解,但自身并没意识到这一点。眼高手低、纸上谈兵,对创业的构想只是进行理想化的推断,对创业所需要的各种条件考虑不周,对创业的前景不甚了解,对创业的心理准备、物质和资金准备、技术准备还没有完全做好。在这样的情况下就贸然决定创业,就马上投入资金和人力、物力,成立自己的公司或者企业,面临多大的创业风险是可想而知的。

(三)资源匮乏

创业本身是一个复杂的系统工程,需要整合各个方面的资源。在单纯的校园环境中成长起来的大学生,可以利用的资源比较匮乏,但市场不会因为创业者是大学生就网开一面。因此,资源匮乏是大学生创业风险形成的重要因素,具体可分以下几个方面:

1. 人力资源

目前,人力资源在公司管理上已经上升到一个前所未有的高度,企业越来越重视对人的管理。人力资源风险造成的危害很大,轻则阻碍企业成长,重则使新企业毁于一旦。首先,在企业创业初期,如果让某些道德低下的人钻了空子,有可能使新创企业生命终结;其次,如果不能根据岗位的特点选择合适的人,则选人不当会给企业发展带来瓶颈和成长风险;在人事的晋升、调动等方面上,如果管理不当,可能会带来骨干员工的流失,会给创业带来巨大的风险。因此,要对人力资源进行有效的开发和利用,才能降低企业创业风险。

2. 创业资金

对于初创企业来说,"资金是创业的拦路虎",是新创企业的首要问题。企业创办起来后,就必须考虑是否有足够的资金支持企业的日常运作。如果因某些原因造成企业的现金流中断,会给企业带来极大的威胁。有的大学生怕别人说自己小家子气、抠门,总是做出财大气粗的样子,忽视资金的有效使用与管理。而大学生创业在融资渠道上基本就是银行贷款、自筹资金、民间借贷等传统方式。由于出手阔绰,钱没挣多少,资金却支出了不少,造成经营成本过高,入不敷出,债台高筑,如果没有更广阔的融资渠道,企业会在创办初期因资金运作不良而影响企业发展。

3. 社会资本

社会资本是指个体或团体之间的关联——社会网络、互惠性规范和由此产生的信任,是人们在社会结构中所处的位置给他们带来的资源。市场是生产或生活资料由生产者向消费者转移的一个交易平台,创业要想成功,在很大程度上依赖于市场,没有市场也就没有创业。大学生还未踏入社会,交际范围比较单一,没有建立起自己的人际关系网,可以利用的社会资源相对较少,特别是在开拓产品市场方面,没有人脉带来的可利用资源。首先在取得顾客信任这一方面就比较困难,打开产品市场可谓举步维艰。产品打不开市场,导致产品卖不出去,使企业运转不畅,面临破产风险。

(四)创业能力不足

大学生由于长期接受应试教育,知识单一、经验缺乏和心理素质明显不足,不熟悉经营"游戏规则",出现组织、决策不到位而给企业带来的不确定性或损失。虽然一些大学生创业者在技术上出类拔萃,但财务、营销、采购、沟通、管理方面的能力普遍不足。大学生有理想与抱负,但初涉商场,"眼高手低",缺少必要的经营企业的经验,往往出现内部管理不善,财务上没有遵循审慎原则,错把人材当人才,决策随意、信息不通、理念不清,对具体的市场开拓缺乏相关的经验与知识。在这种情况下,大学生创业就会遇到各种不可预见的问题,很可能会使创业者犯一些低级错误,导致创业失败,使企业面临风险。

(五)法律意识不强

大学生创业过程中,欠缺创业和经营方面的法律知识,不了解一些生意上的相关手续,没意识到潜在的法律隐患,往往以感情代替规则,以主观判断代替理性思考,以赌博意识、投机心理和冒险行为代替理性的法律思维,做一些自认合理但不合法律规定的事,以致造成一些惨痛的教训。当在签署合同、洽谈业务中,没有用法律武器好好保护自己,而导致创业失败,甚至要承担刑事责任;或是被对方钻了空子,无法维护自身的合法权益,只能吃"哑巴亏"。法律知识匮乏、法律意识不强,是大学生创业风险形成的又一主要原因。

案例

慎重选择投资人和创业伙伴

身材高挑、容貌秀丽的美丽女孩杨柳,从小多才多艺,热爱表演,中学毕业后父母送她到艺术学校学习音乐舞蹈。在校期间,她参加了本地电视台举办的一个选秀节目,并获得了二等奖。为了获得更多的舞台表演经验,杨柳和艺校的几个同学自编自导了一台节目,有歌曲、舞蹈、乐器表演、小品等。在这台节目里,杨柳不仅是主力演员,也是导演兼主持人。在朋友的推荐下,杨柳和自己的同学经常到本地的一些娱乐场所演出,她们的节目获得了合作单位和观众的一致好评。她们不但得到了丰富的舞台经验,也获得了相应的经济收入。

从艺校毕业后,杨柳和这些同学几乎都没有找到与本专业有关的工作,但杨柳不想放弃自己的专业,她又把这些同学召集起来,利用业余时间编排节目,并继续兼职到本地的娱乐场所演出。这支演出团队由于表演专业、不断创新,很受欢迎,名气越来越大,得到的出场机会也越来越多。这时杨柳有了创业的想法,决定辞去公司的文秘工作,专门负责联系和组织演出。因为她意识到想要让自己的团队在本地演出市场长期稳定地发展,仅靠目前临时性的草台班子是不行的,必须成立一家演艺公司,这样才能建立稳定的团队,做好持续的艺术创新,形成真正的市场竞争力。

杨柳手头并没有开办公司所需的资金,她想了很多办法,找了很多亲戚朋友借钱,和演出团队的伙伴们一起凑,但天不遂人愿,杨柳最终还是没有凑齐所需的启动资金。就在这时,一个多次合作过的专职演出经纪人老余找到了杨柳,老余提出要和杨柳合作开一家演艺公司,他负责出资并联系客户,杨柳负责组织演员和演出。当时杨柳对老余的为人并没有足够的了解,但由于她正急于解决开办公司的资金问题,所以几乎想也没想就答应了老余的提议。

于是,杨柳和老余正式合作了,老余出资办理了公司的相关手续,租赁办公场所,并出任公司的总经理,杨柳任公司的艺术总监,杨柳原来演出团队的几个骨干也加入了公司。杨柳和老余约定,并在公司章程中明确,杨柳以技术入股,拥有公司40%的股份。

公司开业后,因为老余是本地的老演出经纪人,拥有很多客户资源,再加上杨柳在节目编排、演员组织和演出实施上精益求精,故而公司的业务发展得很好,收益也相当可观。公司运营了一年多时间,正当大家为公司的快速发展而高兴的时候,杨柳却发现了严重的问题。

第一,在公司管理上,老余只让杨柳专门负责专业领域这一块,公司的财务和市场营销从来不让杨柳插手。杨柳除了工资和演出应得的劳务收入外,老余再没有给她一分钱。年底的时候，杨柳曾向老余提出，作为拥有公司40%股份的股东，自己应当获得当年的收益分红，可老余却拿出了一大堆发票和杨柳看不懂的账簿，并解释说公司开销很大，一年下来并没有挣多少钱。可杨柳对公司一年来的收益大致还是有数的，她不相信老余的话，更何况她知道并没有其他收入的老余前不久刚买了一辆价值不菲的高档轿车。虽然杨柳对老余的解释很不满意，但经验不足的她无法有效反驳，只好默不作声地忍了下来。

第二，老余经常以和客户联络感情为名，请客户到高档餐厅吃饭，到高级娱乐场所消费，花的都是公司的钱，老余甚至还多次要求公司的女演员跟他一起去陪客户。杨柳知道这些事情后，多次非常严肃地向老余提出了自己的反对意见，可每次都被老余以市场惯例、业务需要、行业通行的潜规则等借口给顶了回来。

多次沟通无效后，杨柳终于清醒了，她认识到老余并不是和自己真诚地合作，而是在利用自己的演出专长和演出团队资源，自己继续和老余合作下去是没有前途的。杨柳和公司的几个演出骨干沟通后，大家一致赞同她的看法，于是杨柳正式向老余提出了终止合作的要求。老余非常生气，她要求杨柳把剩下的股份转让给他，但不给她任何补偿。虽然老余的要求很无理，但对和老余合作已经彻底绝望的杨柳还是无偿地放弃了自己的股份，离开了公司。杨柳原来演出团队的成员也相继离开了公司。

接下的那段时间杨柳非常沮丧，不仅是因为自己辛辛苦苦忙碌了一年多没有什么收益，倾心倾力创办起来的公司也不再属于自己，更令她难过的是，公司的骨干演员当初都是出于对她的信任才加入团队的，现在大家也跟着自己倒了霉，连续一个多月，杨柳躲在家里，连门都不愿意出。

正当杨柳处于人生低谷而难以自拔的时候，演出团队的伙伴们主动来家里找杨柳，鼓励她重新振作起来，希望她重新把大家组织起来再闯出一条新路来。他们都对老余的奸诈和无信很气愤，知道这并不是杨柳的错，并没有责怪她，相反大家都仍然信任杨柳，也不甘于在失败面前低头。

在大家的鼓励和支持下，杨柳终于鼓起了信心和斗志，下决心从头再来——要把这些演出团队的伙伴召集起来，集合大家的力量，再创办一家新的演艺公司，而且一定要把事业做得更好！

对于如何筹集公司启动资金的问题，杨柳找大伙商量，大家一致同意集资来凑齐启动资金，但杨柳却说，大家集资她不反对，但启动资金的大部分要由她一个人来出。其实，当时杨柳的积蓄并不多，她之所以这样决定，一是因为她不想让大家的压力太大，更重要的是，杨柳为了不辜负大家的支持和信任，她希望自己在公司承担更多的责任。经过大家同意，杨柳不但拿出了自己的全部积蓄，还向父母借了一部分钱，终于和大家凑齐了启动资金，开始了第二次创业。新公司成立后，杨柳召集了演出团队的原班人马，大家一起编排新的节目，一起开拓市场，联系客户。杨柳的新公司不但承接一般的商业演出，还把业务拓展到了商业活动策划实施、各种庆典的策划实施、礼仪模特经纪等相关领域。由于公司的专业水平高，服务认真细致，收费公平合理，慢慢地有了起色。杨柳和她的团队成员凭借着自己的专业、勤奋和真诚，终于再次在本地市场赢得了一席之地。

（杨华东：《中国青年创业安全精选》，清华大学出版社2012年版。）

通过杨柳的创业经历,我们可以得到以下启示:

1. 合伙创业或团队创业有明显的优势。就像本案例中的杨柳和老余,一人有艺术专长和演出团队,另一人有资金和市场资源,非常有利于业务的发展。

2. 合伙创业需要慎重选择合伙人。如果处理不好,就很容易产生矛盾,为团队将来的分裂种下祸根。要形成一个良好的创业团队,合伙人之间要相互认同,要有良好的沟通,要有共同的创业理念和一致的行为规范。在本案例中,杨柳选择老余做投资人和合作伙伴是草率的,也是失败的,但杨柳和她的演出团队成员却是很好的创业伙伴。

3. 创业者要掌握创业融资的主动权。创业融资要未雨绸缪,但不能没有原则,创业者不能在融资过程中迷失了方向。本案例中,杨柳第一次创业,过于着急,草率融资,结果失去了企业的控制权,导致创业失败;第二次创业,她采用团队集资的方式,掌握了主导权,创业成功。

4. 创业融资要明确双方的权责利和合作细节。除了出资、股权分配、业务分工等大的合作框架外,还需要对公司的组织架构、决策程序、议事规则、分配机制、争议解决等细节进行约定,并用契约的形式固定下来。在本案例中,如果杨柳在第一次创业的时候就考虑到这些细节,也许就不会受老谋奸诈的老余的欺骗了。

二、大学生创业风险的规避措施

创业风险是客观存在的。在对创业风险进行成因分析后,针对创业过程中存在的风险因素采取积极的控制措施,综合运用各种方式对风险进行降低、转移、分散或隔离,是避免不了的。对发生的风险采取积极的补救措施,使风险降到最低,从而促使创业过程的持续健康发展。

(一)商机把握要准确

要有识别潜在商机的能力,在商机萌芽状态而不是即将消失时抓住商机,这一时机的把握极为关键。创业机会的出现往往是因为环境的变动,市场的不协调或混乱,信息的滞后、领先或缺口,以及各种各样的其他因素造成的。也就是说在一个自由的企业系统中,当行业和市场中存在变化着的环境、混乱、混沌、矛盾、落后与领先、知识和信息的鸿沟,以及各种各样其他缺失时,创业机会就产生了,如技术革新,消费者的偏好变化,法律政策的调整等。机会的存在是客观的、必然的,但机会的捕捉有很大的偶然性,不同的创业机会,其生命周期长短是不同的,有的稍纵即逝。所以要学会抓住时机,努力促成商机、团队、资源的匹配与平衡,构建便于商机开发的商业格局。

案例

"80后"网上创业月入10万引千万投资

眼下,又到了吃虾的季节。有好吃佬发现,今年在网上动动手指,就有小龙虾送到家门口,而送货的可能就是"蝴蝶美食"的创始人张浪。

这位武大电子商务毕业的80后,2012年靠8000元起家,用3个月时间将自己的店铺在淘宝做到了油焖大虾类目中销量第一。

网上单品销售同类第一

到了吃虾季节,张浪很怀念武汉的小龙虾,却找不到地方购买。张浪由此发现商机,将已经做熟的小龙虾运往不同城市,别人一打开包装加热就可以吃。

2012年,他带着仅有的8000元钱离开深圳,开始在武汉、南京等地寻找虾源、技术设备和合作者。当年5月,他租了一间居民房,注册了淘宝店铺"舌尖上的龙虾",开始运营。张浪尝试将烹饪好的小龙虾,带汤汁进行冷冻。食客收到小龙虾后,可以用炒锅加热或是直接蒸着吃。"在电商这片红海中,找到了熟制食品这一蓝海。"张浪说,当时几乎没有人在网上卖油焖大虾。他仅用了3个月时间,在没有任何推广费用的前提下,他把油焖大虾这个单品做到了同类第一,月销售额最高达到5万元。

引来千万元投资

在张浪看来,网上卖小龙虾,最重要的就是对食品安全的把控。"生产源头的质量过关了,让人头痛的是最后一公里的质量把控。"为了解决冷链难题,张浪买来各种保鲜包装,在各种条件下一一尝试。如今,好吃佬们收到张浪寄来的油焖大虾时,会发现泡沫盒、冰块等三层包装。为了减少快递时间,张浪往往选择在每天快递收班前最后一刻发货。

对于不同客户对物流的建议或投诉,张浪会一一记录,然后针对不同地域,制定不同的包装方案。让张浪得意的是,即便是在夏天,小龙虾的破损和变质率,也被控制在6%以下。

如今,张浪的产品卖到全国各地,每个月销售额达到10万元。今年4月,张浪拿到了一家餐饮企业千万元投资。同时,他还通过与这家企业合作,将线上线下打通,让武汉的好吃佬们,能够上午下单,下午就吃上现做的油焖大虾。

(来源:http://www.studentboss.com/html/news/2014-05-15/148180.htm)

(二)创业准备要充分

盲目决定创业将会埋下风险隐患。有了创业意向,着手创业前一定要准备充分,通过政府政策扶持、高校创业指导,结合地区经济特点、社会发展需要,选择适合自身特点的项目。具体来讲,大学生创业者既要客观地分析自身的创业条件,更要冷静地分析创业环境,立足于技术项目,尽量选择技术含量高、自主知识产权明确的项目,并在技术创新的基础上做好产品市场化工作。在选择创业项目过程中要做熟不做生,切忌盲目跟风,一定要选择自己最熟悉、最擅长、最有经验、资源最丰富的项目开始创业。另外,在创业之前,可以一方面在企业打工或者实习,积累相关的管理和营销经验;另一方面,积极参加创业培训,积累创业知识,接受专业指导,为自己充电;再者,还可参加各类创业大赛,模拟创业,以提高创业的成功率。以上各种途径,可以减少大学生创业的盲目性,降低创业失败的风险。

案例

"90后"辞国企 微信创业月入2万

1990年出生的他,和其他同龄人一样,爱挂QQ、泡论坛、刷微博、玩微信。他原本在一家国企上班,每天朝九晚五,一成不变却安稳的工作,让他心生厌倦。他不顾家人的反对,辞去了这份安稳的工作,回到宁德开始创业。一次偶然机会,他瞄到经营土鸡、土鸡蛋的商机,便下定决心以此创业。"90后"的他没有采用传统的营销方式,而是在父亲的反对声中,利用QQ群、微博、微信等时兴网络平台进行推广。如今,他全职经营土鸡生意仅4个多月,月营业额近2万元。

放弃国企工作回家创业

"我现在刚开始打宁德市场,一个月卖一万多,这个月估计能突破两万。"詹思传信心满满地说。

詹思传生于1990年,蕉城区漳湾镇岭后村人,2012年毕业于厦门华天涉外学院物流专业。如今的他,是一个经营土鸡、土鸡蛋生意的"土老板"。

每天晚上,詹思传开始整理一天接到的订单。第二天早起床,根据订单杀好鸡,9时左右打包好要送的土鸡、土鸡蛋等"土货",骑上摩托,他从位于漳湾镇岭后村的家中出发,开往宁德市区,约20分钟后到达。学过物流专业的他,按照提前设计好的路线,一一派送到客户家中,送完货刚好绕了一圈。"这样比较省油。"詹思传笑着透露。

而在一年多前,他还是一名国有企业职工。"毕业后,我在泉州安溪一家国企干了8个月。"詹思传讲起他的第一份工作:这是一家位于泉州市安溪县湖头镇的一家国企子公司,詹思传从事的是LED晶片生产,每个月可领到两千多元工资。

但是这份每天朝九晚五,不时要上夜班的工作,詹思传并不喜欢。趁工作之余,詹思传看了不少营销类及创业类的书籍,正是这些书籍,让一个"创业梦"在他的心中渐渐萌芽。"趁年轻就要拼一把。"2013年春节过后,詹思传便辞去了稳定的国企工作,回到家乡宁德,决定自己创业。

"好好的工作干嘛不干呢?"对大学生儿子辞去稳定国企工作回到宁德,詹思传的父亲詹仁山十分不理解。他劝儿子:"你就安分地找份工作吧。"但一门心思要创业的詹思传哪里听得进去。2013年3月,詹思传在宁德市区开了一家电信代理店,经营卖手机、缴话费、办理宽带等业务。见儿子干的事情还算靠谱,詹仁山便不再反对。

发现商机:三成宁德人爱吃"土货"

可好景不长。刚开始,手头的各种人脉资源比较多,詹思传的手机生意还算不错。可时间一长,手里的资源渐渐用完,他又想不出好的推广办法,手机店生意一日不如一日。2013年9月,詹思传被迫关了店门,重新找工作。他很快在一家团购网站谋得一职,只可惜这家网站经营状况不好,上了一个半月班后,公司倒闭,詹思传再次没了工作,甚至连这一个半月的工资都没拿到。

不过,詹思传并没有一蹶不振。在休息一个多月以后,2014年年初的一天,他向父亲詹仁山提出要全职卖土鸡和土鸡蛋的想法。

詹思传为什么会有这样的想法?这缘于他偶然间发现的一个商机。从国企辞职回到宁德后,应一朋友邀请,他加入一名为"闽东宁德同城交易"的QQ群。群友都是宁德本地人,不少人在群里进行商品交易。一天一位某网络公司老总在群里问起:"哪里可以买到正宗土鸡?"詹思传便顺口答道:"我家就有正宗的土鸡啊。"

原来,詹思传的父亲詹仁山从事农业养殖多年,还是"科技示范户",家里养了许多头猪,还养了20多只土鸡。不过,他养的土鸡以及产下的鸡蛋,大部分都是自家食用或送人。

詹思传在 QQ 群里与对方详聊，并成功将一只土鸡卖出去。通过这件事，詹思传开始留意身边需要土鸡或者土鸡蛋的人群，他在 QQ 群里作了一次小调查，他发现，在宁德爱吃土鸡、土鸡蛋的人占到 30%，但其中 80% 的人都不知道该去哪儿买正宗的土鸡蛋。

"这是一个商机。"詹思传动了卖土鸡、土鸡蛋的心思。于是他在自己开的手机店门口贴上宣传单，当有客户来店里充值缴费时，他便顺便告诉对方自己也经营土鸡及土鸡蛋这样的"土生意"，并因此发展了一部分客户。不过由于没有认真宣传，刚开始他的生意并不好。

"我想通过网络卖土鸡和土鸡蛋。"詹思传向父亲詹仁山提出了自己的想法。可詹仁山认为这事不靠谱，不同意。手机店关门、团购网工作没了之后，詹思传再次向父亲提出了自己的想法。

这时，詹思传的姐姐和姐夫对詹思传的想法表示支持，他们从事养殖业多年，觉得这条路子行得通。詹思传趁热打铁，在父亲面前立下"军令状"："先让我做三个月，要是卖不动，我就听你的找个工作去上班。"这样，詹仁山才答应了儿子的请求。

借网络平台卖土鸡创业

作为一名"90 后"，詹思传和同龄人一样，喜欢挂 QQ、泡论坛、刷微博，随着微信时兴，他又疯狂地迷恋上玩微信。而下定决心通过卖土鸡创业的他，便想通过他最熟悉的方式进行推广。

詹思传说，他的第一单"土生意"是通过 QQ 群达成的。此外，他的推广手段还有论坛发帖、微博营销以及后来的微信营销。

"我是一个微博达人，那段日子刷微博非常频繁，以至于我的朋友一打开微博，看到的消息全是我发的。"詹思传告诉记者，他的营销方式是"直接发农场里土鸡们的图片"，让潜在客户们与其互动，并没有特别刻意去推广。

后来，詹思传发现微信比微博推广成效更好，便逐渐"转战"微信。"微信可以一对一营销，方便客户与我交流下单。此外微信还有个特别好的功能就是'找附近的人'，我的很多客户都是通过这个功能找到的。"詹思传透露，如今他的微信里有 400 多个好友，其中 300 多名都是他的客户或潜在客户。

2014 年 1 月 7 日，詹思传为自己的土鸡生意申请了微信公共号。

2014 年 1 月中旬，詹思传在微信上收获第一单生意。"那个客户说要下农场看，过了一两天，他和他老婆真的开车下来了。"詹思传说，"我那时候特别激动地接待了他们。"这次客户来访，买走了一只小母鸡和两斤土鸡蛋。回家后，客户将自己在农场拍摄的图片传到自己微信上，并写上"原生态土鸡"的评语。詹思传兴奋地给他点了一个赞，还特别把这个客户评价截了图，存在自己手机里。

詹思传的土鸡生意慢慢有了起色。"可当我做得还可以时，'禽流感'来了。"詹思传说起创业中遭遇的第一次危机。那是 2014 年 1 月底，"快过年了，30 日那天晚上，一市区的客户在微信上下了单，要买 2 只土鸡，叫我 2 月 9 日送过去。"詹思传说，当时他还高兴地向父亲吹嘘网络上招来的单子。可没过几天，这个客户就取消了订单，说因为"禽流感"不买了。

所幸客户没有全部流失。漳湾附近农村的一些客户，以前跟詹思传的父母打交道，后来交给了詹思传负责。这些农村客户由于没听到"禽流感"的传闻,他们的订单没有因此受到影响。"退单的都是城里的。"詹思传说。

春节后,詹思传的土鸡虽然卖不动,但土鸡蛋的销售不受影响。生意虽然淡了许多,但詹思传并不着急,而是趁机休息,偶尔看看书、爬爬山,"我知道这段时间终究会过去的。"

他的远景:把农场连到城市

通过网络营销和客户间口口相传,詹思传的土鸡生意越做越大。如今,詹思传的土鸡养殖规模已经发展到 1000 多只。

"1 月份的时候,平均一天只能卖两三只,现在每天至少卖五六只,最多的一天卖了 14 只土鸡。"詹思传说,有一次因订单太多,他的摩托车超载被交警拦住。"经历这次之后,我再也不敢超载了,而是分时间段送货。"此外,他表示,随着今后生意的扩大,他有雇人送货的打算。

其父亲詹仁山是他的幕后"技术支持"。"他有专业经验,知道鸡食欲好不好,有没有生病。我负责送货和推广,白天有空的时候就帮忙喂喂鸡。"詹思传说起了父子俩的默契分工。

"我这种模式是把农场连到城市,客户可自行开车下来购买,也可以送货上门。"说到未来,詹思传还准备卖一些有机蔬菜,"待农场规模再扩大一些,我打算把农场打造成亲子农场,让客户来买自己捡的鸡蛋,体验捡鸡蛋的乐趣。"将"土生意"做到极致。

(来源:http://www.studentboss.com/html/news/2014-04-17/147416_2.htm)

(三)资金管理要科学

资金管理的不规范,也是导致创业失败的一个主要原因。资金是企业生存与发展的基础,是企业进行经营活动的血脉,没有资金,再好的创意也难以转化为现实的生产力。许多创业者认为自己的企业太小,成立时间太短,正规的管理模式太麻烦,一般都是自行进行资金的管理。并不是每个大学生都具备扎实的财务管理方面的知识,很难对有限资金进行科学的财务预算和管理,只知道创业初期很多地方都要花钱,但不知该怎么花,该不该花,哪里必须要花,哪里可以节省,很多都是不顾后果的乱花,等发现资金跟不上的时候后悔已经晚了。因此,在开始创业时,大学生首先得明白创业需要多少资金,如何获得资金,资金的来源渠道以及将来的回收情况如何等。在创业初期,大学生要开拓思路,多渠道融资,除了银行贷款、自筹资金、民间借贷等传统途径外,还可充分利用风险投资、创业基金等融资渠道。企业创办起来后,就必须考虑是否有足够的资金支持企业的日常运作,减少不必要的开支。同时,还必须针对企业经营活动中的各项风险点,对业务流程重新组合,按照"职能分割,制约监督"的原则,建立业务管理、风险管理、财务管理三位一体的管理控制平台,从而健全资金的内部控制制度,加强企业资金的管理,确保企业资金的安全完整、正常周转和合理使用,减少和避免损失浪费。

(四)创业技能要精通

创业能力是一种以智力为核心的具有较高综合性要求的能力。智力技能创业,这是大学生创业的特色之路。一些风险投资家之所以对一些"初出茅庐"的大学生创业计划进行资助,往往就因为看中大学生所掌握的先进技术,这就要求创业者要有深厚的专业基础和较好的管理能力。身处高新科技前沿阵地的大学生,在这一领域创业有着近水楼台先得月的优势,网易、腾讯等大学生创立企业的成功,就是得益于创业者的技术优势。但并非所有的大学生都适合在高科技领域创业,打算在高科技领域创业的大学生,一定要注意技术创新,开发具有独立知识产权的产品。同时,大学生要成功创业,必须要培养创业精神和团队合作精神,提高解决问题能力、信息收集能力、环境适应能力以及研究和完成项目的能力,要具备必要的创业知识,要学会创业的本领,要敢于创业和善于创业。最好要先经历过实践的磨练,先利用业余时间创立一些投资少、见效快、风险小的实体,提高自立自强的创业能力、适应社会的能力,通过实践积累创业经验,熟悉社会环境,学会社会交往。

(五)社会经验要丰富

良好的交际能力是创业成功的加速器。大学生思想比较单纯,涉世不深,经验缺乏,资源不足,更应该不断总结经验,向同行学习,积累经验。扩大社交范围,建立自己的人际关系网,通过朋友掌握更多的信息、寻求更大的发展,日益成为成功创业的捷径。另外,由于很多创业者投入很大精力在产品研发上,对所处的社会、政治、政策、法律环境了解不深,对突发事件缺乏敏锐性和应变能力,对紧急事件的处理不够恰当或者存在失误,这将会直接导致创业活动的失败。因此,创业者在产品研发的同时,要认识到它与周围世界的联系,注意观察相关法律、政策信息,及时制定和调整企业生产策略。

(六)心理素质要提升

创业是一项系统工程,其过程充满了艰辛,对创业者来说是一份对自信心极具挑战的工作,要求创业者必须具备良好的心理素质。首先,创业者必须对自己有信心,坚信自己能做好,只有不断相信自己,才能不断战胜所谓的不可能,否则就难以坚持下去;其次,在创业过程中遇到困难,创业者需要冷静。冲动、急躁解决不了问题,反而会使困难升级。在实际的创业中,遇到难题是很正常的,如果一味放弃,将会一败涂地,因此,沉稳冷静的心态是很重要的。另外,在冷静的同时,还需要善于思考;创业者要不怕吃苦,要能吃苦,才能制胜。有很强的嫉妒心理,就会心胸狭窄,做事情就不能踏实肯干;多疑是不良的情绪,容易产生悲观心理,造成团队人心涣散、工作执行力和效率下降。

总之,创业机会与创业风险并存,创业对勇于在经济大潮中展示自我的大学生来说是一把双刃剑。大学生是否具备风险防范意识和抵御风险的实践能力,将直接影响创业的成败,也会深刻影响着我国经济和社会发展步伐。

案例

创业要有风险意识

有个农夫,由于庄稼种得好,生活过得很惬意。村子里的人都夸他聪明,并有人断言只要他做生意,肯定能发大财。

农夫的心就痒了,和妻子商量要做生意。他的妻子是个明白人,知道他不是做生意的料,劝他打消这个念头。但农夫主意已定,妻子怎么说都不行。见劝说无用,他的妻子就说,做生意总得有本钱吧,你明天就把家中的一只山羊和一头毛驴牵进城里卖了吧。妻子说完就回娘家了,并找来三个人,对他们如此这般地叮嘱了一番。

　　第二天,农夫兴冲冲地上路了。他妻子找来帮忙的人偷偷地跟在他的后面。农夫贪睡,第一个人趁农夫骑在驴背上打盹之际,把山羊脖子上的铃铛解下来系在驴尾巴上,把山羊牵走了。不久,农夫偶一回头,发现山羊不见了,回头寻找。这时第二个人走过来,热心地问他找什么。农夫说山羊被人偷走了,问他看见没有。第二个人随便一指,说看见一个人牵着一只山羊从林子中走过去,准是那个人,快去追吧。农夫急着去追山羊,把驴子交给这位"好心人"看管。等他两手空空地回来时,驴子与"好心人"自然都没了踪影。农夫伤心极了,一边走一边哭。当他来到一个水池边时,却发现一个人坐在水池边,哭得比他还伤心。农夫挺奇怪:还有比我更倒霉的人吗? 就问那个人哭什么。那人告诉农夫,他带着一袋金币去城里买东西,走到水边歇歇脚,洗把脸,却不小心把袋子掉进水里了。农夫说,那你赶快下去捞呀。那人说自己不会游泳,如果农夫给他捞上来,愿意送给他 20 个金币。农夫一听喜出望外,心想:这下子可好了,羊和驴子虽然丢了,可能到手20 个金币,损失全补回来还有富余啊。他连忙脱光衣服跳下水捞起来。当他空着手从水里爬上岸,他的衣服、干粮也不见了,仅剩下的一点钱还在衣服口袋里装着呢。

　　当农夫回到家,惊奇地发现山羊和毛驴竟然还在家中,他的妻子说:"没出事的时候麻痹大意,出现意外后惊慌失措,造成损失后急于弥补。你连这些基本的风险都预料不到,又怎么能在商海里征战呢,还是老老实实地在家中种地吧。"

第三节　给大学生创业者的忠告

　　对于在校的大学生,面临多种选择,是考研升学、出国留学、工作就业,还是从事创业等等,这些都是大学生所面临的一系列选择,影响着自己今后的生活。而当今就业形势的严峻,自主创业不失为大学毕业生的出路之一,是当前部分毕业生的一项选择,大学生创业的氛围正在形成。国家正在为大学生创业积极提供良好的环境,实施扩大就业的发展战略,促进以创业带动就业,把鼓励创业、支持创业摆到就业工作更加突出的位置。创业起步无早晚,不同的选择存在着不同的利弊,但创业者要拥有高素质、宽眼界和大胸怀,要综合考虑各方面因素,充分利用可以利用的资源,把各种风险降到最低,才能成功创业,实现自己的人生价值。

一、要进行创业生涯规划

　　人生在世,谁都想开创一份属于自己的事业。然而,创业的成功,并非人人都能如愿以偿,问题根源在哪儿呢? 如何才能使创业更有可能获得成功呢? 这是每个想创业的大学生都非常关心的问题。创业不能凭一时冲动、心血来潮,要提前进行规划,充分认识自己,明确自身的优势,发现自己的不足,做自己擅长并喜欢的事情,同时注意弥补自己的缺点;客观分析环境,要了解创业的政治、法规与法律环境,分析创业的经济环境和社会文化环境,创业的科技与教育环境,注重创业微环境的激活和开发与维护;科学地树立目标,正确选择职业,运用适当的方法,采取有效的措施,克服创业发展过程中的重重困难,避免人生陷阱,获得创业成功。要多问问"要创业我能干什么"、"社会可以提供给我什么样的创业机会"、"要创业我选择干什么"、"在创业中我怎么干"等问题,使理想可操作化,为开始创业提供明确方向。

二、创业资源要足够

很多人在初次创业的时候,资源都是十分欠缺的。资源不足,使企业创业成功的概率降低,但要有完全充分的资源也是不可能的。在资源具备上,一般来说,要符合两个条件:一是要有进入一个行业的起码的资源,另一方面是具备差异性资源。如果任何条件均不具备,创业成功的可能性很小。

创业资源条件主要包括几个方面:

业务资源:赚钱的模式是什么;

客户资源:谁来购买;

技术资源:凭什么赢取客户的信赖?

经营管理资源:经营能力如何;

财务资源:是否有足够的启动资金;

行业经验资源:对该行业资讯与常识的积累;

行业准入条件:某些行业受到一些政策保护与限制,需要进入资格条件;

人力资源条件:是否有合适的专业人才。

以上资源创业者也不需要全部具备,但至少应具备其中一些重要条件,其他条件可以通过市场化方式来获取。创业者如有足够的财务资源,其他资源欠缺也可以弥补;如果有足够的客户资源,其他资源的欠缺也容易改变。

创业具备的条件是:足够的资本、行业经验、客户资源、技术创新、商业运作能力、与即将面对的竞争对手相比是否有明显的优势。

三、创业前要慎思

创业前要认真思考、反复评估、考虑成熟再行动。除了要有足够的资源准备外,心理准备最重要。以下几个方面的问题,值得好好思考。

第一,我为什么要创业? 是否有足够的决心,愿意承担风险吗? 过去的利益是否舍得放弃?

第二,我是否具备创业者应有的能力与素质,是否能承受挫折,是否具有综合全面的素质,还是有专项技术特长?

第三,我创业成功的核心资源优势是什么? 我具备创业所需要的条件吗?

第四,是否有足够的耐心与耐力度过创业期,估计通过多长时间走过创业瓶颈阶段,自己有多长时间的准备。

第五,创业最大的风险是什么,最坏的结果是什么,我是否能承受? 不要只想到乐观的一方面,对风险一定要有充分的心理准备,否则,一碰到现实状况与想象不一样,会造成信心动摇。

回答清楚以上问题之后,再决定是否创业也不迟。很多创业者的失败,原因在于创业前心理准备不够,匆匆忙忙进行创业,最后失败得一塌糊涂。假如准备不足,条件不具备,晚一点创业也不迟。

四、先有业务再创业

很多人创业是迫于生存的压力,希望多赚点钱,过上较好的生活。因此,在创业之初是无所谓事业的,创业选择极具盲目性,为创业而创业。在刚开始创业之前,进入什么行业,以什么为盈利模式,都是一片茫然。很多创业者,先将公司注册好了,再考虑业务范畴。

创业者在创业之前,一定要有明确的创业方向,再决定创业。假如选择了某一个行业,创业前一定要积累一些该行业的经验,收集相关的资讯。如果有可能,可以先考虑进入该行业为别人打工,通过打工的经历来积累经验与资源。那么"学费"自然由别的老板给你付了,也就用不着自己为创业实践交学费。行业知识、客户资源渠道、赢利模式都有了,再创业,成功就指日可待了。

五、经营能力最重要

很多年轻人在创业时,过多强调资金因素影响力,其实不然。创业条件中资金虽然很重要,但最最重要的是创业者个人的经营能力,特别是业务能力。如果资金是根本因素,那好,我给你投资 1 000 万,你经营什么,你有什么可以确保赚钱吗? 我想,很多人恐怕都无法保证,也不知道投资干什么,所以资金因素不是唯一的。

经营赚钱的能力是最重要的,只要有非常出色的经营能力,自然会找到投资者,很多投资家天天都在找好项目投资。

在创业初期,创业者个人的能力非常重要,事无巨细,都要自己亲自动手,创业不是一件很轻松的事情。在创业者的个人能力中,业务能力、开发客户能力、综合应变能力十分重要。创业者其实很多时候就是一个业务经理,能够拿到订单什么都好办了。很多创业成功者,都是做业务出身。有了客户,有了订单,自然事情都变得容易了。

对于有志创业者而言,不断打造好自己的经营能力是至关重要的。从学做业务开始是一个好办法,当能力有了,创业机会自然很多。特别是如今进入靠能力赚钱的时代,经营能力更是重中之重。

六、内部创业更容易

在创业者中,有几种成功的类型,自己从零开始独立创业成功者,有技术与他人合作成功者,在企业内部创业成功者。笔者认为第三种创业方式最容易成功。

一个创业者比较好的选择就是有计划,有策略地进入一家成功公司,先取得老板的信任,再找准机会,建议老板从公司发展角度投资新项目,这样创业的机会就有了。作为项目的提出者,自然会被老板赋予重任。很多企业都会有发展新项目的需要,如果冒昧地找人投资,合作机会不会太多,关键是一个信任感的问题,萍水相逢,人家为什么要信任? 国内企业管理控制乏力,企业用人时,相对能力而言,更重视员工的忠诚度。

从企业内部创业,有很多有利条件:雄厚资本实力的支持、管理的指导、综合资源的共享、业务资源的利用、品牌形象借助等。如果创业公司的业务与母体公司的业务有延续性,或关联性,创业更容易成功。

思 考 题

1. 大学生创业面临哪些风险?分析风险成因及规避途径。
2. 大学生创业激情澎湃,但经验缺乏,你认为大学生创业应该需要注意哪些问题呢?

参考文献

[1] 全国高校大学生信息咨询与就业指导中心.放飞的故事——大学生就业案例分析[M].北京:高等教育出版社,2002.

[2] [美]迈克尔·波特著.竞争优势[M].陈小悦译.北京:华夏出版社,1997.

[3] 葛建新主编.创业学[M].北京:清华大学出版社,2004.

[4] 臧克和,王平校订.说文解字新订[M].北京:中华书局,2002.

[5] 齐冲,齐小乎注译.论语[M].郑州:中州古籍出版社,2005.

[6] 单培勇.论国民素质均衡发展与和谐文化建设[M].北京:党建读物出版社,2008.

[7] 张燕婴译注.论语[M].北京:中华书局,2006.

[8] 严成根,王学武.公共关系学[M].北京:清华大学出版社,2006.

[9] 王甫银.面试分析与最新面试题分类精解[M].北京:中国人民大学出版社,2008.

[10] 夏征农,陈至立主编.辞海[M].上海:上海辞书出版社,2009.

[11] 甘德安,胡大敖.大学生职业生涯规划与就业指导[M].上海:复旦大学出版社,2009.

[12] 赵玉柱,柳金东.现代通用应用文写作教程[M].北京:首都经济贸易大学出版社,2009.

[13] 张凤,赵敏等.大学生就业与发展实务[M].北京:电子工业出版社,2010.

[14] 阎德才,崔万立.大学生就业指南[M].郑州:大象出版社,2010.

[15] 易定宏,聂素芳,陈积敏.结构化面试[M].北京:京华出版社,2010.

[16] 周婷.成功面试礼仪与口才[M].北京:经济管理出版社,2010.

[17] 谈寂.大学生就业形势分析及对策研究[J].鄂州大学学报,2012,19.

[18] 华律网整理.郭某诉某旅行社实习劳动合同纠纷案[G]http://www.66law.cn/laws/35285.aspx.

[19] 阎建立.8成大学生求职信存在问题职业化素质有待加强[N].北京青年报,2003,1.

[20] 田宝贵.让你的求职信一下子打动招聘方[J].演讲与口才,2008,8.

[21] 徐淳.招聘企业挑选简历的六大标准[N].北京现代商报,2003,2.

[22] 杨明.1学7生创业1%成功[N].广州日报,2009-02-20(A17).

[23] 施险峰,秦金婧.大学生抵御创业风险的途径研究[J].广西青年干部学院学报,2009,12.

[24] 陈亚东,沈晓.鼓励大学生创业的问题及对策[J].大学生研究与评价,2009,6.

[25] 关勇.当代大学生创业教育浅析[J].中国成人教育,2007,24.

[26] 李志能,郁义鸿等.创业学[M].上海:复旦大学出版社,2006.

[27] 张玉利.创业管理[M].北京:机械工业出版社,2010.

后　记

就业是民生之本。大学生是国家经济建设不可缺少的栋梁,每一名大学生要实现自己的人生价值和社会价值,所面临的第一件大事就是就业问题。这一问题不仅关系到大学生的前途,也关系到学校的长远发展,关系到国家经济发展和社会进步,关系到千家万户的切身利益,关系到社会的和谐和稳定。大学生毕业顺利就业,不仅关系到学生及其家庭的利益。

创业是就业之源。以创业带动就业,以创业教育推动创业是培养一批又一批适应国民经济与社会发展的高级专门人才的需要,加强创新创业教育旨在不断提升学生的综合素质,强化学生的创新意识,培养学生的创业精神,增强学生的创新创业实践能力,以满足经济社会对创新创业型人才的需求。

近年来,我国高等教育迅速发展,办学规模不断扩大。随着高校学生数量的不断增长,满足了社会对劳动力日益增长的需求,但也给大学生就业带来一定压力。不少刚毕业的学生好高骛远,总是奢望马上就能找到理想中的工作,结果常常事与愿违。为了指导大学生更好地求职就业,使大学生在毕业前对就业、创业需要的技能、素质和政策法规有全面的认识,迅速成为企业所需要的合格技能型人才,我们特组织了专业教师编写了本教材。

《大学生就业指导与创业教程》分就业篇、创业篇两大部分,结合当前严峻的就业形势和学生的成长特点,围绕学生关注的就业问题,系统地阐述了大学生就业与创业指导的基本理论、基本方法,求职择业的原则和技巧。力求全面准确地贯彻和体现我国关于大学生就业与创业的一系列法律法规和方针政策,介绍大学生就业和创业指导的新内容和新做法,在就业准备、创业实践等方面对学生进行理念先进、思路正确、现实可行的有效指导,旨在通过普及就业与创业知识,提高大学生的创新创业能力,帮助学生实现自己的人生理想。各章执笔作者为:李花:第一章、第二章、第四章(第三、四节);李红梅:第三章、第四章(第一、二、五节);刘齐征:第五章、第六章;陈斌:第七章(第一节);刘桂芳:第七章(第二节)、第九章;马洪典:第八章;褚颜魁:第十章(第二节);陈继文:第十章(第一、三节)。

本书在编撰过程中,得到领导高度重视和张俊领教授的亲自指导,所有作者付出努力,终将一个为学生做点实事的美好愿望变为一道文化盛宴,算是为大学生的职业发展尽点微薄之力,并且还得到了南开大学出版社的鼎力相助,在此一并致谢。同时,本书在编写过程中借鉴了大量国内外就业、创业指导方面的文献资料,参考了近年出版的相关专著和期刊,谨向各位作者深表谢意!

由于编写人员水平有限,不足之处在所难免,敬请读者批评指正,我们将不胜感激,并在以后的修订中进一步完善。

南开大学出版社网址：http://www.nkup.com.cn

投稿电话及邮箱： 022-23504636 QQ：1760493289
                                    QQ：2046170045(对外合作)
邮购部：   022-23507092
发行部：   022-23508339 Fax：022-23508542

~~~~~~

南开教育云：http://www.nkcloud.org

App： 南开书店 app

　　南开教育云由南开大学出版社、国家数字出版基地、天津市多媒体教育技术研究会共同开发，主要包括数字出版、数字书店、数字图书馆、数字课堂及数字虚拟校园等内容平台。数字书店提供图书、电子音像产品的在线销售；虚拟校园提供 360 校园实景；数字课堂提供网络多媒体课程及课件、远程双向互动教室和网络会议系统。在线购书可免费使用学习平台，视频教室等扩展功能。